성서 지혜문학 입문

| 일러두기 |

이 책에서는 기본적으로 가톨릭 공용 《성경》에서 성경 구절을 인용한다. 성서 본문의 뜻을 좀 더 정확하게 전하기 위해 저자가 직역하거나 수정하는 경우에는 '사역'으로, 《공동번역 성서》와 《성경의 시편》에서 인용할 경우에는 각각 '공동번역'과 '최민순 역 시편'으로 적는다.

성경 © 한국천주교중앙협의회, 2022
공동번역 성서 © 대한성서공회, 1977
성경의 시편 © 최민순, 1973(3판)

성서 지혜문학 입문

박요한 영식 지음

성서와함께

차 례

머리말 14

제1부 이스라엘의 지혜

제1장 이스라엘의 지혜 전승

1. 지혜의 개념 22
2. 지혜 사고의 기원 25
   1) 가정 25
   2) 왕실과 율법학자 29
   3) 하느님 37

제2장 지혜 추구의 목적과 한계

1. 지혜 추구의 목적 41
   1) 인생의 성공과 행복한 삶 41
   2) 지혜와 생명 44
   3) 숨어 계신 하느님을 추구하는 마음 50

2. 지혜 추구의 한계	53
1) 지혜의 가르침과 삶의 현실	53
2) 의인 욥의 고통	57
3) 새 희망의 때를 기다린 코헬렛	60

제3장 성서 지혜의 문학 양식

1. 경구警句	73
1) 잠언(마샬)	73
2) 경험적 경구	75
3) 교훈적 경구	77
2. 권면	79
1) 긍정적 권면	80
2) 부정적 권면	81
3. 지혜시	84
4. 그 밖의 문학 기교	85
1) 삽입 문장	85
2) 대구법	87
3) 비교 잠언	89
4) 숫자 잠언	91

5) 수수께끼 잠언	92
6) 자서전적 문체	93
7) 톱–민(טוב מן, "더 낫다") 잠언	95
8) 아쉬레(אשרי, 행복, 축복) 잠언	98

제4장 지혜의 의인화

1. 신약의 지혜 그리스도	99
2. 의인화된 지혜	102
1) 문학 장치로서의 의인화	103
2) 여러 얼굴의 지혜	104
3. 잠언 8장	105
1) 지혜의 기원	109
2) 행복 선언과 생명	112
3) 잠언 8장의 의도	113
4. 욥 28장	115
1) 찾을 수 없는 지혜	121
2) 돈으로 살 수 없는 지혜	123
3) 하느님과 함께 있는 지혜	124
4) 주님을 경외하고 악을 멀리함	126
5. 시라(집회서) 24장	130
1) 머리말(1-2절)	132

2) 지혜의 담화(3-22절)	133
3) 현인의 담화(23-34절)	138
4) 구약성서 신학을 위한 시라(집회서) 24장의 의미	141
6. 바룩 3,9-4,4	142
7. 지혜 7-9장	147
8. 결론	151

제5장 지혜의 길

1. 인간의 지혜	158
2. 하느님의 지혜	161
3. 지혜의 길	164
4. 지혜 추구는 하느님을 찾는 것	166
5. 기도의 필요성	168
6. 참된 지혜: 예수 그리스도	170

제2부 토라와 예언 그리고 지혜

제6장 토라와 지혜

1. 지혜 175

2. 토라 176

3. 토라와 지혜의 상관성 176

4. 신명기의 토라와 지혜 179

5. 토라와 지혜의 동일성 184

6. 신명기와 지혜의 공통 개념 186

제7장 예언과 지혜의 차이와 상호 관계

1. 예언과 지혜 191

   1) 고대의 예언 현상 192

   2) 예언자와 현실 고발 193

   3) 예언과 지혜의 발전 과정 195

2. 예언과 지혜의 차이 205

   1) 가설과 접근 방법 206

   2) 신학 전망 208

   3) 사고방식 213

4) 문학 양식의 차이　　　　　　　　　　　214

3. 예언과 지혜의 상호 관계　　　　　　　　　218

　　1) 공통 요소들과 상호 작용　　　　　　　220

　　2) 이사야와 지혜　　　　　　　　　　　　224

　　3) 아모스와 지혜　　　　　　　　　　　　228

　　4) 그 밖의 예언자들과 지혜　　　　　　　230

제3부 성서의 지혜문학서

제8장 다섯 권의 지혜문학서

1. 잠언   237
    1) 잠언 1-9장   240
    2) 잠언 31,10-31   241
2. 욥기   243
    1) 문학 구조   245
    2) 중심 주제   246
    3) 짜임과 내용   248
      (1) 머리말(1-2장)   248
      (2) 대화(3,1-42,6)   250
         ① 첫 번째 연사군(3-14장)   250
         ② 두 번째 연사군(15-21장)   252
         ③ 세 번째 연사군(22-28장)   254
         ④ 욥의 독백(29-31장)   256
         ⑤ 엘리후의 담론(32-37장)   256
         ⑥ 주님의 첫째 말씀(38,1-40,2)과 욥의 첫째 답변(40,3-5)   257
         ⑦ 주님의 둘째 말씀(40,6-41,26)과 욥의 둘째 답변(42,1-6)   258
      (3) 맺음말(42,7-17)   258

3. 코헬렛(전도서)	259
1) 문학 구조	261
2) 내용	262
3) 보상 원칙	265
4. 시라(집회서)	267
1) 문학 구조	270
2) 신학 주제	271
① 지혜	271
② 하느님을 경외함	273
③ 기도	273
5. 지혜서	277
1) 구조와 내용	278

제4부 고대 근동의 지혜문학

제9장 고대 근동의 지혜문학

1. 이집트의 지혜문학   286
   1) 지혜의 가르침과 서기관 전승   287
   2) 고왕조의 문헌   290
      ① 프타호텝의 지혜   291
   3) 중왕조의 문헌   294
      ① 메리카레 왕을 위한 가르침   294
      ② 아멘엠헤트 왕의 가르침   295
   4) 신왕조의 문헌   296
      ① 아니의 가르침   297
      ② 아멘엠오페의 가르침   299
      ③ 안크셰숀크의 가르침   303
      ④ 파피루스 인싱어   305
   5) 그 밖의 이집트 문학   306
2. 메소포타미아의 지혜문학   313
   1) 가르침   316
      ① 슈루팍의 가르침   316
      ② 지혜의 조언   317

2) 잠언 318

   3) 고유명사록 319

   4) 그 밖의 메소포타미아 문학 320

      ① 나는 지혜의 주를 찬양하리라 320

      ② 비관주의자의 대화 322

      ③ 바빌론의 신정론 324

      ④ 길가메시 서사시 326

      ⑤ 아키카르의 잠언 330

참고 문헌 333

성서 색인 340

주요 개념 색인 365

머리말

히브리 세계에서 현인들은 지혜는 "생명의 나무"(잠언 3,18)이므로 지혜를 찾는 사람은 생명을 얻으며(잠언 8,35), 참된 행복을 맛보게 되는 것으로 이해하였다. 그러므로 이스라엘의 현인들은 '나의 가르침을 묵상하는 사람은 행복하다'(시라 50,27-29 참조); "내 아들아, 너는 내 가르침을 잊지 말고 너의 마음이 내 계명을 지키게 하여라. 그것들이 너에게 장수와 수명을, 그리고 행복을 더해주리라"(잠언 3,1-2)라고 역설하였다. '죽음의 올가미에서 벗어나려면'(잠언 13,14) 현인들의 가르침을 겸허하게 받아들여야 한다. 그리고 "나 자신이 얼마나 적은 노력을 기울여 큰 안식을 얻게 되었는지 너희 눈으로 보아라"(시라 51,27). 현인들의 가르침이야말로 "생명의 샘"(잠언 13,14)이다.

도처에 팽배해 있는 물질만능주의와 한탕주의로 인해 답답한 가슴을 삭이고 살아가야만 하는 우리에게는 진정 생명의 샘에서 솟아나는 물이 그 어느 때보다도 더욱 절실히 요청된다. 선물로 받은 나의 인생길(코헬 5,17; 12,7 참조)이 어디로 흘러가고 있는지를 새롭게 진단하여 삶의 의미에 눈을 떠야 할 때이다. 모두가 하느님 무서운 줄 알고, 사람 무서운 줄 알며 사는 세상, 그리하여 생명의 나무로 원기를 회복하는 세상을 기원하며 "검토하고 연구하여 수많은 잠언들을 지어낸"(코헬 12,9) 코헬렛처럼 지혜의 뜻을 더듬어 살펴보아야 한다.

지혜의 뜻을 더듬는다는 것은 성서의 지혜가 가르치는 올바른 인생길을 깨우친다는 것이다. 시편은 바른 인생길을 걷는 사람이 누구이며, 그가 얼마나 행복한가에 대해 처음부터 분명히 밝힌다.

> 행복한 사람이여,
> 불신자들이 꾀하는 말을 그는 아니 따르고
> 죄인들의 길에 들어서지 않으며
> 망나니들 모임에 자리하지 않나니
> 차라리 그의 낙은 야훼의 법에 있어
> 밤낮으로 주님의 법 묵상하도다.
> 마치도 시냇가에 심어진 나무인 양
> 제때에 열매 내고 잎이 아니 시들어
> 그 하는 일마다 잘 되어가도다.
> 불신자는 이렇지 않나니 (이렇지 않나니)
> 바람에 흩날리는 겨와도 같도다.
> 불신자는 심판 때에 버티지 못하리니
> 의인의 모임에서 죄인도 그러하리라.
> 주께서 의인의 길을 살펴주심이로다.
> 불신자의 길은 망할 것임이로다(최민순 역 시편 1편).

지혜를 좇아 바른 길을 걷는 이는 지혜와 슬기를 저버리고 어둠의 길을 걷는 이와 분명하게 대조된다(잠언 2,10-15 참조). 우리는 이러한 표상을 성서에서, 특히 성서 지혜문학의 오경이라고도 불리는 잠언, 욥기, 코헬렛(전도서), 시라(집회서), 그리고 솔로몬의 지혜서에서 잘 볼 수 있다. 이 가운데 잠언과 욥기와 코헬렛은 히브리어로 쓰였고, 시라와 지혜서는 그리스어로 쓰였다.

히브리어 성서는 율법תורה과 예언서들נביאים과 작품들(כתובים. 직역하면 '쓰인 것들')로 구성되어 있는데, 지혜문학의 책들은 세 번째 부류, 곧 일반적으로 '성문서'로 알려져 있는 '작품들'에 속한다. 전통적으로 이 책들은 선조들의 지혜를 모은 것으로서 현재의 삶을 안내하는 책들로 여겨진다. 플라비우스 요세푸스는 이 책들을 "인간 삶의 행동 지침"으로 정의한 바 있다(《아피오 반박문 *Against Apion*》, I, 40).

할아버지 벤 시라가 기원전 180년경에 히브리어로 쓴 시라를 그리스어로 번역한 손자는 머리글에서 히브리어 성서를 "율법과 예언서와 다른 선조들의 글"(5절)로 구분하고 있다. 벤 시라는 성서학자로서 자신의 직업에 관해 말하면서 "모든 조상의 지혜를 찾고 예언을 공부하는 데에 몰두"(39,1)하는 것이 자신이 해야 할 일이라고 말하였다. 이러한 증언은 나중에 정경으로 선포된 '작품들'의 권위가 기원전 2세기에 이미 확립되어 있었음을 말해준다.

그러나 율법서와 예언서들과는 달리 구약성서의 '작품들'은 여기에 실린 책들을 한데 묶는 명확한 원칙을 가지고 있지 않다. 문학적 관점에서 본다면, 작품들에는 역대기, 에즈라기, 느헤미야기, 시편, 아가 등 지혜의 책이라고 할 수 없는 책들도 들어 있다(Childs, 501-502).

성서 지혜문학은 역사 한가운데서 이루어졌던 하느님의 구원 행위들을 제시하거나 되새기는 일이 거의 없다. 성조들에게 한 약속이나 족장 이야기, 이집트 탈출 이야기와 모세, 계약과 시나이에 대해서도 언급하지 않는다(그러나 시라 44,1-50,21; 지혜 11-19장 참조). 성서의 지혜 책들은 분명히 나머지 책들과는 다른 사상 세계를 반영하고 있다(크렌쇼, 37-38). 이들의 일차적 사고 대상은 인간의 삶이며, 이와 관련하여 인간과 우주를 창조하신 창조주 하느님에 관해 말한다. 잠언에는 야훼계 저자의 신앙이 반영되어 있는 곳도 더러 있으나, 이 부분은 잠언의 편집사에서 나중에 첨가된 것으로 보아야 한다(McKane, 1-10). '백성'에 대해 말하는 부분에서조차 주님이신 하느님의 선택된 민족으로서 계약의 백성을 가리키지 않는다. 잠언과 코헬렛이 여러 차례 왕에 대해 언급하지만, 이때의 왕은 하느님 백성 이스라엘의 기름부음을 받은 왕이 아니다. 성서의 지혜문학에 등장하는 왕은 백성을 다스리는 통치자를 대표할 뿐이다.

성서의 지혜 책들은 이스라엘의 신앙고백의 핵심(신명 5장 참조)을 크게 다루지 않는다. 여기에 나오는 내용이 율법서와 예언서들이 다루는 주제와는 매우 다르기 때문에, 성서의 지혜 책들은 구약성서 안에서 "생소한 부분"이라고 주장하는 학자도 있다(Gese, 2). 그리스도교 역사에서 지혜 책들이 20세기 초에 와서야 학문적 연구의 대상으로 크게 부상할 수 있었던 까닭도 이들이 이스라엘의 신앙고백과 밀접히 연결되어 있지 않은 것으로 생각되었기 때문이다.

구약성서 안에서 비교적 후대에 집성되었지만, 성서의 지혜 책들이 이스라엘 역사뿐 아니라 그리스도교 역사 전체에 미친 영향은 결코 적지 않다. 그것은 지혜문학이 단순히 인간에게 올바른 삶을 가르치는 윤리·도덕의 규범으로 여겨졌기 때문만은 아니다. 초대 교부들은 구약성서의 지혜를 신약의 예수 그리스도를 준비시킨 것으로 이해함으로써 지혜의 역할을 간파하였다. 사실 그리스도교 전통에서 이스라엘의 지혜는 '말씀'과 동일한 것으로 이해되었고, 그 말씀은 우리 가운데 '빛'으로 오시어 어둠 속에서 우리를 비추고 계신다(요한 1장 참조). 이 빛을 따르는 것은 죽음이 아닌 삶, 행복한 삶을 택하는 것이다.

필자는 1968년 소신학교(중학교)에 입학하여 1982년 8월 26일 사제로 품을 받은 후 생명의 샘이신 예수 그리스도의 빛을 따라 행복에 이르는 길을 추구하여 왔다. 조상들이 40여 년 동안 광야에서 방황하며 힘들어할 때, 남의 나라로 유배를 갔을 때, 하느님께서 그들을 보호하며 바른 길로 이끌어 약속의 땅으로 데려가셨고, 예수님은 40일의 유혹을 이겨내고 하느님께서 당신과 함께 계심을 드러내심으로써 구원의 기쁜 소식을 선포하셨다. 필자가 사제품을 받은 지 어느덧 마흔 해를 맞이하였다. 그동안 자비로우신 하느님께서는 당신께 충실히 머물도록 온갖 위험에서 보호해주시고 모든 시련에 대비하며 사제로서의 삶에 소홀하지 않아야 함을 일깨워주셨고, 40년의 시간을 언제나 넉넉한 은총과 무조건적 자애 속에 살 수 있도록 이끌어주셨다. 이에 깊이 감사드린다. 주님의 제단에 설 때마다 두렵고 떨리는 마음으로 용서를 빌며 올바르게 사는 지혜를 주시기를 청하며 감사기도를 바칠 수 있는 것은 주님과 성령의 이끄심 덕분이다. 모든 면에서 부족하기 짝이 없지만, 내가 주님을 선택한 것이 아니라 주님께서 나를 선택하셨다는 것으로 위안을 삼으며 감사하는 마음으로 오늘도 구원의 기쁜 소식을 전한다. 사제로서의 품위를 잃지 않고 살도록 더욱 노력하고 주님을 경외하며 악을 멀리하는 것이 모든 지혜의 근본임을 더욱 깊이 깨닫기를 희망하며, 지난 40년의 삶과 앞으로의 삶이 하느님께 조금 더 가까이 나아가는 지혜 추구의 삶이기를 바란다.

필자는 사제 서품 40주년을 기념하며 1999년 성바오로출판사에서 발행한 《생명의 샘과 인생길: 성서 지혜문학을 읽기 위한 탐구》를 수정하고 보완하며 '성서의 지혜문학서'를 덧붙여 《성서 지혜문학 입문》으로 새로 출판한다. 새 옷을 입혀 새롭게 선보일 수 있도록 배려해주신 '성서와함께' 편집인 수녀님과 수고하신 모든 분께 깊이 감사드린다.

2022년 8월 26일 사제 서품 기념일에
반포4동 성당에서
박요한 영식 신부

제1부

이스라엘의 지혜

제1장 이스라엘의 지혜 전승

가정에서 생겨나기 시작한 이스라엘의 지혜는 일차적으로 한 인간의 성공적 삶을 지향한다. 사회의 발전과 더불어 지혜의 개념도 발전하였으며, 지혜의 특징을 기술하는 독특한 언어를 통해 지혜 전승은 더욱 풍부하게 되었다. 이스라엘의 지혜는 특히 왕실을 중심으로 크게 발전할 수 있었고, 더 후대에 와서는 율법을 연구하는 학자들에 의해 꽃을 피우게 되었다. 뿐만 아니라 이스라엘의 현인들은 주변 세계의 지혜를 포용함으로써 지혜 개념을 더 발전시킬 수 있었으며, 지혜는 '숙녀 지혜Lady Wisdom'로 인격화되었다.

1. 지혜의 개념

지혜는 무엇인가? 구약성서 신학에서 '지혜חכמה'는 일련의 성서 본문을 가리키기도 하고, 특정한 유형과 모티프를 가진 전통의 한 흐름을 뜻하기도 하며, 특수한 사고방식을 의미하기도 한다. 그러나 전통의 한 흐름으로서의 지혜는 일정한 사고방식을 반영하며 지혜문학 안에서 가장 잘 드러나기 때문에, 이러한 개념 정의는 혼란을 초래하기도 한다. 우선 지혜란 매일의 삶에서 겪는 직접 경험에 뿌리를 둔 사고방식으로서 시간과 공간의 제약을 받지 않고 모두에게 적용될 수 있는 것이며, 특정한 문학 양식을 통해 표현된 전통적 가르침으로 이해할 수 있다(Høgenhaven, 98-99 참조).

성서에서 지혜를 가지고 있다는 것은 수공업적·예술가적 능력(탈출 31,3), 항해 기술(에제 28,3-4), 행정 능력(이사 10,13), 주술과 점치는 기술(창세 41,8; 44,5), 교활한 술책(2사무 13,3; 욥 5,13)에 능하다는 것을 가리키기도 한다(제임스 크렌쇼, 35-36; Blenkinsopp, 5-6 참조). 그러므로 현인은 당대 사회에서 특별한 기능을 행사할 수 있는 사람이기도 하였다(Preuss, 12-13).

그러나 일반적인 뜻에서 지혜는 '지식'이 아니라 인생의 방향을 잡는 기술이며 사람답게 살 수 있는 길을 가르치는 지식이다(Zenger, 224). 가장 본질적 의미에서 지혜란 슬기롭게 자기 몫의 삶을 살 수 있게 하는 총체적 능력 또는 '최상의 지성'(Whybray, 10)을 가리킨다. 이런 점에서 '지혜로운 자' 혹은 '현인חכם'은 결코 어떤 특정한 신분의 인물만을 가리키지 않는다. 지혜롭다는 것은 오히려 어떤 영역에서든지 "일에 능통하고 정통한 사람"을 가리키며(탈출 36,8; 1열왕 7,14), 많은 경우 단순히 어리석은 자에 대치되는 인물이다(폰 라트, 31). 고대 세계에서 현인은 자기 삶의 길을 잘 걸어갈 뿐만 아니라, 사회가 제 기능을 성공적으로 발휘하도록 이끌어가는 사람이었다(Chrenshaw, 215-216).

지혜가 거처하는 곳은 인간의 마음이며, 지혜는 슬기와 큰 차이가 없다. 그러므로 "슬기로운 마음"(탈출 28,3; 31,6; 욥 9,4; 잠언 10,8; 11,29; 16,21)을 가진 사람은 현인으로 간주되며 인생의 성공을 보장받는다(잠언 16,3; 19,21; 참조: H.P. Müller, in *TDOT*, *IV*, 372). 또한 하느님께서는 슬기로운 마음을 주시며(1열왕 3,12; 참조: 시라 6,37), 마음에 능력을 부여하신다(탈출 31,6; 36,2). 성서에서 마음을 갖지 않은 사람(예레 5,21)은 지각없는 사람(잠언 9,4.16)이며 어리석은 사람을 가리킨다.

지혜는 이스라엘뿐 아니라 주변의 다른 나라들에서도 볼 수 있다(이사 10,13; 19,12; 예레 50,35; 에제 28,3-5; 즈카 9,2; 오바 1,8 참조). 인류 역사와 문화가 있는 곳에는 어디에나 한층 더 인간답게 성공적인 삶을 살고자 하는 욕구가 있었기에 인간은 누구나 지혜를 소유하고자 하였던 것이다. 인간이면 누구나 "사고방식"(von Rad) 혹은 "실재에 대한 전형적 접근 방법"(Murphy)인 지혜를 매일 일상의 삶에 적용하며 살아간다.

인간은 자신만의 고유한 체험을 하며 인생을 살아가기 마련이다. 우리는 인간의 체험이 참으로 다양함을 잘 알고 있다. 비슷한 일이 반복될 수는 있어도 동일한 일이 반복되는 법은 없다. 때로는 균형 잃은 자신의 삶을 비관하기도 하며, 일정한 인과응보의 원칙에 따라 흘러가는 세상을 보고 안도의 한숨을 내쉬기도 한다. 더 나아가 계절의 규칙적 변화와 질서 있게 움직이는 우주 만물을 관찰한 인간은 자신의 삶 역시 그렇게 영위되기를 희구한다. 그리하여 행복한 인생을 계획하는 인간은 인생 역시 일정한 윤리 법칙에 따라 움직여지기를 갈망하였던 것이다. 여기에서부터 인간의 지혜 사고가 생겨나기 시작하였다.

2. 지혜 사고의 기원

1) 가정

지혜는 먼저 가정에서 생겨나기 시작한다. 성서의 지혜 책들 안에 아버지와 어머니에 대한 내용이 대단히 많다는 사실이 이 점을 단적으로 증거한다. 가톨릭 《성경》에 실린 잠언의 몇몇 구절만 살펴보아도 이 점을 분명히 알 수 있다.

> 내 아들아, 너는 내 가르침을 잊지 말고
> 너의 마음이 내 계명을 지키게 하여라.
> 그것들이 너에게 장수와 수명을,
> 그리고 행복을 더해주리라(잠언 3,1-2).
>
> 내 아들아, 아버지의 계명을 지키고
> 어머니의 가르침을 저버리지 마라(잠언 6,20).
>
> 지혜로운 아들은 아버지를 기쁘게 하고
> 우둔한 아들은 어머니의 근심거리가 된다(잠언 10,1).
>
> 너를 낳은 아버지에게 순종하고
> 어머니가 늙었다고 업신여기지 마라(잠언 23,22).

성서에서 부모를 공적 현인으로 명백하게 묘사하고 있지는 않으나, 부모는 자녀들을 훌륭하게 키움으로써 그들로 하여금 인생을 성공적으로 살아갈 수 있도록 올바른 길을 제시하고 가르쳤다. 이 점에서 볼 때 부모의 가르침은 젊은이들에게 지혜를 가르치려는 지혜 프로그램의 일부였음에 틀림없다. 젊은이들을 훈련시키는 데 부모가 가장 먼저 중대한 역할을 맡았다는 사실에는 의심의 여지가 없다. 말하자면 지혜의 가르침이 전문 직업인 현인들에 의해 전문화가 되기 이전에, 그리고 그 이후에도 계속해서 부모 특히 아버지는 가정에서 선생의 역할을 톡톡히 하였다. 가정은 지혜를 가르치는 중요한 못자리였다. 성서에는 "나의 아들아!"라는 호칭으로 훈육의 대상을 직접 부르며 지혜의 가르침을 제공하는 구절이 대단히 많다. 위에 인용한 성서 구절들 외에도 잠언 1,8.15; 2,1; 3,1.11; 7,1; 24,13 등에서 "나의 아들아!"라고 부르며 자녀를 교육하는 예를 볼 수 있다.

잠언 4,1-6은 옛 어른들로부터 물려받은 지혜를 전달하는 데 아버지가 중요한 역할을 맡고 있었다는 사실을 뚜렷이 보여준다. 아버지는 아들에게 귀를 기울일 것을 권하면서 자기가 아버지로부터 교육받았던 것을 회상하고, 아들 역시 전승된 지혜를 받아들임으로써 축복된 삶을 살게 되기를 희구한다.

> 아들들아, 아버지의 교훈을 들어라.
> 귀를 기울여 예지를 얻어라.
> 내가 너희에게 유익한 지침을 주었으니

내 가르침을 저버리지 마라.
나도 내 아버지에게 좋은 아들이었으며
내 어머니가 애지중지하는 외아들이었다.
아버지께서는 나에게 이렇게 가르치셨다.
"내 말을 마음에 간직하고 내 계명을 지켜라.
그러면 네가 살리라.
지혜를 얻고 예지를 얻어라.
내가 한 말을 잊지 말고 어기지 마라.
지혜를 저버리지 마라.
그것이 너를 보호해주리라.
지혜를 사랑하여라. 그것이 너를 지켜주리라(잠언 4,1-6).

세월이 흘러가면서 "나의 아들아!"라는 말은 교사가 학생을 부를 때에도 사용되었으므로(코헬 11,9의 "젊은이여!"라는 호칭은 분명히 교사로서의 코헬렛이 젊은 학생을 초대하는 말이다), 이 호칭이 나오는 성서 구절들이 반드시 부모 자식 사이의 관계만을 가리킨다고 말할 수는 없으나, 인간이 가정에서 인생의 첫 교육을 받았다는 사실에는 변함이 없다.

지혜가 가정으로부터 기인한다는 것에서 또 하나의 새로운 사실을 알 수 있다. 곧 지혜의 가르침이 문학 양식을 취하여 글로 기록됨으로써 확고한 위치를 차지하기 전에는 입에서 입으로 전해져 왔다는 것이다. 지혜 전승의 구두 단계가 어떠했는가를 오늘날 설득력 있게 재구성할 수는 없다. 그러나 우리는 가정에서 말로 전해져 오던 이러한 가르침의 흔적을 찾아볼 수는 있다. 가정에서는 부모 자식 사이에 가져야 할 태도와 형제들에 대한 태도를 가르쳤고(잠언 4,2-4; 18,19), 이웃과의 관계에서 윗사람과 상대방의 말에 어떻게 대답해야 하며(잠언 17,9) 친구를 어떻게 사귀어야 하는지(잠언 3,27-29), 또 남녀 관계는 어떻게 이루어져야 하는지(잠언 9,13-18)를 가르쳤다. 사회가 점점 복잡해지면서 집과 농장, 그리고 마을을 배경으로 하던 지혜의 가르침이 폭을 넓히게 되었다. 부자와 가난한 자, 게으른 자와 부지런한 자, 현상과 실재 사이의 차이점에 주목하였고, 인간이 사회에서 지녀야 할 기본 소양이 무엇인지를 깊이 있게 숙고하는 가운데 지혜의 가르침의 폭도 더욱 넓어졌다.

그리하여 처음에는 적절한 식탁 예절과 올바른 언어생활, 근면성과 인내 등 일상생활에 필요한 인성 교육에 치중하던 가르침이 점차 대사회적인 면을 다루게 되면서 지도자와 통치자를 어떻게 만나며(코헬 8,2-4), 또 아랫사람을 어떻게 대해야 하는지 등의 문제도 다루게 되었다. 결국 선조들로부터 물려받은 지혜를 습득한 사람은 매사에 성공을 보장받은 사람이며, 지혜를 가지고 있으면 모든 이의 칭송을 받을 수 있는 것으로 이해되었다. 지혜와 함께 사는 사람은 지혜의 특별한 보호를 받아 안전한 인생길을 걷게 된다고 확신하였다. 따라서 아버지의 계명과 어머니의 가르침을 저버림이 없이 그것들을 언제나 "마음"에 새겨두고 "목"에 걸어둘 것을 당부하였던 것이다(잠언 6,20-21). 잠언은 계속해서 다음과 같이 말한다.

그것이 네가 길을 다닐 때 너를 인도하고
잠잘 때 너를 지켜주며
깨어나면 너에게 말벗이 되어주리라.
계명은 등불이고 가르침은 빛이며
교훈이 담긴 훈계는 생명의 길이다(6,22-23).

이와 같은 지혜는 본디 가정과 부족 그리고 지역 공동체에 뿌리를 둔 전통의 결실이며 인간의 일상생활에서 생겨난 것이다. 인간 사회라면 어느 곳이든 언제나 지혜가 있었다고 보아야 한다(Scott, 3). 그러므로 왕실에 그 뿌리를 두고 있던 이집트의 지혜(이하 참조)와는 달리 엄밀한 의미에서 이스라엘의 지혜 사고는 본디 왕실 또는 성전과 연관된 일종의 학교에서 생겨난 것이 아니다.

2) 왕실과 율법학자

앞에서 우리는 지혜의 개념과 지혜 사고의 기원에 대해 고찰하면서 가장 기본적 형태의 지혜 사고는 가정에서 시작되었음을 살펴보았다. 사회의 기초 단위인 가족을 중심으로 지혜 사고가 생겨나 입에서 입으로 전해지면서 여러 가지 문장 형태를 통해 표현되었다.

그러나 지혜의 가르침을 만들어내고 이를 전해준 것은 비단 가정에만 국한되지 않는다. 학계에서는 지혜의 가르침이 생겨난 사회적 배경 혹은 '삶의 자리Sitz im Leben'에 대해 의견의 일치를 보지 못하고 있으나

(Childs, 549), 왕실에서 일하던 서기들과 조언자들, 그리고 토라 곧 율법을 연구하고 명상하던 학자들이 지혜의 가르침을 만들어내고 이미 존재하는 것들을 수집할 때 중대한 역할을 하였을 것이라는 데에는 의견이 일치한다.

솔로몬(1열왕 5,9-14)과 왕실에서 일하던 서기관들, 그리고 조언자들(2사무 17,1-14 참조)이 많은 잠언을 쓴 것으로 전해지고 있다. 이러한 사실은 왕실이 지혜의 가르침을 형성하고 전수하는 데 결정적 역할을 하였음을 증거한다. 가령 잠언 1,1은 전체 잠언집을 마치 솔로몬이 쓴 것처럼 이야기하며, 잠언 25,1에서는 "이 역시 솔로몬의 잠언들로서 유다의 왕 히즈키야의 사람들이 수집한 것"(사역)이라고 밝힘으로써 왕실과 연관된 사람들이 이스라엘의 지혜의 기원에 큰 몫을 하였다는 것과 이를 후대에 전해준 그들의 역할을 명시하고 있다(잠언 10,1; 31,1 참조). 히즈키야의 사람들은 당시 활동하던 서기관 '학자-현인들'로 여겨진다(Lemaire, 106-107). 이렇게 잠언이 명확하게 제시하고 있듯이, 이스라엘의 지혜문학은 왕실과 거기서 일하던 서기관들에 의해 이루어진 작품들이라고 볼 수 있다. 그렇다고 해서 잠언집의 모든 금언이 반드시 왕실에서 생겨났다거나 행정 기관에서 일하던 사람들과 연관된 것이라는 말은 물론 아니다(Garrett, 25). 그러나 위에 언급한 잠언의 본문들은 이스라엘에서 지혜 전통이 적어도 솔로몬을 중심으로 한 통일 왕정시대에 이미 시작되었고, 이스라엘이 남북으로 분단된 이후에도 계속되었음을 시사한다(Garrett, 24).

한마디로 말해, 이 예들에서 후기 이스라엘에는 전문 현인들의 집단이 있었음을 생각해보게 된다. 고대 근동의 다른 나라들과 마찬가지로 이스라엘에서 왕들과 지배 계급에 속하는 사람들의 곁에 정책을 기획하고 어려운 결정을 내릴 때 의견을 제시하던 조언자들이 있었으며, 거기에 서기관들과 사제들도 포함되어 있었다. 특히 정치적 사항들에 관해 왕에게 충언하는 일은 왕실에서 일하던 고관들의 주요 과제 가운데 하나였음이 분명하며(de Boer, 41-71 참조), 다윗에게 조언하였던 아히토펠이 내놓는 의견은 마치 하느님께 여쭈어보고 얻은 말씀처럼 여겨졌다(2사무 16,23). 사실 잘 갖추어진 말로 왕에게 충언하는 일은 오랜 훈련을 통해 비로소 얻을 수 있는 정확한 전문 지식을 요구하는 것이었으며, 이들의 충언에 국가의 존폐가 달려 있을 정도였다.

계획은 협의로 이루어진다.
전쟁은 현명한 지휘로 수행하여라(잠언 20,18).

전쟁은 현명한 지휘로 수행해야 하고
승리는 조언자들이 많아야 거둘 수 있다(잠언 24,6).

또한 성서의 지혜 책들에 반영되어 있는 지혜의 가르침이 이집트와 메소포타미아의 그것들과 매우 유사하며, 이스라엘의 왕이 국가 기관을 이끌어가기 위해서는 특별한 재능을 갖춘 현인들을 필요로 했을 가능성이 높았다는 사실로 미루어 이스라엘 안에 특정한 전문인들이 있었음을 충분히 짐작할 수 있다. 크렌쇼는 이 전문인들, 곧 현인들은 자기들을 어리석은 자들과는 대조를 이루는 독립 집단으로 이해하였다고 생각한다(크렌쇼, 40). 이러한 자의식은 눈에 띄는 계급으로서의 집단 의식이라기보다 어리석은 자들에 속하지 않는다는 개념상의 구분이었던 것으로 여겨진다.

그러나 기원전 180년경에 살았던 벤 시라는 현인들이 하던 역할을 여러 직업 가운데 하나라고 지적함으로써 전문 직업인으로서 '현인들'이 존재했음을 뚜렷이 밝히고 있다(시라 38,24-39,11). 벤 시라는 이곳에서 농부와 장인匠人, 대장장이와 도공陶工에 관해 언급하면서 자신의 직업에 관해 말한다.

> 율법학자의 지혜는 여가가 얼마나 있느냐에 달려 있고
> 사람은 하는 일이 적어야 지혜롭게 될 수 있다.
> 온 마음을 다해 지극히 높으신 분의 율법을 명상하는 이는
> 이런 자들과 다르다(시라 38,24.34).

앞에서 지적한 바와 같이 벤 시라는 이스라엘 역사에서 상당히 후대에 쓰인 책이다. 그렇기 때문에 왕정 시대부터 이스라엘에 전문 직업인으로서 '현인들'만이 하나의 독립 단체로 따로 존재했었는가에 대해서는 분명하게 말할 수 없다.

더 나아가 초기 이스라엘에 전문적 지혜 학교가 있었는가에 대해서도 확실하게 말할 수 있는 바가 거의 없다(Whybray, 31-43; Preuss, 45). 구약성서에서 이스라엘의 교육제도에 관한 첫 예증 역시 시라(집회서)에

서 볼 수 있다(제임스 크렌쇼, 《고대 이스라엘의 교육》 참조). 벤 시라는 "가르치는 집בית מדרש"에 대해 언급한다. "배우지 못한 자들아, 내게 가까이 오너라. 내 배움의 집에 와서 묵어라"(시라 51,23). 폰 라트는 이 언급에서부터 옛 이스라엘에도 학교가 있었다고 주장하지만(폰 라트, 27-29), 유배 이전에 이스라엘에 학교가 존재했었다는 확실한 증거는 없다. 고대 이스라엘에 학교가 존재했었는가에 대한 논의가 많았으나, 최근의 연구에 따르면 팔레스티나에 예언자 수련생들이 거처하던 곳이 있었다는 사실 외에는(2열왕 6,1) 고대 이집트에서 볼 수 있는 그런 학교는 없었던 것으로 여겨진다(Davies, 199-211).

그러나 이집트에는 이스라엘이 존재하기 훨씬 이전에 왕실과 연관된 지혜의 가르침, 그리고 이를 가르치던 교육기관이 있었다. 이집트에는 매우 일찍부터 전문적 현인들의 집단이 확실히 존재하였다. 이집트의 현인들은 파라오의 자녀들과 앞으로 관료가 될 사람들에게 적절한 언어, 예의범절, 인간관계 등에 관하여 가르쳤다.

이와 비슷하게 수메르와 바빌론에도 서기관들의 집단이 있었다. 그들은 신전神殿 학교를 통해 행정부의 다양한 계획을 실행할 수 있도록 특별한 기술을 가르쳤다. 수메르(그리고 또한 아카드) 언어(쐐기 문자)는 본래부터 특별한 훈련이 요구되었기 때문에 이를 위한 학교들이 있었다. 오늘날 메소포타미아의 수많은 문학작품이 우리에게까지 전해질 수 있었던 것은 수메르의 '(점토) 판의 집'(곧, ê-dubba)으로 불렸던 학교가 배출한 서기관들 덕분이다(Murphy, 153).

왕실과 연관된 현인들은 잠언과 같은 여러 경구와 전통적 가르침을 수집하고 연구하였을 뿐 아니라, 그들의 지혜를 아름답고 매끄러운 문체로 표현된 문학작품으로 남겼다(크렌쇼, 36-38).

솔로몬 왕은 삼천 가지 잠언을 지을 정도로 이스라엘뿐 아니라 주변 국가들에까지 명성을 떨쳤다. 그의 지혜는 1열왕 3-10장에 상세하게 기록되어 있다. 성서의 자료들은 그가 그리스어로 쓰인 솔로몬의 지혜서는 물론 잠언과 코헬렛, 그리고 아가의 저자라고 말한다.

솔로몬의 지혜에 관해 상세하게 기술하는 1열왕 5,9-14에 따르면, 하느님께서 솔로몬에게 지혜와 매우 뛰어난 분별력과 넓은 마음을 바닷가의 모래처럼 주셨으므로 그의 지혜와 박식함은 참으로 놀랄 만했다. 솔로몬의 지혜는 동방 모든 이의 지혜와 이집트의 모든 지혜보다 뛰어났다. "그는 어느 누구보다 지혜로웠다. 제라 사람 에탄이나 마홀의 아들들 헤만과 칼콜과 다르다보다 더 지혜로웠으므로, 주변 모든 민족들 가운데에 이름을 떨쳤다. 그는 잠언을 삼천 개나 지었고, 그의 노래는 천다섯 편이나 되었다. 솔로몬은 레바논에 있는 향백나무부터 담벼락에서 자라는 우슬초에 이르기까지 초목들에 관하여 이야기할 수 있었으며, 짐승과 새와 기어 다니는 것과 물고기에 관하여도 이야기할 수 있었다. 그리하여 모든 민족들에게서 사람들이 솔로몬의 지혜를 들으러 왔다. 그 가운데에는 세상 모든 임금이 그의 지혜에 관하여 소문을 듣고 보낸 이들도 있었다"(1열왕 5,11-14).

여기서 우리가 주목해야 할 것은 그의 지혜가 고대 근동에서 대단한 명성을 떨치며 널리 알려졌던 이집트의 지혜와 비교되고 있다는 점이다. "동방 모든 이"는 시리아-아랍의 사막 지역에 사는 부족들과 그들이 가진 지혜에 대해 막연하게나마 암시하고 있는 듯하다(욥 1,3 참조). 위에 인용한 성서에 언급된 인물 네 명에 대해 우리는 아무것도 알지 못한다. 그러나 "세상 사람들이 모두 하느님께서 솔로몬의 마음에 넣어주신 지혜를 들으려고 그를 찾아왔다. 그들은 저마다 은 기물과 금 기물, 옷과 무기, 향료와 말과 노새들을 예물로 가져왔는데, 그런 일이 해마다 그치지 않았다"(1열왕 10,24-25)라는 언급과 스바 여왕의 이야기(1열왕 10,1-13)는 솔로몬의 명성이 모든 나라에 널리 퍼졌다는 것을 입증해주는 하나의 좋은 예이다. 현인으로서 솔로몬이 지었다는 삼천 가지 잠언이 정확하게 전해지고 있지는 않으나, 잠언 25,1 이하에 나오는 잠언들은 분명히 그 일부였음에 틀림없다(Murphy, 2).

이스라엘의 지혜가 토라 혹은 율법을 연구하는 사람들과 일정한 관계를 가졌다는 것은 신명기 신학에서 주장하는 인과응보의 원칙들이 특별히 잠언에 그대로 보존되어 있다는 사실에서 여실히 드러난다. 신명기와 잠언은 한결같이 보상의 개념과 상선벌악을 강조한다. 그래서 정의에 기반을 둔 올바른 행위는 생명과 평화를 가져오며, 악한 행위는 자멸한다고 가르친다. 코헬렛 역시 신명기 신학의 보상 원칙을 익히 알고 있다(코헬 8,12-13). 다만 코헬렛은 인간은 하느님께서 언제 심판하실지 그 때를 알 수 없음을 간파함으로써 전통 지혜의 한계성을 고발한다.

다른 한편, 신명기 신학에 따르면 하느님 친히 계약에 근거해서 악한 행위를 한 인간을 벌하신다고 소개하는 데 반해, 잠언에서는 악한 행위를 하면 거의 자동적으로 벌을 받는 것으로 가르친다. '계약'이라는 단어는 잠언에 단 한 번 나올 뿐이다(잠언 2,17). 잠언은 토라를 명시적으로 다루지 않는다. 그러나 벤 시라는 지혜를 토라와 동일시하며(시라 24,23), 지혜서의 저자는 '지혜의 법'(지혜 6,17-20)을 지키라고 말함으로써 토라를 연구하던 이스라엘의 현인들이 지혜의 가르침에 관심을 쏟았음을 잘 보여준다.

지금까지 밝힌 바와 같이 이스라엘에서 지혜의 가르침은 먼저 가정에서 생겨났으나 왕실과 연관된 사람들, 그리고 토라를 연구하던 사람들에 의해 새롭게 숙고되고 아름다운 문체로 정리되었다. 유다의 왕 히즈키야의 신하들이 수집한 여러 금언(잠언 25장 이하)은 그들의 세계관은 물론 일반적으로 모든 사람에게 널리 적용될 수 있는 격언이다. 그들은 분명히 왕실의 한정된 관심사에 머물지 않고 더욱 보편적 관심사들까지 다루고 있다.

지혜 사고는 가정과 왕실, 그리고 왕실에서 일하던 사람들과 율법학자들로부터 기인한다고 말할 수 있다. 이러한 지혜 사고가 추구하는 바는 인간의 성공적 삶에 필요한 것이었다.

그럼에도 불구하고 지혜는 인간이 찾아낼 수 없는 신비로 머문다. 인간이 아무리 지혜를 찾는다 하더라도 지혜는 넓고 넓은 바다에도, 아바돈(욥 31,12: אבדון은 동사 '멸망하다'에서 파생된 명사로서 '멸망의 나라', 곧 지하 세계를 가리키며 셔올과 거의 같은 뜻이다; 참조 욥 26,6; 잠언 15,11; 27,20)과 죽음의 세계(욥 28,14.22)에도 존재하지 않는다. 지혜를 얻어야지 하고 말하지만 지혜는 나에게서 멀리 떨어져 있다(코헬 7,23).

> 사람은 그것(= 지혜)에 이르는 길을 알지 못하고
> 생물들의 땅에서는 발견할 수 없다네(욥 28,13).

> (지혜는) 모든 생물의 눈에 감추어져 있고
> 하늘의 새들에게도 숨겨져 있다네(욥 28,21).

3) 하느님

그러면 우리는 어디에서 지혜를 찾을 수 있으며, 슬기는 어디에 있는가?(욥 28,12.20). 이 물음은 비단 욥뿐 아니라 이스라엘과 고대 근동, 그리고 이집트의 모든 현인이 계속해서 던진 질문이었다. 욥기의 저자는 계속해서 지혜에 이를 수 없다는 절망적 말을 던진 다음, 오직 하느님만이 지혜에 이르는 길을 알고 계시며, 그분만이 지혜를 헤아리시고, 지혜를 세워 살피신다고 선언한다(욥 28,22-27 참조).

사실 지혜 사고는 인간의 일상생활에서부터 생겨난 것이지만, 구약성서는 지혜가 본디 하느님으로부터 기인한다고 가르친다. 이에 대한 현인들의 생각은 여러 가지로 표현된다. 욥은 오로지 주님께만 지혜와 능력이 있으며 경륜과 슬기도 그분만의 것이라 주장하고(욥 12,13), 코헬렛은 하느님께서는 당신 마음에 드는 이에게 지혜를 주신다고 하였으며(코헬 2,26), 이사야 예언자 역시 지식과 조언과 슬기의 기원을 하느님께 돌린다.

누가 바닷물을 손바닥으로 되었느냐?

하늘을 장뼘으로 재었느냐?

땅의 모든 흙을 말로 되었느냐?

산을 저울로 달고

언덕을 천평으로 달았느냐?

누가 야훼의 뜻을 좌우할 수 있었으며

좋은 의견으로 그를 가르칠 수 있었느냐?

누가 과연 그에게서 자기를 깨우쳐달라고,

올바른 인생길을 가르쳐달라고,

현명한 처세의 길을 가르쳐달라고

부탁을 받았느냐?

보아라, 민족들은 두레박에서 떨어지는 물방울이요,

천평에 덮인 가는 먼지일 뿐.

섬들도 고운 가루보다 더 무겁지 않다!

(이사 40,12-15: 공동번역).

하느님께서는 지혜로 땅의 기초를 놓으셨고(잠언 3,19) 많은 위업을 이룩하셨으며, 땅을 피조물로 가득 채우셨다(시편 104,24).

그러므로 인간이 지혜를 찾으려면 하느님과 밀접한 관계를 가져야 하며, 하느님께서 가르쳐주시는 길을 택해야 한다. 지혜를 찬양하는 욥은 이에 대해 "보아라, 주님을 경외함이 곧 지혜며 악을 피함이 슬기다"(욥 28,28)라는 답을 준다.

주님을 경외하는 것이 곧 지혜의 시초라는 말은 올바른 인생길을 비추어주는 지혜는 주님으로부터 온다는 것을 가리킨다. 인간은 하느님이 주시는 지혜와 더불어 비로소 인생의 방향을 제대로 잡아 나갈 수 있으며 사람답게 사는 법을 배우게 된다는 것이다.

지혜는 본디 하느님께 속하는 것이기에 현인으로 소문난 솔로몬은 지혜를 얻기 위하여 먼저 하느님께 기도하였다.

"우리 조상들의 하느님이시며
자비로우신 주님,
당신은 말씀으로 만물을 만드셨고,
당신의 지혜로 인간을 내시어
당신 손에서 생명을 받은 모든 피조물을
지배하게 하셨습니다.
또 인간으로 하여금 세상을 거룩하고
의롭게 다스리게 하시고
정직한 마음으로 통치하게 하셨습니다.
나에게, 당신 왕좌에 자리를 같이한 지혜를 주시고
나를 당신의 자녀들 축에서 빼놓지 마소서.
나는 당신의 종이며 당신 여종의 자식입니다.
여생이 얼마 남지 않은 연약한 인간이며
징의와 율법을 제대로 알지 못하는 하찮은 인간입니다.
과연 인간의 아들 중에

완전한 사람이 있다 하더라도

만일 그에게 당신께로부터 오는 지혜가 없다면

그는 아무것도 아닙니다"(지혜 9,1-6: 공동번역).

지혜의 한계성을 체험한 인간은 참된 지혜가 하느님으로부터 온다는 것을 깨닫게 되었다. 한치 앞도 내다보기 힘든 불확실성의 시대를 사는 우리에게 "계획은 인간이 세우지만, 이루어지는 것은 주님의 뜻뿐"(잠언 16,9; 19,21 참조)이라는 사실을 깊이 깨우치는 슬기와 기도하는 마음이 더욱 절실히 요구된다.

제2장 지혜 추구의 목적과 한계

1. 지혜 추구의 목적

1) 인생의 성공과 행복한 삶

구약성서의 지혜는 개인을 자율적이고 독립적인 존재로 이해하며 인간은 누구나 행복한 삶을 지향하고 있는 것으로 이해한다. 이스라엘의 현인 코헬렛은 행복을 염원하는 인간의 마음이 매우 중요하다는 사실을 간추려 표명한다.

> 사람이 자식을 백 명이나 낳고
> 그의 수명이 다하도록
> 오랜 세월을 산다 하여도
> 그의 갈망이 행복으로 채워지지 않고
> 또한 그가 제대로 묻히지 못한다면
> 내가 말하건대, 그보다는 유산아가 더 낫다(코헬 6,3).

코헬렛에 따르면, 행복을 모르는 사람은 차라리 태어나지 않은 것만 못하다. 아무리 자식이 많고 오래 산다 한들, 나날의 삶이 고통의 연속이라면, 인생의 의미가 어디에 있겠느냐는 것이다.

인간이 원하는 것은 역경이나 고난이 없는 행복한 가정과 많은 후손, 부와 사회적 명성, 그리고 장수다. 비록 인간이 "알몸으로 어머니 배에서 나온 몸"(욥 1,21)이며, 불운이라도 닥쳐 재산이 달아나서 제 몸에서 난 아들에게 물려줄 것 하나 없이, 세상에 떨어졌을 때처럼 알몸으로 돌아가야 할 신세라 할지라도(코헬 5,13-14 참조), 인간은 행복을 추구한다. 가능하면 자식들과 더불어 부귀영화와 명예를 누리고 오래오래 행복하게 살기를 희구하며, 삶의 시련과 역경을 슬기롭게 헤쳐나갈 지혜와 명석한 머리를 갖기를 바라는 것은 모든 인간의 한결같은 소망이다.

구약성서는 사람이 지혜를 가져야 행복하고 성공적인 삶을 누릴 수 있으며, 현실을 올바로 알아야 지혜롭게 잘 살 수 있는 것으로 이해하였다. 그러므로 이스라엘의 현인들은 한 인간이 훌륭하게 살아가는 데 필요한 모든 가능한 지식과 정보를 젊은이들에게 제공하고 합리적 조언을 제시함으로써 젊은이들로 하여금 올바른 길을 선택하도록 유도하는 가르침을 되풀이하였다.

행복하고자 하는 인간의 열망을 채우며 인생을 성공적으로 이끌어가기 위해서는 먼저 개인이 어떻게 생활해야 하는지, 성공과 번영을 위해 가져야 할 태도는 어떤 것인지, 윗사람을 어떻게 대해야 하며, 친구를 어떻게 사귀어야 하고, 남녀 관계는 또 어떻게 이루어져야 하는

지를 배울 필요가 있다. 특히 머지않은 미래에 사회에 첫발을 내딛어야 하는 젊은이들은 올바른 언어생활과 적절한 식탁 예절, 자신의 기질을 억제함, 근면성과 그 밖에도 삶을 고양시키는 많은 지식을 폭넓게 배워야 한다. 성경에서 몇 가지 예를 읽어볼 수 있다.

> 제 아비를 비웃고
> 어미를 깔보는 눈은
> 골짜기의 까마귀에게 쪼이고
> 독수리 밥이 되리라(잠언 30,17: 공동번역).

> 임금이 너에게 화를 내더라도 자리를 뜨지 마라.
> 침착하면 큰 실수를 미리 막을 수 있다(코헬 10,4: 공동번역).

> 부드러운 말은 친구를 많이 만들고
> 상냥한 말은 친구들을 정답게 한다.
> 될 수 있는 대로 많은 사람과 잘 사귀어라.
> 그러나 네 마음을 털어놓을 친구는 한 사람만 택하여라.
> 친구를 사귈 때에는 먼저 그를 시험해볼 일이다.
> 너무 서둘러 네 마음을 주지 말아라.
> 어떤 친구는 자기에게 이익이 있을 때에만 우정을 보이고
> 네가 불행하게 되면 너를 버린다.
> 성실한 친구는 안전한 피난처요,

그런 친구를 가진 것은 보화를 지닌 것과 같다(시라 6,5-8,14: 공동
번역).

정녕 낯선 여자의 입술은 꿀을 흘리고
그 입속은 기름보다 매끄럽지만
그 끝은 쓴흰쑥처럼 쓰디쓰고 쌍날칼처럼 날카롭다.
그 여자의 발은 죽음으로 내려가고
그 걸음은 저승을 향한다.
그 여자는 생명의 길에 뜻을 두지 않으니
제 앞길이 흔들림을 깨닫지도 못한다(잠언 5,3-6).

2) 지혜와 생명

이스라엘의 현인들은 조상 대대로 전해오는 지혜의 말씀들을 마음속 깊이 새기고 이를 실천하도록 젊은이들에게 권장하였다. 그것은 '지혜를 얻는 이는 생명을 얻는 것'(잠언 8,35; 참조 시라 4,12)으로 여겼기 때문이다. 이와 달리 '자리에 누워 뒹굴기만 하며, 숟가락을 밥그릇에 넣고도 입으로 가져갈 생각을 하지 않는'(잠언 19,15; 26,14-15 참조) 게으름뱅이는 결국 "남의 부림을 받고"(잠언 12,24: 공동번역), "손 하나 까딱 않고 포부만 키우다가 죽는다"(잠언 21,25: 공동번역). 어느 부모인들 자기 자식이 이런 비참한 꼴이 되기를 바라겠는가! 예나 지금이나 자식들의 행복한 미래를 소망하는 부모의 심정은 마찬가지다. 그래서 이스라엘의

현인들은 아버지가 아들을 교육시키듯이 반복해서 이렇게 역설한다.

> 내 아들아, 너는 내 가르침을 잊지 말고
> 너의 마음이 내 계명을 지키게 하여라.
> 그것들이 너에게 장수와 수명을,
> 그리고 행복을 더해주리라.
> 자애와 진실이 너를 떠나지 않도록 하여라.
> 그것들을 네 목에 묶고 네 마음속에 새겨두어라.
> 그러면 네가 하느님과 사람 앞에서
> 호의와 호평을 받으리라(잠언 3,1-4).

어떻게 하면 인간이 매사에 성공할 수 있고 또 행복한 삶을 약속받을 수 있는 것일까? 행복이란 행복을 찾아 나서는 사람에게서 더욱더 멀어지는 것은 아닌가? 그렇다면 행복을 추구하는 인간이 먼저 찾아야 할 것은 무엇인가? 구약성서는 솔로몬에게서 이에 대한 뚜렷한 해답을 본다.

솔로몬은 인간들 가운데 가장 큰 부귀영화를 누렸던 인물로 알려져 있다(마태 6,29 참조). 젊은 나이에 이스라엘 백성을 다스려야 할 중책을 맡게 된 그는 어떻게 하면 큰 과실 없이 올바른 정치를 펴나갈 수 있을지 고심하였다. 솔로몬은 훌륭한 정치인이 됨으로써 자신의 인생을 성공적으로 이끌고자 하였다. 어느날 그는 기브온에서 꿈에 하느님을 뵙고 자신이 아직 어린아이에 지나지 않음을 솔직히 고백한다(1열왕

3,3-14 참조). 솔로몬은 자신의 지식과 경험으로는 하느님의 백성을 이끌기에 부족한 '인간'임을 익히 알고 있었던 것이다. 그리하여 그는 하느님께 다음과 같은 청을 드린다.

"그러니 당신 종에게 듣는 마음을 주시어 당신 백성을 통치하고 선과 악을 분별할 수 있게 해주십시오. 어느 누가 이렇게 큰 당신 백성을 통치할 수 있겠습니까?"(1열왕 3,9).

여기서 중요한 것은 하느님께 지혜를 청하는 솔로몬의 의도다. 그가 지혜를 추구하는 근본 목적은 자기 자신의 부귀영화를 위해서가 아니라 하느님의 백성을 잘 다스리기 위해서였다. 솔로몬은 하느님 백성의 삶이 안정되고 평화롭게 영위될 수 있기를 우선적으로 희구했던 것이다. 자신의 부족함을 시인하고 듣는 마음을 청한 솔로몬에게 하느님께서는 다른 선물들도 덤으로 주신다(시라 1,10 참조).

"네가 그것을 청하였으니, 곧 자신을 위해 장수를 청하지도 않고, 자신을 위해 부를 청하지도 않고, 네 원수들의 목숨을 청하지도 않고, 그 대신 이처럼 옳은 것을 가려내는 분별력을 청하였으니, 자, 내가 네 말대로 해주겠다. 이제 너에게 지혜롭고 분별하는 마음을 준다. 너 같은 사람은 네 앞에도 없었고, 너 같은 사람은 네 뒤에도 다시 나오지 않을 것이다. 또한 나는 네가 청하지 않은 것, 곧 부와 명예도 너에게 준다. 네 일생 동안 임금들 가운데 너 같은 사람이 없을 것이다. 네가 만일 네 아버지 다윗이 걸었듯이 내 길을 걸으며, 내 규정과 내 계명을 지키면 네 수명도 늘려주겠다"(1열왕 3,11-14).

솔로몬이 하느님께 청한 분별력, 혹은 하느님께서 그에게 내려주신 "지혜롭고 분별하는 마음"은 지혜를 가리킨다. 지혜를 청한 솔로몬에게 지혜와 더불어 주어진 것은 부와 명예, 그리고 장수이며, 이는 모든 인간이 갈구하는 것들이다.

지혜를 청하는 솔로몬에게 나머지 모든 것을 하느님께서 덤으로 주셨듯이, 지혜를 얻으면 일상적 삶의 성공도 함께 얻게 된다는 것이 지혜문학의 가르침이다. 아니, 성서의 현인들은 성공적 삶을 위해, "훌륭한 사람으로 기림을 받기 위해"(잠언 3,4: 공동번역) 먼저 그리고 절대적으로 지혜 자체를 추구해야 한다고 가르친다. 사람이 아무리 큰 성공을 거두고 많은 재물을 모은다 하더라도 "때가 되어 불행이 덮치고", "갑자기 액운이 닥치면"(코헬 9,12: 사역) 벗어날 길이 없고, "힘껏 애써 얻어보아야 결국 다음 세대에 물려주어야 하는 것이다. 또한 그것을 물려받아 관리할 사람이 지혜로운 사람일지 어리석은 사람일지는 아무도 알 수 없는 노릇이다"(코헬 2,18-19: 사역). 그러나 지혜를 추구하면 금이나 은보다 더 귀한 선물과 행복한 삶을 보장해주는 것들을 덤으로 얻게 된다. 왜냐하면 지혜의 수중에는 장수와 부귀영화가 있기 때문이다. 그러므로 지혜야말로 붉은 산호나 값비싼 보석보다도 가치 있는 것이다. 인간은 모름지기 연인을 찾듯이 열렬한 마음으로 지혜를 찾아 나서야 한다(크렌쇼, 80-81 참조).

> 행복하여라, 지혜를 찾은 사람!
> 행복하여라, 슬기를 얻은 사람!
> 지혜의 소득은 은보다 낫고
> 그 소출은 순금보다 낫다.
> 지혜는 산호보다 값진 것
> 네 모든 귀중품도 그것에 비길 수 없다.
> 지혜의 오른손에는 장수가,
> 그 왼손에는 부와 영광이 들려 있다.
> 지혜의 길은 감미로운 길이고
> 그 모든 앞길에는 평화가 깃들어 있다.
> 지혜는 붙잡는 이에게 생명의 나무
> 그것을 붙드는 이들은 행복하다(잠언 3,13-18).

결국 인간이 지혜를 추구하는 것은 충만한 행복을 위해서이며, 올바른 길에서 "빗나가지 않기" 위함이다(시라 2,7 참조). 마음을 곧게 가져 동요하지 않고, 역경에 처해서도 당황하지 않기 위함이다(시라 2,2 참조). 벤 시라는 지혜를 추구하는 사람이 누릴 수 있는 모든 것은 주님을 경외하는 사람이 누리는 그것과 같다고 말한다.

> 주님을 경외함은 영광과 자랑이요

> 즐거움과 환희의 화관이다.
> 주님을 경외함은 마음을 기쁘게 하고
> 즐거움과 기쁨과 장수를 허락한다.
> 주님을 경외함은 주님에게서 오는 선물이며
> 실제로 그분께서는 사랑으로 길을 바로잡아주신다.
> 주님을 경외하는 이는 끝이 좋고
> 죽음의 날에 복을 받으리라(시라 1,11-13).

지혜서의 저자는 기브온에서 있었던 솔로몬 이야기를 되새기면서 솔로몬이 젊어서부터 지혜를 추구하였음을 다음과 같이 전해준다.

> 나는 지혜를 사랑하여 젊을 때부터 찾았으며
> 그를 아내로 맞아들이려고 애를 썼다.
> 나는 그 아름다움 때문에 사랑에 빠졌다.
> 살아가면서 많은 재산을 갖는 것이 바람직하다면
> 모든 것을 이루는 지혜보다 더 큰 재산이 어디 있겠는가?
> 예지가 능력이 있다면
> 만물을 지어낸 장인인 지혜보다 더 큰 능력을 가진 것이
> 어디 있겠는가?(지혜 8,2.5-6).

모든 것에 앞서 지혜를 찾아 나서는 사람은 '지혜와 인척 관계'(지혜 8,17 참조)를 맺으려 하며, "어떻게 하면 지혜를 집으로 맞아들일 수 있을까

하고 돌아다닌다"(지혜 8,18).

3) 숨어 계신 하느님을 추구하는 마음

지금까지 살펴본 지혜 추구의 목적이 어떤 식으로든 물질적 풍요로움과 어느 정도 연결되어 있는 것이라면, 이제 정신적인 면에서 갈증을 해소하기 위해 더욱더 지혜를 추구하는 성서의 현인들도 만나게 된다. 이들 가운데 '숨어 계신 하느님Deus absconditus'을 만나려고 하는 욥의 간절한 소망과 인간 삶의 궁극적 의미를 찾고자 애쓰는 코헬렛의 고투, 그리고 과거의 위대한 역사를 되새기면서 전통이 물려준 지혜를 추구하는 것이 가장 바람직한 일이라고 주장하는 벤 시라를 열거할 수 있다.

"까닭 없이" 가혹한 재난을 맞게 된 욥은 태어난 날을 저주하며 삶의 수수께끼를 풀려고 안간힘을 쓴다. 욥을 위로하기 위해 찾아온 친구들은 전통을 엄격하게 해석하여 욥이 고통을 받는 것은 그의 죄 때문이라고 추론하며 욥을 비난하지만, 욥은 그들의 말에 큰 관심을 보이지 않는다. 오히려 욥은 절망과 불같은 신앙 사이에서 갈팡질팡하면서도 하느님과의 논쟁을 벌일 심사로 '감추어 계신 하느님'과의 대면을 끝까지 고집한다(욥 9,32-35; 13,3.16.22; 16,18-22; 31,35-37). 욥은 자신을 "변호해주실 분"(גאל 고엘: 19,25)을 만나야 모든 문제가 해결될 것이라고 고집한다. 욥은 침묵 중에 숨어 계신 하느님을 더 이상 견딜 수 없었던 것이다(머피, 《생명의 나무》, 90 참조).

욥과는 달리 코헬렛은 살아 계신 하느님과의 대화를 추구하지 않는다. 코헬렛의 유일한 관심사는 지금 여기에서 이루어지고 있는 세상의 일들, 살아 있는 인간의 일들이다. "태양은 뜨고 태양은 진다. 다시 떠오를 그곳으로 서둘러 간다. 남쪽으로 가다가 북쪽으로 돌아오는 바람은 돌고 돌며 가지만 제자리로 되돌아온다"(코헬 1,5-6: 사역). 마찬가지로 이 세상에서의 인간의 삶 역시 '때'가 있어 티끌에서 온 인간은 티끌로 돌아가야 한다(코헬 3,1-8 참조). 인간은 반드시 죽어야 한다는 사실이 확인되면 될수록 코헬렛은 더욱더 삶의 의미에 의문을 제기한다. 세상에서 온갖 부귀영화를 다 누렸으나 이 모든 것이 죽음 앞에서는 아무런 가치도 없다는 결론에 이르게 된 것이다(코헬 2,1-8). 한마디로 코헬렛에게 지혜를 추구한다는 것은 삶의 의미를 추구하는 것이었다. 그러나 지혜는 너무 멀리 떨어져 있어서(코헬 7,23-24; 바룩 3,29-31 참조) 인간의 손이 닿지 않는다. 그러니 태양 아래 몸 붙여 사는 인간이 삶의 완전한 의미를 얻기는 불가능한 것으로 여겨진다.

배움터를 열어(시라 51,23) 젊은이들을 교육했던 벤 시라는 해박한 성서 지식을 바탕으로 선조들의 위대한 정신적 유산을 숙고하고 받아들이며 이를 실천에 옮기는 것을 지혜 추구의 목적으로 제시한다. 지혜의 길을 추구하는 것은 모세를 통해 이스라엘에게 전해진 하느님의 계명들을 지키려는 노력과 동일하였으니(시라 24,23; 바룩 3,9-4,4 특히 4,1 참조), 지혜 추구는 곧 하느님의 규정과 법을 지킴으로써 '생명과 죽음' 둘 중에 생명을 선택해야 함을 가르쳐주는 것이기도 하다(신명 30,15-20 참조). 사실 지혜는 "생명의 나무"(잠언 3,18)이기에, 지혜를 추구하는 근본 목적은 생명을 얻기 위한 것이다. 벤 시라는 물밀듯 밀려들어오는 헬레니즘 정신으로부터 이스라엘의 젊은이들을 보호하기 위하여 영광스러운 과거를 되돌아보는 것이 최선이라고 생각했던 것 같다.

이스라엘의 현인들은 일상적 삶을 행복으로 이끌고 인생의 수수께끼를 풀기 위해 끊임없이 노력했던 사람들이다. 이러한 근본 문제들을 해결해줄 수 있는 열쇠가 지혜이고 하느님께서 이 지혜를 주시는 것으로 믿었기에, 현인은 "아침에 일어나면서 마음을 모두어 창조주이신 주님께 생각을 돌리고 지극히 높으신 분께 온 마음을 바친다. 입을 열면 기도요, 자기 죄의 용서를 빈다. 위대하신 주님께서 뜻하신다면 그는 깨우침의 영검을 충만히 받을 것"임을 의심하지 않았다(시라 39,5-6: 공동번역). 그러나 이러한 생각은 어디까지나 현세에 국한된 것이었으므로 아직 복되고 영광스러운 저세상의 개념에는 이르지 못하였다. 구약성서의 대부분에서 드러나듯이 죽은 다음의 세상인 셔올은 속절없는 어둠의 세계(코헬 9,10 참조)로 이해되었을 뿐이다.

그러나 지혜서의 저자는 내세에 대한 사고의 전환점을 제시한다. 지혜를 추구하는 것이 현실적 행복과 장수만을 위해서가 아니라, 하느님의 축복을 받아 영원한 생명을 얻기 위한 것으로 소개하기 때문이다. 올바른 지각이 없어 뇌까리는 악인들의 말, 곧 "우리의 삶은 짧고 슬프다. 인생이 끝에 다다르면 묘약이 없고 우리가 알기로 저승에서 돌아온 자도 없다. 우리는 우연히 태어난 몸, 뒷날 우리는 있지도 않았던 것처럼 될 것이다. 우리의 콧숨은 연기일 뿐이며 생각은 심장이 뛰면서 생기는 불꽃일 따름이다"(지혜 2,1-2)라는 말과 달리 "의인들의 영혼은 하느님의 손안에 있어 어떠한 고통도 겪지 않을 것이다. 우리에게서 떠나는 것이 파멸로 여겨지지만 그들은 평화를 누리고 있다. 주님을 신뢰하는 이들은 진리를 깨닫고 그분을 믿는 이들은 그분과 함께 사랑 속에 살 것이다"(지혜 3,1.3.9)라고 주장함으로써 지혜 추구의 목적이 현실적 인생의 성공에 머물지 않고 저세상에서의 복된 삶으로까지 승화된다.

2. 지혜 추구의 한계

1) 지혜의 가르침과 삶의 현실

성서 지혜는 인생의 방향을 잡는 기술이며 사람답게 살 수 있는 길을 가르치는 지식이다. 실제적이며 실천적 목표를 가지고 가정 공동체에서 생겨나기 시작한 지혜는 순리에 따라 행동하는 것이 최선의 길이라고 가르친다. 일정한 법칙에 따라 움직이는 자연계의 현상과 마찬가지로 인간의 삶 역시 우선 일정한 규칙에 따라 영위될 수 있는 것으로 이해되었기 때문이다(《성서와함께》, 1998년 2월호, 32-33 참조). 하느님께서는 지혜를 따라 사는 사람에게는 행복을 보장하시지만, 어리석은 자는 반드시 멸망할 것이라고 하신다. 그래서 지혜의 길을 따르는 사람은 지혜가 제공하는 축복을 받으며, 그에게는 약속이 주어진다.

지혜가 바깥에서 외치고
광장에서 목소리를 높인다.
법석대는 거리 모퉁이에서 소리치고
성문 어귀에서 말을 한다.
"내 말을 듣는 이는 편안히 살고
불행해질 걱정 없이 평온히 지내리라"(잠언 1,20-21.33).

주님께서는 악인의 집에 저주를 내리시고
의인이 사는 곳에는 복을 내리신다.
그분께서는 빈정대는 자들에게 빈정대시지만
가련한 이들에게는 호의를 베푸신다(잠언 3,33-34).

악을 저지르지 마라.
그러면 악이 너를 결코 덮치지 못하리라.
불의를 멀리하여라.
불의가 너를 비켜 가리라.
불의의 고랑에 씨를 뿌리지 마라.
그 수확을 일곱 배로 거둘까 두렵다(시라 7,1-3).

인간이 질서를 존중하며 일정한 법칙에 따라 살아야 한다는 것은 고대 근동의 사고 세계 안에서도 볼 수 있다. 가령 이집트에서는 '질서' 또는 '정의'를 뜻하는 '마아트_maat_'에 따라 사는 사람에게 인생의 성공이 보장된다고 가르쳤다. 반대로 마아트를 무시하는 사람은 결국 인생의 실패를 맛보게 된다.

착한 일을 하면 상을 받고 악한 일을 하면 벌을 받는다는 인과응보의 원칙은 이미 신명기 신학에서 볼 수 있는 사고방식이다.

> "보아라, 내가 오늘 너희 앞에 생명과 행복, 죽음과 불행을 내놓는다. 내가 오늘 너희에게 명령하는 주 너희 하느님의 계명을 듣고, 주 너희 하느님을 사랑하며 그분의 길을 따라 걷고, 그분의 계명과 규정과 법규들을 지키면, 너희가 살고 번성할 것이다. 또 주 너희 하느님께서는 너희가 차지하러 들어가는 땅에서 너희에게 복을 내리실 것이다"(신명 30,15-16).

그러나 인간의 삶이 이토록 기계적으로 정확하게 돌아가는가? 모질게 고통을 받으며 몸살을 앓는 사람이 반드시 하느님의 계명과 규정과 법규를 지키지 않았기 때문이며, 지혜의 가르침을 저버렸기 때문인가? "손이 부지런한 사람은 남을 다스리지만, 손이 게으른 사람은 남의 부림을 받는다"(잠언 12,24: 공동번역)고 가르치지만, 형편없는 보수를 받으며 겨우 생계를 이어가는 사람이 과연 게으르기 때문인가? 과연 "손이 게으른 사람은 가난해지고 손이 부지런한 사람은 재산을 모은다"(잠언 10,4: 공동번역)는 말을 문자 그대로 믿을 수 있는가? 전통적으로 지혜는 의롭고 선한 사람은 부유하고 행복할 것이며, 악하고 어리석은 사람은 틀림없이 처벌을 받을 것이라고 가르치지만, 우리 주위에는 의롭고 선하게 사는 사람이 오히려 남의 놀림감이 되고 비참한 생활을 하는 경우가 얼마든지 있지 않은가?(시편 73편 참조). 선한 사람이 죄 없이 고통받는 것이 어떻게 올바른 질서일 수 있다는 말인가? 기원전 180년경에 쓰인 시라에서

> 지난 세대를 살펴보아라.
> 누가 주님을 믿고서 부끄러운 일을 당한 적이 있느냐?
> 누가 그분을 경외하면서 지내다가 버림받은 적이 있느냐?
> 누가 주님께 부르짖는데 소홀히 하신 적이 있느냐?(시라 2,10).

라는 말을 듣지만, 모든 사람에게서 버림받았음을 뼈저리게 느끼는 사람은 주님을 두려워하지 않았기 때문인가? "그분을 믿어라, 그분께서 너를 도우시리라"(시라 2,6ㄱ)라고 가르치지만, 주님의 보살핌의 손길을 전혀 느낄 수 없는 사람들도 있지 않은가?

지혜를 배우고 습득하여 그에 따라 산다고 해서 인생의 모든 신비를 속시원하게 다 해결할 수 있는 것도 아니며, 상선벌악이라는 고정된 도식이 실제 삶에 적용되지 않는 사례도 얼마든지 있을 수 있다. 전통적 지혜의 원칙, 곧 지혜를 가지고 있으면 만사형통이라는 원칙이 한낱 탁상공론으로밖에 여겨지지 않는다면, 인생은 모순 덩어리요 부조리로 가득 찬 것이 아닐 수 없다.

정확한 원칙에 따라 삼라만상을 지어내신 하느님께서 세상의 모든 것이 그 법칙성을 유지하도록 안배하셨다면, 인간의 현실 생활에서 보

여지는 이 모든 부조화는 어디에서 유래하는 것인가? 인생은 결국 하나의 수수께끼란 말인가?

인과응보의 원칙을 엄격하게 가르친 이스라엘의 현인들 사이에 이와 같은 일련의 의문들이 생겨나기 시작하였으니, 인생의 의미를 묻는 것은 예나 지금이나 마찬가지였다. 성서 지혜문학의 현인들이 전통적 지혜의 가르침을 비판적 시각으로 바라보게 된 이유는 많다. 그중에도 개인이나 공동체의 고통 체험이 큰 요인으로 작용하였다. 그들은 배운 것과 현실이 일치되지 않음을 간파하고 특히 인간이 처한 상황을 스스로 통제할 수도, 이해할 수도 없다는 것을 가슴 아픈 현실로 간주하였다(J. Vílchez Líndez, 134 참조). 윤리·도덕과 질서의 파괴, 혼돈으로 넘치는 듯한 이 세상을 살아가는 인간이 어떻게 "하느님께서는 모든 것을 제때에 아름답도록, 완전하게 만드셨다"(코헬 3,11: 사역)라고 믿을 수 있다는 말인가? 만일 그렇다면 이는 전통적 지혜의 가르침이 더 이상 그 가치를 인정받을 수 없음을 뜻하는 것일까?

2) 의인 욥의 고통

특히 욥과 코헬렛은 현실적 삶을 관찰하고 분석하면서 이스라엘의 신앙 안에서 기정사실로 간주된 보상 원칙이 붕괴되었음을 여러 가지 면으로 지적한 것으로 평가된다.

욥기는 전통적 지혜, 특히 잠언에서 분명하게 가르치는 하느님의 정의와 보상이라는 전통적 이념을 타파하기 위해 이들을 공격하고 있는 것으로 보인다(머피, 《생명의 나무》, 81-82 참조). 욥기는 "우츠라는 땅에 한 사람이 있었는데 그의 이름은 욥이었다. 그 사람은 흠 없고 올곧으며 하느님을 경외하고 악을 멀리하는 이였다"라는 말로 시작된다. 욥기의 저자는 하느님의 입을 빌려 욥의 '완전한 신앙'을 재삼 확인한다.

> "너는 나의 종 욥을 눈여겨보았느냐? 그와 같이 흠 없고 올곧으며 하느님을 경외하고 악을 멀리하는 사람은 땅 위에 다시 없다"(욥 2,3).

악한 일이란 꿈에도 알지 못하고 하느님 말씀에 따라 살아온 욥이건만, 그에게 엄청난 재난이 닥쳐 하루아침에 모든 재산이 사라지고 사랑하는 자식들이 모두 떼죽음을 당한다(욥 1장 참조). 그러나 잠언의 지혜는

> 주님을 경외함은 생명의 샘이니
> 죽음의 올가미에서 벗어나게 해준다(잠언 14,27).

> 주님을 경외함은 사람을 생명으로 이끌어주어
> 그는 흡족히 밤을 지내며 환난을 겪지 않는다(잠언 19,23).

라고 주장하고 있으니, 주님만을 의지하며 살아온 욥은 분명히 현실 생활에서 보상 이론에 어긋나는 체험을 하고 있는 것으로 여겨진다.

전통적 지혜에 의존해서 하느님을 두려워하며 착하게 사는 것이 오히려 바보스럽게 생각될 수 있는 것이다. 그러나 욥기의 저자는 이 문제에 대한 답을 강요하는 대신, 인간의 고통과 하느님의 정의 문제에 관해 가능한 한 여러 측면에서 살펴보기 위하여 문제에 접근하는 방법을 다양하게 발전시키고 있다. 저자는 욥과 친구들의 대화를 통해 전통적 이론 그 자체가 잘못된 것이 아님을 제시하기 위한 노력을 아끼지 않는다. 그러나 머피가 제안한 바대로 하느님의 보상에 관한 전통적 이론을 욥에게 적용시켜서는 안 될 것이다(머피, 《생명의 나무》, 82). 왜냐하면 욥이 결국 복귀된다는 사실(욥 42,10-17)은 전통적으로 하느님은 좋은 분이시고 정의로운 분이시라는 저자의 믿음을 유감없이 보여주고 있기 때문이다. 욥기의 저자가 주장하는 바는 하느님만이 가지고 계신 지혜를 인간이 가지고 있지 않기 때문에, 피조물이 모든 것을 다 이해할 수 없다는 것이다. 인간적 사고방식에 따라 하느님의 정의가 이루어져야 한다고 주장한다면, 그것은 "자신의 무죄함을 주장하기 위하여 하느님을 단죄하려고"(욥 40,8: 사역) 생각하는 것과 같다는 것이 저자의 주장이다. 그러므로 인간이 취할 수 있는 최선의 길은 옛 지혜 이념이 가르치는 대로 "하느님을 두려워하는 것"이다(머피, 《생명의 나무》, 96 참조).

한마디로 말해, 욥기의 저자는 인간이 기정사실로 받아들이는 인과응보의 원칙이 인간의 눈에 실현되지 않는 것으로 보이지만, 그것은 하느님만이 알고 계시는 지혜를 인간이 가지고 있지 못하기 때문임을 암암리에 주장하고 있다.

3) 새 희망의 때를 기다린 코헬렛

전통적 지혜가 가르치는 엄격한 상선벌악의 원칙이 현실 세계에서 붕괴되었음을 더욱 심도 있게 개탄하는 현인이 코헬렛이다. 그는 전통적 지혜를 빈정거리는 것처럼 보이기까지 한다(코헬 1,18; 2,13-15; 9,16-17 참조). 전통적 지혜 가르침에 대한 그의 평가는 매우 신랄하다.

> 나는 또 다시 태양 아래에서 보았다. 경주가 발 빠른 이들에게 달려 있지 않고 전쟁이 전사들에게 달려 있지 않음을. 또한 음식이 지혜로운 이들에게 달려 있지 않고 재물이 슬기로운 이들에게 달려 있지 않으며, 호의가 유식한 이들에게 달려 있지 않음을 (보았다). 모두 정해진 때와 우연에 마주치기 때문이다(코헬 9,11).

코헬렛은 이러한 명제를 바탕으로 인간이 몸담고 있는 세상에서 일어나는 모든 것을 세심하게 관찰하면서 현실을 고발하기 시작한다. 정직한 사람이 착하게 살지만 망한다는 것과 악한 사람이 못되게 사는 데도 불구하고 계속 살아 있다는 사실을 안타깝게 생각하며 이러한 현실을 '헤벨הבל'이라는 말로 표현한다. 일반적으로 '헛됨', '헛되다', '덧없음', '무상', '허무로 번역되는 이 히브리어 단어는 어쩌면 무상無常을 가리키는 어휘일 것이다. 코헬렛의 말을 들어보자.

> 내 무상한 나날에 나는 이 모든 것을 보았다.
> 의롭지만 죽어가는 의인이 있고
> 사악하지만 오래 사는 악인이 있다(코헬 7,15: 사역).

코헬렛은 인과응보가 정확히 시행되지 않기 때문에, - '악인이 백 번 악을 저지르고서도 버젓이 살아 있기 때문에'(코헬 8,12 참조) - 나쁜 결과가 생겨나고 있음을 계속해서 관찰한다. 곧 악한 행동에 대한 판결이 곧바로 집행되지 않기 때문에 인간의 아들들의 마음은 악을 행할 생각으로 가득 차 있다는 것이다(코헬 8,11). 물론 코헬렛은 전통적 지혜의 가르침을 익히 알고 있다.

> 그러나 나는 하느님을 경외하는 이들이 그분 앞에서 경외심을 가지므로 잘 되리라는 것도 알고 있다. 악인은 하느님 앞에서 경외심을 갖지 않기 때문에 잘되지 않을뿐더러 그림자 같아 오래 살지 못함도 알고 있다(코헬 8,12-13).

시편의 시인들은 악인의 행복이 일시적인 것이며 정의의 패배가 피상적인 것에 불과하다고 단언하듯이, 지금 코헬렛이 관찰하고 있는 현실 역시 일시적인 것이란 말인가? 그렇더라도 정의와 불의가 이렇게 뒤바뀐 현실이 지금도 계속되고 있다는 것은 엄연한 사실이지 않은가? 코헬렛에 따르면, '하느님에 의해 정해진 때'가 오기까지 이러한 현상이 계속될 수밖에 없는 까닭은 인간의 마음 안에 짐승과 같은 본능이 자리하고 있기 때문이라는 것이다(코헬 3,16-21; 박요한 영식, 《코헬렛의 지혜와 즐거운 인생》, 173 참조).

　인과응보가 실현되지 않는 현실을 보는 코헬렛의 눈은 시편 시인들의 눈과 크게 다르다. 시인들은 불의한 현실을 관찰하면서 분노와 복수심에 사로잡혀 부들부들 떨며, 불의를 허용하신 주님께 맹렬히 불평을 퍼붓거나 원수들을 거슬러 주 야훼께서 간섭하시기를 종용하기도 한다. 그러나 코헬렛은 냉정함을 잃지 않고 '하느님의 때'가 오기를 기다리며 '무상', 또는 '헛됨'이라는 단어를 반복해서 내뱉을 따름이다. 그는 '헛됨'이라는 단어로 악인들의 악한 행동이 '언제까지나 그렇게 계속될 수는 없다'는 것을 표현하는 것일까?

　코헬렛은 행위와 결과라는 보상 개념이 더 이상 지켜지지 않고 있는 현실을 증언하면서도 삶의 안정성을 보장하는 기계적인 질서에 대해서는 관심을 두지 않는다(박요한 영식, 《코헬렛의 지혜와 즐거운 인생》, 73-75 참조). 코헬렛의 관심사는 그가 알고 있는 하느님, 신비 속으로 숨으신 그분이다. 만일 하느님이 인생의 시간을 확정하였다면, 누가 그 시간을 변경할 수 있는가? 그는 유일하게 시간을 제공하고 정렬하실 수 있는 분은 창조주뿐이라는 사실(12,1)을 기억하며, 그분의 손에 달려 있는 인간(9,1)은 그분이 마련하신 정해진 시간을 받아들여야 한다고 강조한다.

　더 나아가 코헬렛은 그분이 구부려놓은 것을 누가 감히 펼 수 있는가를 묻는다(7,13). 하느님의 지혜에 인간이 어떻게 접근할 수 있는가? 아이가 엄마 배 속에서 어떻게 형성되는지, 바람이 어떤 방향으로 부는지조차 알지 못하는 인간이 하물며 모든 것을 역사하시는 하느님의 일을 어떻게 알 수 있겠느냐(11,5)는 것이 그의 논리다. 말하자면 코헬렛은 "자기보다 더 강한 분", 곧 하느님이 "결정한 문제에 대해 왜 그러냐고 시비를 따져보는"(6,10: 사역) 학자가 아니었다. 코헬렛은 하느님께서 하시는 일을 인간이 알 수 없는 법이라고 솔직하게 판단할 뿐이다(3,11; 8,17 참조).

코헬렛은 지혜만 가지고 있으면 포괄적 인생 기술을 완전히 획득할 수 있는 것으로 믿고 가르쳤던 전통적 지혜를 정면으로 반대한 개척자로 평가된다. 그는 인간의 지식이 삶의 안정성을 확고하게 보장할 수 없다고 본 것이다. 그는 "주님을 두려워함이 지혜의 시작"(시라 1,14: 사역)이라는 말을 명확하고 올바르게 해석한 현인이다. 비록 하느님을 두려워함이 신앙의 눈으로 볼 때, 가장 좋은 자리를 차지할 수 있고 가장 영광스럽게 여겨질 수 있다고 하더라도, 하느님을 두려워함이 하나의 도구가 되어 그것으로 세상을 정복할 수 있다고 착각해서는 안 된다.

> 주님을 두려워함이 지혜의 시작이며
> 주님을 두려워함이 지혜의 충만이고
> 주님을 두려워함이 지혜의 화관이다(시라 1,14ㄱ.16ㄱ.18ㄱ: 사역).

하느님을 경외하는 사람은 아무리 많은 지혜를 습득하였다 하더라도 자기의 인생이 자신의 손에 달려 있다는 생각을 하지 않고, 최상의 인간 지혜까지도 결국 아무것도 아님을 깊이 인식하게 된다.

> 지혜가 어디에서 오리오?
> 슬기의 자리는 어디리오?
> 모든 생물의 눈에 감추어져 있고
> 하늘의 새들에게도 숨겨져 있다네.
> 멸망의 나라와 죽음도
> "우리 귀로 그에 대한 풍문은 들었지" 한다네.
> 하느님께서 지혜에 이르는 길을 식별해내시고
> 그 자리를 알고 계시니
> 그분께서는 땅끝까지 살피시고
> 하늘 아래 모든 것을 보시기 때문이지.
> 바람의 무게를 정하시고 물의 양을 결정하실 때
> 비의 법칙과 뇌성 번개의 길을 정하실 때
> 그분께서 지혜를 보고 헤아리셨으며 그를 세우고 살피셨다네.
> 그러고서는 사람에게 말씀하셨네.
> "보아라, 주님을 경외함이 곧 지혜며
> 악을 피함이 슬기다"(욥 28,20-28).

착하고 정직하게 살며 주님 앞에 끊임없이 두 손을 모으지만 오늘 내가 많은 고통을 받고 있다면, 주님께서 나의 변호인이 되어 오실 그 날을 희망하며 지금 나에게 주어진 고통 속에서도 주님을 경외하는 것이 가장 바람직한 신앙인의 태도가 아닐까? 새로운 희망이 싹틀 날을 기다리며 다시금 코헬렛의 말에 귀를 기울여 보도록 하자.

> 하늘 아래 모든 것에는 시기가 있고
> 모든 일에는 때가 있다.
> 태어날 때가 있고 죽을 때가 있으며
> 심을 때가 있고 심긴 것을 뽑을 때가 있다.
> 죽일 때가 있고 고칠 때가 있으며
> 부술 때가 있고 지을 때가 있다.
> 울 때가 있고 웃을 때가 있으며
> 슬퍼할 때가 있고 기뻐 뛸 때가 있다(코헬 3,1-4).

제3장 성서 지혜의 문학 양식

성서의 지혜 책들은 하나의 국가로 존재하는 이스라엘의 정치적 문제에 관심을 두지 않고 사람들의 일상적 삶의 문제들을 다룬다. 지혜 책들은 공동체 안에서 인간이 가져야 할 태도, 현재와 미래에 대한 관심, 자녀들과 후손들의 운명, 정의와 불의 등을 주로 취급한다. 이런 문제들은 국가와 문화, 그리고 시대가 달라도 모든 인간이 한결같이 부딪치는 것들이다. 성경을 펼쳐 몇 말씀을 읽어보자.

알몸으로 어머니 배에서 나온 이 몸
알몸으로 그리 돌아가리라(욥 1,21).

"어리석은 자들아, 언제까지 어리석음을 사랑하려느냐?
언제까지 빈정꾼들은 빈정대기를 좋아하고
우둔한 자들은 지식을 미워하려는가?
내 훈계를 들으러 돌아오너라.
그러면 너희에게 내 영을 부어주어
내 말을 알아듣게 해주리라.

> 내가 불렀건만 너희는 들으려 하지 않고
> 손을 내밀었건만 아무도 아랑곳하지 않았다"(잠언 1,22-24).

> 재산을 믿지 말고
> "넉넉하다"고 말하지 마라.
> 너 자신과 네 힘을 붙좇지 말고
> 마음의 욕망을 따르지 마라(시라 5,1-2).

> 그릇된 생활로 죽음을 불러들이지 말고
> 자기의 행위로 파멸을 끌어들이지 마라(지혜 1,12).

이 성서 구절들이 뜻하는 바는 굳이 하느님의 백성 이스라엘이 아니라 하더라도 모든 인간에게 해당된다. 이 구절들은 인간에게 특정한 진리를 가르치고 교훈을 주는 것으로 이스라엘의 역사나 법, 예배와 예언의 전통과는 분명히 구별된다. 이와 같은 문학 유형은 오경이나 예언서들의 문체와 분명히 다르다. 그 차이점은 양식 비평을 통해 더욱 뚜렷이 드러난다.

모든 문학은 그 자체로 특정한 유형 또는 양식genre을 지니고 있다. 두세 가지 유형이 한데 섞여 있는 경우가 있어 역사서나 예언서에서도 때로는 시문학詩文學이나 가르침의 유형에 속하는 문체를 발견할 수도 있다. 예를 들면, 예언자 이사야는 5,1-7에서 사랑의 시를 쓰고 있으며, 28,23-29에서는 지혜 가르침에 속하는 언어를 사용하고 있다. 그러나 이사야는 분명히 지혜문학을 저술하는 현인이 아니다. 그는 어디까지나 예언자일 뿐이다. 이러한 관점에서 본다면, 성서의 지혜문학에만 속하는 고유한 언어 양식 또는 문체가 존재한다고 말할 수 없을 것이다(Whybray, 73-74 참조).

그러나 잠언과 욥, 그리고 코헬렛은 분명히 고유한 문학 유형을 가지고 있다. 잠언에 지혜시(1,20-23 참조)도 있으나, 대부분 가르침의 유형에 속하고(박요한 영식,《잠언》, 38 참조), 욥의 주된 형태는 욥과 세 친구들 사이의 담화로 되어 있다(스나이드,《욥기의 형성사》 참조). 코헬렛은 경구와 권면을 사용하지만, 코헬렛을 특징짓는 문학 양식은 반성 또는 성찰이다(Murphy, *Literature*, 4; 박요한 영식,《코헬렛의 지혜와 즐거운 인생》, 53-62 참조).

이스라엘의 현인들이 지혜문학에 고유한 글을 남길 수 있었던 까닭은 그들이 질서 있게 움직이는 삼라만상과 인간의 일상적 삶에 주의를 기울이고 여기에서 특정한 교훈을 배울 수 있었기 때문이다. 예를 들어보자. 사람들은 장작으로 불을 지피는 가운데 "장작이 다하면 불이 꺼진다"(잠언 26,20)는 것을 관찰하였고, 구렁을 팠던 사람이 거기에 빠지는 것을 보았으며(잠언 26,27), 코를 치면 코피가 나오고(잠언 30,33), 남편이 집을 비운 사이에 그 아내와 놀아난 사람은 결국 제 목숨까지 잃게 되는 경우를 목격하였다(잠언 7,6-27). 뿐만 아니라 술에 취하여 자신은 물론 집안까지 망치는 사람을 경험하였다(잠언 20,1; 23,29-35; 코헬 10,16-19 참조). 이와 같이 일상에서 벌어지는 일들을 관찰한 인간은 여기에서 인간의 삶과 직결된 일정한 교훈을 이끌어내게 되었고, 이를 글로 표현하기 시작하였다. 그리하여 다음과 같은 경구들이 생겨났다.

장작이 다하면 불이 꺼지듯
중상꾼이 없으면 다툼도 그친다(잠언 26,20).

구렁을 파는 자는 제가 그곳에 빠지고
돌을 굴리는 자는 제가 그것에 치인다(잠언 26,27).

내 집 창문에 기대어 창살 사이로 내다보다가
어수룩한 자들 속에서 누군가를 보게 되었다.
청년들 속에서 지각없는 젊은이 하나를 지켜보게 되었다.
그는 그 여자가 사는 거리 모퉁이 쪽으로 길을 건너
그 집을 향해 걸어간다.
여자는 안절부절못하고
그 발은 집 안에 붙어 있지 못한다.
이제 그 젊은이를 붙잡아 입 맞추고
뻔뻔스러운 얼굴로 말한다.
자, 우리 아침까지 애정에 취해봐요.
사랑을 즐겨봐요.
남편은 집에 없어요.
멀리 길을 떠났거든요.
그가 선뜻 그 여자 뒤를 따라가는데

> 도살장에 끌려가는 소와 같고
> 벌받으러 쇠사슬에 묶여 가는
> 미련한 자와 같다.
> 화살이 간장을 꿰뚫을 때까지
> 목숨을 잃을 줄도 모르는 채
> 그물 속으로 재빨리 날아드는 새와 같다
>
> (잠언 7,6-8.11.13.18-19.22-23).

 그러나 경험의 내용이 다양하기 때문에 경험을 표현하는 문체도 다양할 수밖에 없었다. 또한 인간의 경험을 언어로 표현하여 이를 다른 사람에게 전달하기 위해서는 여러 가지 문학적 기교가 요구되었다. 때로는 서술 문장을, 때로는 비유나 은유, 혹은 수수께끼 같은 문장을 원용하였고, 때로는 우화를 사용할 수밖에 없었다. 사람들은 옛부터 자신의 생각을 보다 효과적으로 남에게 전달하고 남을 설득시키기 위하여 그때그때의 상황에 따라 이미 알려져 있는 속담이나 격언을 적절히 활용하며 새로운 언어 양식을 만들어왔다. 특히 설득력 있게 자신의 의사를 표명하기 위해서는 사람들이 쉽게 기억할 수 있는 문장으로, 또한 사람들의 호기심을 자극하며 공감을 불러일으키는 부드러운 문체로 표현할 필요가 있었다.

 현인들은 문학적 기교를 활용할 재능을 갖고 있었다. 그들은 언어가 가지고 있는 심미감에 주의를 기울이며 부드러운 혀(잠언 16,21)로 상냥한 말(잠언 16,24)을 표현하기 위하여 노력하였다. 그렇다고 해서 그들이 모든 사람의 구미에 맞출 수 있는 경구만을 만들어냈다는 것이 아니다. 현인들은 적절한 시기에 적절한 말을 표현할 줄 알았다.

> 사람은 자기의 올바른 대답으로 기쁨을 얻으니,
> 제때에 하는 말 한마디는 얼마나 좋은가!(잠언 15,23: 사역).

> 알맞게 표현된 말은
> 은 쟁반에 담긴 황금 사과와 같다(잠언 25,11).

보편적인 문제들을 관찰하거나 경험한 이스라엘의 현인들은 이를 적절히 표현할 수 있는 언어에 큰 관심을 기울였다. 잠언집 역시 이스라엘의 현인들이 아름다운 문체로 잘 다듬어진 예술적 경구를 추구했음을 보여준다. 전통적 금언들은 자음운(子音韻, Iliteration)과 파로노마시아Paronomasia, 또는 모음압운(母音押韻, Assonance)과 교차대구법Chiasm으로 구성되어 있는 경우가 많다(잠언 11,2; 13,20; 16,26; 19,16 참조).

현인들은 매일의 삶에서 경험하는 바를 통해 일정한 교훈을 얻어내고, 사람들, 특히 미래를 짊어질 젊은이들을 가르치기 위하여 이렇게 축적된 지식을 문장화하였다. 문장화된 하나의 경구는 다른 여러 경구와 함께 얽혀 있는 경우가 많으며, 자체의 고유한 형태를 가지고 있다. 그러면서도 지혜문학에는 현인과 우둔한 자, 착한 이와 악한 자 등 비슷비슷한 내용이 반복되기 때문에 성서의 지혜 책들을 읽으면 읽을수록 경구가 지니고 있는 정확한 뜻을 알아듣기가 어려워짐을 느끼게 된다. 지혜문학에 빈번하게 나타나는 문학 양식들에 대해 조금만 알고 있어도 지혜 책들을 이해하는 데에 큰 도움이 될 것이다. 그러므로 이제부터 성서 지혜문학의 양식 가운데 중요한 것들에 대해 살펴보고자 한다.

여기에서 우리가 뜻하는 '문학 양식'이란 성서의 특정한 책의 '문학 유형'을 가리키는 것이 아니라, 성서의 지혜 책들 안에서 보여지는 '문장(들)'의 표현 양식을 가리킨다는 점이다. 넓은 의미에서 본다면, 하나의 생각이나 경험 또는 진리를 글로 표현하는 문학적 기교가 모두 '문학 양식'에 속한다(아래를 보라).

지혜문학에서 흔히 볼 수 있는 대표적인 문학 양식은 경구와 권면이다. 이들의 특징은 귀중한 내용을 간결하게 표현하고 있다는 것이다. 성서의 지혜 책들에서 경구와 권면은 흔히 두 행으로 이루어진 대구법으로 표현된다. 모든 지혜 경구가 경험과 전통적 관찰에서 생겨난 것이라 볼 수 있다.

경구Spruch는 다시 잠언과 경험적 경구, 그리고 교훈적 경구로 나뉠 수 있다. 권면(Mahnung, Mahnwort, Mahnrede)에는 긍정적 권면과 부정적 권면이 있다.

1. 경구警句

1) 잠언(마샬)

'잠언'(箴言, proverb)으로 옮겨지는 히브리어 '마샬משׁל'은 대단히 일반적 의미를 가지고 있다. 이 단어는 '지배'(말의 힘?)를 뜻하는 어근에서 파생되는 것일 수도 있고, '비교'를 뜻하는 개념과도 연결될 수 있다. 성서에서 이 단어는 대단히 폭넓게 사용되고 있기 때문에(예컨대 이사 14,4-20의 시 참조) 문학적 용어로 사용될 수 없는 경우가 많으며(Murphy, 《생명의 나무》, 29-30), '잠언'이라는 우리말도 히브리어 '마샬'의 뜻을 완전하게 표현하지 못한다. 문맥에 따라 때로는 속담으로, 때로는 격언으로, 혹은 금언으로 표현할 수 있을 것이다.

두 행으로 구성되어 대구법을 통해 표현되는 잠언은 대개 경험에서 이끌어낸 결론이다. 이와 같은 결론은 짧은 문장을 통해 표현된다. 그러나 하나의 경구가 모두에게 적용되는 참된 금언金言이 되기 위해서는 사람들 사이에서 널리 통용되어야 한다. 잠언집에 나오는 대부분의 경구들이 잠언의 유형에 속하지만, 구약성서에는 다양한 종류의 잠언이 있다. 이는 모두 사람들 사이에서 통용되는 것이다. 가령 1사무 24,14의 "악인에게서 악이 나온다"라는 옛 속담(마샬)이나, 예레 23,28(공동번역)의 "검불과 밀알을 어찌 비교하겠느냐?"라는 속담은 사람들 사이에서 통용되는 것이다. 이 밖에도 민중에게 이미 알려진, 1열왕 20,11에 나오는 다음 속담 역시 잠언의 좋은 예다.

이스라엘 임금도 이렇게 대답하였다.
"갑옷을 입을 때 자랑하는 것이 아니라
갑옷을 벗을 때 자랑하는 법이라고 전하여라."

이와 같은 잠언은 사람들 사이에서 폭넓게 통용되기 때문에 잠언의 가치를 과대평가할 수도 있을 것이다. 그러나 잠언이라고 하는 것은 현실에 대한 하나의 작은 단면만을 제시할 뿐이다. 경구는 절대적 가치를 갖는 것이 아니라 상대적인 것이다. 따라서 잠언이 가진 가치와 의미는 문맥에 따라 크게 좌우될 수밖에 없다. 잠언은 그것이 생겨난 문맥 안에 제대로 자리를 잡을 때 그 가치를 수행한다. 문맥에 따라 고유한 뜻을 갖게 하는 것을 "잠언 수행Proverb Performance"이라 부른다(Fontaine, 57-60). "곡식을 내놓지 않는 자는 백성에게 저주를 받지만 그것을 내다 파는 이의 머리 위에는 복이 내린다"(잠언 11,26)라는 경구는 물가가 더욱 오르기만을 기다리면서 매점매석하는 투기꾼에게 적용될 때 특별한 의미를 갖는다.

만약 하나의 경구가 내포한 한계점들에 주의를 기울이지 않으면 현인들을 오해할 수도 있다(머피, 《생명의 나무》, 37). 현인들은 인간이 하는 일에 담겨 있는 모호성에 대단히 민감하였다. 예를 들어, 말하는 데 신중한 사람이 침묵을 지켰을 때는 그 침묵이 이상적이지만, 어리석음으로 인해 침묵을 지켰을 때에는 그렇지 않다(잠언 17,27-28).

가난에 대한 말 역시 대단히 모호하다. 왜냐하면 현인들이 게으르면 안 된다고 경고하는 이유는 게으름이 가난을 몰고 온다는 생각 때문이지만(잠언 6,6-11; 10,4; 28,19), 가난이 게으름의 결과가 아닐 수도 있기 때문이다(잠언 10,22; 12,9; 15,19).

매일의 경험에 기초를 둔 잠언의 또 다른 특징은 시대와 문화를 초월하여 모든 사람에게 적용될 수 있는 진리를 함축하고 있다는 점이다(크렌쇼, 91). 짧은 문장 형태로 표현된 잠언이 제시하는 세상 이치는 특정한 개인에게만 유효하게 적용되는 것이 아니라, 모든 이에게 해당된다. 이런 의미에서 크렌쇼가 주장하는 바와 같이 잠언의 일차적 기능은 두 영역과 두 세대를 연결하는 데에 있는 것으로 보인다. 간단하게 말해서 날개 달린 말은 시간과 공간을 초월하는 것이고, 잠언은 과거의 세대를 현재의 세대와 연결한다. 전통 가치들은 이러한 방법을 통해 시간의 흐름 속에서도 존속하며 그 기본 정신Ethos을 계속 유지해나간다(크렌쇼, 92).

이처럼 잠언은 구체적 경험에서 이끌어낸 경구들이다. 처음에는 가정과 민중을 통해서 생겨났고, 이어서 전문 현인들에 의해 손질되었으며, 사람들 사이에서 통용됨으로써 더욱 잘 다듬어질 수 있었다.

2) 경험적 경구

경험적 경구는 인간이 현실을 관찰하고 관찰한 바를 간결한 문장으로 표현한 것이다. 따라서 경험적 경구는 독자로 하여금 어떻게 행동해야 하는지를 말해주지 않는다. 경구를 접한 독자가 이를 자신의 삶에 적용할지 여부는 그의 자유의사에 달려 있다(머피, 《생명의 나무》, 30-31;

Hubbard, 20-21). 잠언에는 경험적 경구들이 많다. 《성경》에서 몇 가지 예를 들어보자.

> 후하게 나누어 주는데도 더 많이 받는 이가 있고
> 당연한 것마저 아끼는데도 궁핍해지는 이가 있다(잠언 11,24).

> 선물은 길을 넓혀주고
> 높은 사람들 앞으로 이끌어준다(잠언 18,16).

> 거짓 증인은 벌을 면하지 못하고
> 거짓말을 퍼뜨리는 자는 멸망한다(잠언 19,5: 사역).

이 경구들은 현실적으로 행해지는 몇 가지 일을 담고 있으나, 이를 자신의 실제 생활에 어떻게 적용할 것인가를 결정하는 사람은 독자 자신이다. 이 경구들이 가르치는 바가 무엇인지를 이해하기는 어렵지 않으나, 경험적 경구들이 때로는 서로 상반되거나 모호한 내용을 기술하는 경우도 있으므로 독자 스스로 그 내용을 확인해야 한다.

> 말을 삼가는 이는 지식을 갖춘 사람이고
> 정신이 냉철한 이는 슬기를 지닌 사람이다.
> 미련한 자도 잠잠하면 지혜로워 보이고
> 입술을 닫고 있으면 슬기로워 보인다(잠언 17,27-28).

말을 삼가는 사람이 참으로 지식을 갖춘 사람인지 아닌지에 대해 자신의 삶으로 확인할 수 있고 또 확인해야 하는 것은 독자의 몫이다. 마찬가지로 말이 적은 사람이 반드시 지혜로운 사람으로 보이는가 하는 것도 계속해서 조사하고 확인해야 하는 문제로 남는다. 그렇기 때문에 경험적 경구는 "이것이 네가 따라야 할 길이므로 이를 행하여라"라고 말하는 법이 없다. 경험적 경구는 독자에게 실재에 관한 정보를 제공해줄 따름이며, 그렇게 하는 것으로 충분하다. 경구의 사용이나 현실에서의 적용 여부는 이차적 문제이다. 물론 이 구절이 교훈적 경구들과 함께 실려 있는 문맥을 고려할 수 있을 것이다(박요한 영식, 《잠언》, 117-119 참조). 그렇게 되면 경구 자체는 모호하다고 하더라도, 이는 전체 문맥 안에서 윤리·도덕을 가르치는 내용임을 알 수 있게 될 것이다(Murphy, *Tree*, 199-211).

결론적으로 말해, 경험적 경구는 현실에 대한 체험을 관찰하고 기술해놓은 것이기에 독자에게 구속력을 갖지 않으며, 인간이 어떻게 행동해야 하는가에 관해 의견을 제공하지 않는다.

3) 교훈적 경구

경험적 경구와 달리, 교훈적 경구는 독자를 더 이상 자유롭게 내버려 두지 않는다. 교훈적 경구는 특정한 이념이나 일정한 가치를 장려하기 때문에 구속력을 갖는다. 곧 교훈적 경구를 듣는 사람은 이를 자신의 삶에 반드시 적용해야 한다. 아니면 적어도 경구의 내용을 자신의 행동에 반영하도록 요청받는다. 잠언에 실린 이런 종류의 경구들을 인용해보자.

>가난한 사람을 박해하는 자는
>그를 지으신 분을 욕하는 것이지만,
>필요한 사람에게 친절한 사람은
>그분에게 영광을 돌린다(잠언 14,31: 사역).

>빈곤한 이를 강탈하지 마라.
>그가 빈곤하지 않으냐?
>성문에서 가난한 이를 억누르지 마라.
>주님께서 그들의 송사를 떠맡으시고
>그 약탈자들의 목숨을 약탈하신다(잠언 22,22-23).

>지혜의 교훈은 주님을 경외하는 것이다.
>영광에 앞서 겸손이 있다(잠언 15,33).

이 경구들은 그 안에 이미 하나의 가치판단을 지니고 있다. 가난한 사람을 약탈하는 자는 인간을 창조하시고 모든 인간에게 한결같이 빛을 내리시며 돌보시는 창조주 하느님을 거스르는 자이므로, 필요한 사람에게 친절하라는 경구는 어느 누구도 이를 거역해서는 안 된다는 당위성을 가진다. 마찬가지로 옛 현인들로부터 전해진 교훈을 지키지 않으면 아무도 생명의 길을 걸을 수 없다(잠언 10,17). 따라서 옛 어른들의 교훈을 반드시 따를 것이라는 기대가 전제되어 있기 때문에 이 경구들을 듣는 독자에게는 더 이상 다른 선택의 여지가 있을 수 없다. 그는 경구들이 가르치는 바를 반드시 실천에 옮겨야 한다. 그러면 하느님과 사람들로부터 칭송을 받고 오래 기억될 것이다(잠언 10,7).

2. 권면

권면(혹은 훈계)은 특정한 사항을 명령하거나 금지하는 문체다. 권면의 의도는 사람들을 가르치려는 데 있기 때문에, 넓은 의미에서의 권면은 가르침Instruction의 유형에 속한다(Murphy, *Literature*, 6, 177).

경구와 권면의 차이는 동사의 어법에 달려 있다. 곧 경구는 직설법으로 표현되며, 권면은 명령법이나 원의법으로 표현된다. 따라서 가르침을 주거나 특정한 가치를 장려한다는 점에 있어서는 이들 사이에 큰 차이가 없는 것으로 보인다. 둘 다 교훈적 내용을 담고 있어 교육적 효과를 기대한다. 다만 가르침이나 가치를 전달하고자 하는 저자 또는 발설자의 뜻이 강한가 아닌가에 따라 경구가 될 수도 있고, 권면 또는 금지령이 될 수도 있다.

경구는 가르치고자 하는 바를 암시적으로 혹은 간접적으로 제시하지만, 권면은 저자 혹은 경구를 발설하는 사람의 의도를 명확하게 표현한다. 다음의 예들을 보면 경구와 권면의 차이점을 쉽게 알 수 있을 것이다.

> 네가 하는 일을 주님께 **맡겨라**.
> 계획하는 일이 이루어질 것이다(잠언 16,3).

> 너를 낳은 아버지에게 **순종하고**
> 어머니가 늙었다고 업신여기지 마라(잠언 23,22).

> 말씀에 유의하는 이는 좋은 것을 얻고
> 주님을 신뢰하는 이는 행복해진다(잠언 16,20).

> 지혜로운 아들은 아버지를 기쁘게 하고
> 우둔한 아들은 어머니의 근심거리가 된다(잠언 10,1).

처음 두 경구는 명령형으로 이루어진 경구이므로 구속력을 갖고 독자에게 행동에 옮길 것을 권유한다. 그러나 셋째 경구와 넷째 경구의 경우 현실에 대한 관찰을 기술하고 있기 때문에, 독자는 이 경구들이 의도하는 뜻을 실행에 옮길 수도 있고 옮기지 않을 수도 있다.

1) 긍정적 권면

명령법으로 표현되는 경구 혹은 금언들이 여기에 속한다. 이 문체에서는 곧바로 명령을 내리기 때문에, 독자 혹은 청중은 이렇게 표현되는 교훈적 경고를 즉시 행동으로 옮길 필요가 있다.

너 게으름뱅이야, 개미에게 가서
그 사는 모습을 보고 지혜로워져라(잠언 6,6).

자애와 진실이 너를 떠나지 않도록 하여라.
그것들을 네 목에 묶고 네 마음속에 새겨두어라.
그렇게 하면 네가 하느님과 사람 앞에서
호의와 호평을 받을 것이다(잠언 3,3-4: 사역).

이 구절들은 긍정적 권면에 속하지만, 두 번째 구절에는 동기절이 첨가되어 자애와 진실을 마음속 깊이 새겨야 하는 까닭을 설명하고 있다.

2) 부정적 권면

부정적 권면은 일반적으로 히브리어 부정사 '알אל'로 시작하며 '하지 마라'로 표현된다.

만약 네가 할 수만 있다면,
도움을 필요로 하는 이에게

> 선행을 거절하지 말아라.
> 만약 네가 가지고 있다면,
> "갔다가 다시 오게, 내일 줄 테니" 하고
> 네 이웃에게 말하지 말아라(잠언 3,27-28: 사역).

잠언집에는 긍정적 권면과 부정적 권면이 별개로 존재하지만, 때로는 권고와 금지가 동시에 표현되기도 한다.

> 네 마음을 다하여 주님을 신뢰하고
> 너의 예지에는 의지하지 마라(잠언 3,5).

> 자애와 진실이 너를 떠나지 않도록 하여라.
> 그것들을 네 목에 묶고 네 마음속에 새겨두어라(잠언 3,3).

> 내 교훈을 들어 지혜로워지고
> 그것을 가볍게 여기지 마라(잠언 8,33).

지혜 전승에서 명령과 금지령은 일반적으로 그 이유를 설명하는 동기절을 동반한다. 동기절은 때로는 암시적으로 표현되기도 하지만, 대개는 히브리어 접속사 '키כ'와 '펜פ'으로 시작하여 그 이유를 명시한다. 이러한 동기절은 닥쳐올 위험에 대한 단순한 생각에서 생겨난 것일 수도 있고(잠언 22,24-25), 주님께서 취하시게 될 행위를 고려하여 덧붙여진 것일 수도 있다.

> 빈곤한 이를 강탈하지 마라.
> 그가 빈곤하지 않으냐?
> 성문에서 가난한 이를 억누르지 마라.
> 왜냐하면7 주님께서 그들의 송사를 떠맡으시고
> 그 약탈자들의 목숨을 약탈하시기 때문이다(잠언 22,22-23: 사역).

> 화를 잘 내는 자와 사귀지 말고
> 성을 잘 내는 사람과 다니지 마라.
> 그 까닭은10 네가 그의 길에 익숙해져
> 너 스스로 올가미를 써서는 안 되기 때문이다(잠언 22,24-25: 사역).

이 예들을 통해서 우리가 짐작할 수 있는 바는 동기절을 생략해도 권면, 곧 "빈곤한 이를 강탈하지 마라. 그가 빈곤하지 않으냐? 성문에서 가난한 이를 억누르지 마라"라는 권면과 "화를 잘 내는 자와 사귀지 말고 성을 잘 내는 사람과 다니지 마라"라는 권면이 갖는 구속력은 그대로 보존된다는 점이다. 동기절은 독자가 더욱 확실하게 행동으로 옮길 수 있도록 도와준다.

3. 지혜시

경구와 권면 외에 현인들이 즐겨 사용하던 또 하나의 일반적 양식은 지혜시Wisdom poem다. 지혜시에는 경구와 권면이 들어 있을 수 있다(욥 6,5-6; 잠언 3,19 참조). 그 예를 특히 잠언 1-9장과 욥의 담화, 그리고 집회서와 지혜서에서 볼 수 있다.

지혜시들은 본질적 면에서 가르침의 성격을 띠고, 히브리어 알파벳의 순서를 따르는 경향이 있다. 알파벳 시詩 또는 아크로스틱Acrostic 시라고 불리는 이 기법에서 매 행의 첫 글자는 알파벳의 순서를 따른다. 이때 각 행은 한 줄(시편 111; 112편), 두 줄(시편 34편), 혹은 여덟 줄(시편 119편)로 구성될 수 있다. 이 밖에도 잠언 31,10-31; 시편 9; 10; 25; 37; 145편에서 이러한 기법을 볼 수 있다. 가톨릭 《성경》에는 각 절 앞에 히브리어 알파벳을 명기하고 있으므로 이 점을 잘 볼 수 있다. 잠언 31,10 이하의 본문은 다음과 같다.

(알렙) 훌륭한 아내를 누가 얻으리오?
그 가치는 산호보다 높다.
(베트) 남편은 그를 마음으로 신뢰하고
소득이 모자라지 않는다.
(기멜) 그 아내는 한평생 남편에게
해 끼치는 일 없이 잘해준다.
(달렛) 양모와 아마를 구해다가

제 손으로 즐거이 일하고

(헤) 마치 상인의 배처럼

멀리서 양식을 마련해온다.

(쉰) 우아함은 거짓이고 아름다움은 헛것이지만

주님을 경외하는 여인은 칭송을 받는다.

(타우) 그 손이 거둔 결실을 그에게 돌리고

그가 한 일을 성문에서 칭송하여라(잠언 31,10-14.30-31).

4. 그 밖의 문학 기교

이스라엘의 지혜문학을 형성하고 있는 개별 문장들은 위에서 살펴본 것처럼 대개 경구와 권면으로 되어 있다. 그러나 지혜문학에서 일정한 교훈을 제공하며 가르침을 주기 위하여 사용되는 문학적 기교들은 여러 가지가 있다. 성서의 지혜 책들에서 흔히 볼 수 있는 특징적 문체들은 다음과 같다. 곧, 삽입 문장과 대구법, 비교와 숫자 잠언, 우화나 수수께끼, 찬양시와 대화, 자전적 이야기와 이름 목록, "보다 더 낫다" 잠언과 아쉬레 잠언을 그 예로 들 수 있다.

1) 삽입 문장

삽입 문장은 두 가지 사항을 함께 나열하는 문체다. 곧 이미 존재하는 한 행에 다른 행을 덧붙여 하나의 의미를 형성하는 경구를 가리킨다.
'행위와 결과'에 관한 두 가지 경구들을 함께 배열할 수도 있다.

> 제 입과 제 혀를 지키는 이,
> 곤경에서 제 목숨을 지키는 이(잠언 21,23: 사역).

> 악인 – 헛소득을 얻어내는 이.
> 정의를 심는 이 – 확실한 보상(잠언 11,18: 사역).

> 미루어진 희망 – 아픈 마음,
> 생명의 나무 – 이루어진 희망(잠언 13,12: 사역).

이 경구들은 동사가 없이 표현된 히브리어 문장을 그대로 직역한 것이다. 이들을 우리말로 옮길 때에는 병렬된 어휘나 내용을 연결하는 동사를 첨가해야 뜻이 분명해진다. 그러면 다음과 같은 완전한 문장이 될 것이다.

> 제 입과 제 혀를 지키는 이는
> 곤경에서 제 목숨을 지키는 이다(잠언 21,23: 사역).

> 악인은 헛소득을 얻어내지만,
> 정의를 심는 이는 확실한 보상을 받는다(잠언 11,18: 사역).

미루어진 희망은 아픈 마음이지만,

생명의 나무는 이루어진 희망이다(잠언 13,12: 사역).

2) 대구법

대구법은 히브리어 시의 한 특성으로서 하나의 경구를 형성하는 구성 요소들이 대구對句를 이루는 문체이다(Parallelismus membrorum). 이는 하나의 행이나 반 행을 한데 묶음으로써 작가가 생각하는 바를 완전히 표출하는 문필 현상이다. 행들이 반복되는 것처럼 보일 때조차도 그 행들이 정확하게 같은 의미를 전달하는 것은 아니다.

　대구법 안에서 첫 행을 통해 어떤 하나의 생각이 소개되면, 두 번째 행은 이를 긍정 또는 부정할 수 있으며, 때로는 어느 한쪽을 더욱 예리하게 강조하거나 종합하여 전체적 뜻을 갖도록 완성시켜 준다. 따라서 만일 A가 그렇다면 B는 더욱더 그러하다는 뜻을 전달할 수 있다. 이 대구법들은 각기 동의적 대구법Synonymous parallelism, 반의적 대구법Antithetic parallelism, 종합적 또는 점진적 대구법Synthetic or Progressive parallelism이라 불린다.

(가) 동의적 대구법은 동일한 내용을 다른 어휘를 사용하여 되풀이함으로써 관찰을 통해 얻은 하나의 사실을 더욱 강조한다. 이러한 예를 다음과 같은 잠언들에서 확인할 수 있다.

파멸에 앞서 교만이 있고
멸망에 앞서 오만한 정신이 있다.
식견은 그것을 지닌 이에게 생명의 샘이 되지만
미련한 자들의 교훈은 미련할 뿐이다(잠언 16,18.22).

입의 잘못을 네게서 치워버리고,
입술의 비뚤어짐을 네게서 멀리하여라(잠언 4,24: 사역).

(나) 반의적 대구법은 일반적으로 두 가지 생각이 반의적 접속사로 연결된다. 이 접속사를 사용함으로써 두 번째 행이나 진술이 첫 번째 행이나 진술의 관점에 반대가 된다. 다음과 같은 잠언들에서 이런 예를 볼 수 있다.

정직하게 걷는 이는 안전하게 걷는다.
그러나 자기의 길을 비뚤어지게 하는 이는
드러나게 마련이다(잠언 10,9: 사역).

진실한 입술은 길이 남는다.
그러나 거짓된 혀는 한 순간뿐이다(잠언 12,19: 사역).

여름에 창고를 가득 채우는 사람은 현명한 아들이지만,
추수기에 잠을 자는 사람은 부끄러운 아들이다(잠언 10,5: 사역).

반의적 대구법의 경우 똑같은 일반적 사고가 표현되어 있다고 하더라도 반대가 되는 어떤 의미가 분명히 숨어 있다.

(다) 종합적 대구법의 특징은 첫 행에 제시된 생각에 새로운 생각을 부연함으로써 드러나는 문필 형태다. 다음의 잠언들에서 그 예를 볼 수 있다.

친구란 언제나 사랑해주는 사람이며,
형제란 딱한 때에 도우려 태어난 사람이다(잠언 17,17: 사역).

백발은 영광의 면류관,
정의의 길에서 얻어진다(잠언 16,31: 사역).

3) 비교 잠언

비교 잠언은 서로 다른 두 현상을 경합시키는 것이다(폰 라트, 140-142). 이는 인간의 상황과 여타의 다른 모든 것, 곧 동물들과 모든 피조물을 서로 비교함으로써 교훈이 되는 가르침을 이끌어내는 것이다. 비유 금언의 예는 구약성서의 다른 부분에서도 더러 발견된다. 예언자 에제키엘은 "그 어미에 그 딸"이라는 속담을 인용하며(16,44: 공동번역), 예언자 호세아는 이스라엘 백성의 죄를 고발하면서 "그 백성에 그 사제"(4,9: 사역)라고 말한다.

두 현상을 비교할 때 사용되는 히브리어는 '크'(כ, '처럼', '같은'), 또는 '켄'(כן, '이렇게', '그렇게')이다. 이런 예를 다음과 같은 경구에서 볼 수 있다.

여름의 눈처럼 그리고 추수철의 비처럼כ
이렇게כ 우둔한 자에게는 명예가
맞지 않는다(잠언 26,1: 사역).

자기가 토한 것에 되돌아오는 개처럼כ
우둔한 자는 자기 어리석음을 되풀이한다(잠언 26,11: 사역).

위에 지적한 히브리어 '크'나 '켄' 없이 히브리어의 단순 접속사 '와우'만으로도 두 사실을 비교할 수 있다.

타는 목에 시원한 물,
그리고ן 먼 땅으로부터의 기쁜 소식(잠언 25,25: 사역).

이 경우 우리말로 완전한 문장을 만들기 위해서는 암시적으로 표현되어 있는 말인 "~과 같다"를 첨가할 수 있다. 그러면 이 경구를 다음과 같이 옮길 수 있다.

"먼 땅에서 온 기쁜 소식은

타는 목에 시원한 물과 같다."

4) 숫자 잠언

질서를 추구하는 인간의 기본 욕구 가운데에는 여러 사물과 덕목을 세고 열거하는 것이 있다. 그렇기 때문에 숫자 잠언Zahlenspruch은 모든 문화권에서 볼 수 있다. 고대 근동에서는 원래 수메르인들이 이를 개발한 것으로 전해지고 있으나, 셈족 언어의 시詩적 대구법의 전형적 특성이기도 하다. 숫자 잠언은 특히 학교에서 가르치고 배우는 데 크게 소용되었을 것으로 여겨진다(폰 라트, 47-48).

숫자 잠언은 먼저 일정한 숫자를 지정한 다음, 점진적으로 그 숫자보다 하나 더 많은 수數를 들고(n, n+1, n+2…), 이어서 그 항목들을 나열하는 방식이다. 달리 말해 이런 형태의 숫자 잠언은 처음 숫자를 지정한 다음에 곧바로 그 숫자를 정정하는 방식으로 이해할 수 있다. 처음 지정된 숫자를 포함한 행 다음에 이어지는 히브리어 접속사(ו)를 반의적 접속사로 이해하여 우리말에서는 "아니"라는 부정사를 넣으면 좋을 것이다. 가장 흔히 볼 수 있는 형태는 셋 혹은 넷을 기본으로 구성된 점진적 경구이다. 다음과 같은 예를 볼 수 있다.

나에게 너무 이상한 것이 셋,
아니, 내가 이해하지 못하는 것이 넷 있으니
하늘을 날아다니는 독수리의 길

> 바위 위를 기어 다니는 뱀의 길
>
> 바다 가운데를 떠다니는 배의 길
>
> 젊은 여자를 거쳐 가는 사내의 길이다(잠언 30,18-19: 사역).

> 발걸음이 당당한 것이 셋,
>
> 아니, 당당하게 걸어 다니는 것이 넷 있으니
>
> 짐승 가운데 용사로서 어떤 것 앞에서도 물러서지 않는 사자
>
> 의젓한 수탉과 숫염소
>
> 그리고 자기 백성 앞에 늠름하게 선 임금이다(잠언 30,29-31: 사역).

이와 같은 숫자 잠언은 말투가 수수께끼와 같은 양식을 지니고 있어서 그 뜻을 즉시 알아듣기가 쉽지 않은 경우가 많다. 사실 숫자 잠언은 수수께끼의 한 유형일 수도 있다(폰 라트, 48-49 참조).

5) 수수께끼 잠언

솔로몬의 지혜가 대단하다는 소문을 들은 스바의 여왕이 먼 길을 마다하지 않고 솔로몬을 찾아와 수수께끼Rätsel로 시험한 일이 있다. 이에 대한 성서의 보도는 다음과 같다.

> 스바 여왕이 주님의 이름 덕분에 유명해진 솔로몬의 명성을 듣고, 까다로운 문제로 그를 시험해보려고 찾아왔다(1열왕 10,1).

여기서 말하는 "까다로운 문제"는 수수께끼를 가리키는 것으로 여겨진다. 수수께끼는 해답을 요구하며(시편 49,5), 솔로몬은 스바 여왕의 질문에 대해 "몰라서 여왕에게 답변하지 못한 것은 하나도 없었다"(1열왕 10,3). 수수께끼를 푸는 것은 현인들이 할 수 있는 일이었다(잠언 1,5-6; 지혜 8,8 참조). 잠언과 시라에서 수수께끼의 예를 읽을 수 있다.

누가 비탄에 젖어 있느냐?
누가 애통해하느냐?
누가 싸움질하였느냐?
누가 원망하느냐?
누가 까닭 없이 상처를 입었느냐?
누가 슬픔에 잠긴 눈을 하고 있느냐?
늦도록 술자리를 뜰 줄 모르는 자들,
혼합주를 맛보러 온 자들이다(잠언 23,29-30).

납보다 무거운 것이 무엇인가?
그 이름 어리석은 자가 아니고 무엇이랴?(시라 22,14).

6) 자서전적 문체

지혜문학의 저자들은 개인 경험을 일인칭으로 표현하기도 한다. 이런 문체를 사용함으로써 현인들은 청중의 특별한 관심을 불러일으키기도 했으며 사사로운 경험을 보편적 경험으로 승화시켜 더 큰 설득력을 얻기도 하였다(폰 라트, 51). 이런 예가 가장 두드러지게 나타난 책은 코헬렛이다. '성찰'로 특징지어진 코헬렛은 대부분 자서전적 문체를 사용하여 "나는 보았다", "나는 알았다" 등의 문장으로 말문을 연다. 그러나 우리는 이런 양식을 시편(37,25.35-36)과 시라(33,16-19), 그리고 잠언에서도 볼 수 있다.

> 내가 게으른 사람의 밭과
> 지각없는 자의 포도원을 지나갔는데
> 보아라, 온통 엉겅퀴가 우거지고
> 전부 쐐기풀이 뒤덮었으며
> 돌담이 무너져 있었다.
> 나는 그것을 바라보며 깊이 생각하고
> 그것을 보며 교훈을 얻었다.
> "'조금만 더 자자. 조금만 더 눈을 붙이자.
> 손을 놓고 조금만 더 누워 있자!' 하면
> 가난이 부랑자처럼,
> 빈곤이 무장한 군사처럼
> 너에게 들이닥친다"(잠언 24,30-34).

7) 톱-민(טוב מן, "더 낫다") 잠언

수사적 기법으로서의 이 잠언의 기본 형태는 '좋다', '낫다'를 뜻하는 단어를 통해 표현된다(טוב 잠언). 이때 실제 의미는 대부분 '좋지 않다טוב לא'는 것을 가리킨다(Ogden, 89-105).

> 의인을 처벌하는 것은 결코 좋지 않고
> 고귀한 이를 때리는 것은 옳지 않다(잠언 17,26).

> 지식이 없는 욕망은 좋지 않고
> 발걸음을 서두르는 자는 길을 그르친다(잠언 19,2).

더욱 부드럽게 '좋지 않다'('어울리지 않는', '적절하지 않은')는 것을 표현하기 위하여 '로 나와/나웨'(לא נאוה)라는 히브리어를 사용할 수 있다(잠언 17,7; 19,10; 26,1).

> 호사하는 것은 우둔한 자에게 어울리지 않고
> 제후들을 다스리는 것은 종에게
> 더욱 어울리지 않는다(잠언 19,10).

"어울리지 않는다"라는 표현이 주님께 적용될 때에는 "(주님께) 혐오스럽다/역겹다"라는 비난의 뜻을 갖게 된다. 이런 잠언을 '혐오감을 표현하는 경구'라고도 한다. 본디 전례 문맥에서 사용되던 '혐오', '역겨움'이라는 말이 잠언에서는 사악함과 외고집이 주님께 혐오스럽다는 것을 묘사하는 데 사용된다(머피,《생명의 나무》, 33).

> 속임수 저울은 주님께 혐오가 되지만,
> 정확한 중량은 그분의 기쁨이다(잠언 11,1: 사역).

이 구절이 잘 보여주듯이 '혐오תועבה'에 대한 반명제는 '기쁨רצון'이다. '주님께 혐오'라는 구절은 잠언 11,1과(3,32; 11,20 참조) 신명 25,16; 27,15에서 볼 수 있으며, 이는 종교 예식에서 유래한 것이라고 주장하는 학자들도 있다.

'낫다'는 것을 표현하는 '톱 잠언'이 더욱 발전된 잠언 형태가 '~보다 더 낫다טוב'라는 경구다. 비교 전치사 '민מן'을 사용하는 것만으로도 '더 낫다'는 것을 표현할 수 있으나(잠언 22,1ㄱ 참조), 흔히 '톱-민טוב'이라는 관용구가 사용된다.

이 잠언의 가장 단순한 형태는 '이것이 저것보다 더 낫다'이며, 때로는 'A + B는 C + D보다 더 낫다'로 표현되기도 한다.

> 혼자보다는 둘이 낫다(코헬 4,9: 사역).

> 그것을 얻음은 은을 얻는 것보다 더 낫고,
> 그 소득은 금보다 더 낫다(잠언 3,14: 사역).

분노에 더딘 이는 힘센 이보다 더 낫고,
제 영을 다스리는 이는 도시를 얻은
이보다 더 낫다(잠언 16,32: 사역).

넓은 의미에서 이런 종류의 잠언은 반의적 대구법의 한 형태다. 여기에 속하는 경구는 어떤 하나의 현실이나 상황을 그와 정반대되는 현실 또는 상황에 대비시킨다. '배타적 잠언Excluding Proverb'이라고도 불릴 수 있는 이 유형은 두 가지 가운데 어느 하나를 장려하는 것이 아니라, 비교되는 두 가지 사실 가운데 어느 하나가 좋은 반면, 다른 하나는 나쁜 것으로 표출된다(크렌쇼, 93-94). 몇 가지 예를 들어 보자.

지혜는 산호보다 더 낫고,
온갖 귀중품이 그에 비길 수 없다(잠언 8,11: 사역).

주님을 경외하며 가진 적은 것이
불안 속의 큰 보화보다 낫다.
사랑 어린 푸성귀 먹을거리가
미움 섞인 살진 황소(고기)보다 낫다(잠언 15,16-17: 사역).

지붕 한구석에 사는 것이
다투기 좋아하는 아내와 한 집에 있는 것보다
더 낫다(잠언 21,9: 사역).

8) 아쉬레(אשרי, 행복, 축복) 잠언

이 잠언은 '행복하여라' 또는 '복되어라'를 뜻하는 '아쉬레'로 시작한다. 이 문체는 시편에서는 물론 신약성서에서도 볼 수 있다(시편 1편; 마태 5장 참조).

> 행복하여라, 늘 경외하는 마음을 가진 사람!
> 그러나 제 마음을 완고하게 하는 자는
> 불행에 빠진다!(잠언 28,14: 사역).

성서에 나오는 잠언과 경구들이 아름다운 문체로 표현되어 있으나, 이들이 배경으로 하고 있는 바를 감안할 때, 반드시 학교에서 생겨난 것으로 생각할 수는 없다. 어떤 경구들은 가정과 부족에서, 또 어떤 것들은 왕실에서 생겨날 수 있었으며, 비록 많이 배우지는 못했다고 하더라도 평범한 사람이 이와 같은 경구들을 얼마든지 표현할 수 있었다고 보아야 한다.

제4장 지혜의 의인화

1. 신약의 지혜 그리스도

사도 바오로는 저마다 "나는 바오로 편이다", "나는 아폴로 편이다", "나는 케파 편이다", "나는 그리스도 편이다" 하고 말하며 서로 갈라져 싸우는 코린토 신자들에게 보낸 첫째 서간에서, 하느님께서 이 세상의 지혜가 어리석다는 것을 보여주셨으므로 이제 더 이상 지혜로운 자도, 학자도, 이론가도 없다고 역설한다. 바오로는 계속해서 다음과 같이 말한다.

> 사실 세상은 하느님의 지혜를 보면서도 자기의 지혜로는 하느님을 알아보지 못하였습니다. 그래서 그분께서는 복음 선포의 어리석음을 통하여 믿는 이들을 구원하기로 작정하셨습니다. 유다인들은 표징을 요구하고 그리스인들은 지혜를 찾습니다. 그러나 우리는 십자가에 못 박히신 그리스도를 선포합니다. 그리스도는 유다인들에게는 걸림돌이고 다른 민족에게는 어리석음입니다. 그렇지만 유다인이든 그리스인이든 부르심을 받은

이들에게 그리스도는 하느님의 힘이시며 하느님의 지혜이십니다(1코린 1,21-24).

사도 바오로와 마찬가지로 그리스도인은 예수 그리스도가 하느님의 지혜라고 말할 수 있다. 복음서 역시 사람이 되어 우리 가운데 오신 사람의 아들이 곧 지혜라고 말한다. "사람의 아들이 와서 먹고 마시자, '보라, 저자는 먹보요 술꾼이며 세리와 죄인들의 친구다' 하고 말한다. 그러나 지혜가 옳다는 것은 그 지혜가 이룬 일로 드러났다"(마태 11,19; 참조 루카 7,34-35). 여기서 언급하는 지혜는 의심할 여지 없이 하느님의 지혜이신 예수 그리스도를 가리킨다.

이 밖에도 지상에 오신 예수 그리스도의 정체성은 말씀과 동일시된다. 요한복음서 저자는 첫머리에서 아름다운 시로 이 사실을 잘 묘사한다.

> 한처음에 말씀이 계셨다.
> 말씀은 하느님과 함께 계셨는데
> 말씀은 하느님이셨다.
> 그분께서는 한처음에 하느님과 함께 계셨다.
> 모든 것이 그분을 통하여 생겨났고
> 그분 없이 생겨난 것은 하나도 없다.
> 그분 안에 생명이 있었으니
> 그 생명은 사람들의 빛이었다.

그 빛이 어둠 속에서 비치고 있지만
어둠은 그를 깨닫지 못하였다.
모든 사람을 비추는
참빛이 세상에 왔다.
그분께서 세상에 계셨고
세상이 그분을 통하여 생겨났지만
세상은 그분을 알아보지 못하였다.
말씀이 사람이 되시어
우리 가운데 사셨다.
율법은 모세를 통하여 주어졌지만
은총과 진리는 예수 그리스도를
통하여 왔다(요한 1,1-5.9-10.14.17).

요한복음서 저자가 우리에게 남겨준 이 시에 따르면, 만물이 창조되기 전에 이미 하느님과 함께 말씀이 존재하였고, 만물이 말씀으로 말미암아 생겨났으며(창세 1장 참조), 그 말씀 안에 생명이 있다는 것이다. 또한 그 말씀은 육신이 되시어 참된 빛으로 '당신 땅에 오셨고'(11절), '그분께서는 당신을 받아들이는 이들, 당신의 이름을 믿는 모든 이에게 하느님의 자녀가 되는 권한을 주셨다'(12절)고 밝힌다. 복음서 저자는 그 말씀이 곧 예수 그리스도이시며 그분으로 말미암아 은총과 진리가 비롯되있다고 증언한다. 또한 골로새서에 따르면 "만물이 그분(= 예수 그리스도) 안에서 창조되었기" 때문에, 그분은 "모든 피조물의 맏이"(콜로 1,15-16)시라고 증언하며, 히브리서에서는 "그분을 통하여 온 세상을 만들기까지 하셨다"(히브 1,2)라고 단언한다.

이처럼 신약성서에서 예수 그리스도는 사람이 되신 말씀이시며 지혜로 이해되고 창조에 관여하신 것으로 소개된다. 그렇다면 신약성서에서 말하는 '사람이 되신 지혜'는 구약성서의 지혜문학에서 언급하는 지혜와 어떤 연관성이 있는 것일까? 그리스도교의 관점에서 구약성서의 지혜가 "신적 지혜의 완전한 체현體現이신 그리스도의 예형豫型이요 암시"라고 해석할 수 있을까? 과연 "'숙녀 지혜'에게 부여되는 여러 칭송과 속성이 그리스도에게서 구현되고 완성되었음을 알 수 있다"고 말할 수 있는 것일까?(보노라, 11). 대단히 어려운 문제이지만, 여하튼 신약시대를 산 예수님의 제자들이 구약성서를 잘 알고 있었고 강생하여 오신 예수 그리스도 안에서 구약의 모든 약속이 성취된 것으로 이해했다는 점을 고려한다면, 구약성서에 나타난 지혜 개념을 명확하게 이해하는 것이 예수 그리스도를 이해하는 데에도 매우 중요할 것이다. 따라서 구약성서에 나타난 지혜, 특히 의인화된 지혜에 관하여 살펴보기로 하자.

2. 의인화된 지혜

구약시대의 이스라엘 백성은 엄격한 유일신 (숭배) 사상을 가지고 있었고, 기원전 6세기 바빌론 유배에서 돌아온 뒤에는 한 분이신 하느님에 대한 신앙을 더욱더 강렬하게 고백했다는 점을 고려해야 한다. 이러한 사상적 배경으로 인해 구약의 이스라엘 백성이 지혜를 하느님과 동일한 인격체 혹은 인성人性으로 이해했다고 보기는 어렵다. 즉 구약의 백성이 지혜를 그리스도교 신학에서 말하는 삼위일체의 세 위격 Hypostasis 가운데 하나로 이해했다고 생각할 수는 없을 것이다.

1) 문학 장치로서의 의인화

구약성서에서 사용된 의인화擬人化는 하나의 문학 장치요 기교라고 말할 수 있다. 좀 더 설득력 있고 생생한 표현을 추구하던 이스라엘의 현인들은 추상 개념을 인격화人格化하여 그 개념이 스스로 말이나 행동을 하는 것으로 묘사하였다. 예를 들어 시편 시인은 "자애와 진실이 서로 만나고 정의와 평화가 입맞추며" "정의가 하늘에서 굽어볼 것"이며 "그분 앞을 걸어간다"(시편 85,11-14)라고 노래하였다. 비슷한 내용을 시편 89편에서도 볼 수 있다. 여기에서는 "자애와 진실이 당신(주님) 앞에 서서 간다"(15절)라고 노래한다. 그런가 하면 제3이사야는 이스라엘이 바빌론을 빠져나올 때 "주님의 영광이 네 뒤를 지켜줄 것"이라고 예언하였다(이사 58,8). 또한 잠언에서 술은 빈정꾼이요 독주는 소란꾼이라고 표현함으로써 술과 독주를 인격화하였다(잠언 20,1). 그리하여 독자는 술과 독주에 노예가 된 사람이 빚어내는 여러 결과를 생생하게 떠올릴 수 있게 되었다(잠언 23,29-35 참조).

2) 여러 얼굴의 지혜

지혜의 경우, 이러한 인격화는 훨씬 더 광범위하게 사용된다. 지혜는 여러 가지 모습으로 표현되며 지혜 스스로 말을 건넨다. 지혜는 언덕 위, 거리가 내려다보이는 곳, 네거리에 서서 사람들을 부르기도 하고(잠언 8,1 이하), 자기 집을 지은 지혜가 사람들의 왕래가 잦은 거리 한가운데로 나아가 사람들을 잔칫상에 초대하는 여인으로 묘사되기도 한다(잠언 9,1 이하). 또한 지혜는 한처음 세상이 생기기 전에 태어나(잠언 8,22-24) 하느님께서 땅의 기초를 놓으실 때 그분 곁에서 사랑받는 아이였으며(잠언 8,29-30), 주님을 경외하는 이를 어머니처럼 맞이하고 새색시처럼 맞아들여, 지각의 빵으로 그를 먹이고 이해의 물을 그에게 준다고 말한다(시라 15,2-3). 그런가 하면 지혜가 결혼 적령기의 청년에게는 가장 훌륭한 아내가 될 수 있기에, 솔로몬은 지혜의 아름다움에 매혹되어 지혜를 사랑했을 뿐 아니라, 더 나아가 "지혜를 사랑하여 젊을 때부터 찾았으며 지혜를 아내로 맞아들이려고 애를 썼다"(지혜 8,2)라고 고백한다. 그러므로 솔로몬은 지혜를 평생의 동반자로 택했고, 지혜야말로 번영할 때 내조자가 되며 근심과 슬픔에 싸여 있을 때에는 격려가 된다는 것을 의심하지 않았다(지혜 8,9).

이 밖에도 지혜는 성서의 이곳저곳에서 여러 가지 모습의 인격체로 등장하지만, 지혜의 본성이 무엇인지를 밝히기 위해서는 중요한 성서 본문들을 뽑아 검토해야 할 것이다. 그 본문들은 잠언 8장과 욥 28장, 지혜 7-9장, 시라 24장, 그리고 바룩 3,9-4,4이다. 이 본문들을 차례로 살펴보도록 하자.

3. 잠언 8장

잠언 8장은 인격화된 지혜, 곧 '숙녀 지혜'를 이해하는 데 기본이 되는 본문이다. 이 본문은 지혜를 소개하는 현인의 머리글로 시작된다.

> ¹지혜가 부르고 있지 않느냐?
> 슬기가 목소리를 높이고 있지 않느냐?
> ²지혜가 언덕 위, 거리가 내려다보이는 곳에, 네거리에 서 있다.
> ³성읍 어귀 성문 곁에서, 여러 대문간에서 외친다(8,1-3).

여기서 지혜는 인격체가 되어 학생들을 찾아 나서고 자신이 베푸는 배움의 길로 들어서도록 초대하며 외친다. 고대 헬레니즘 세계에서 소요학파逍遙學派 선생들이 학생들을 찾아다니며 가르쳤다는 것은 잘 알려진 사실이다. 그들은 자기들 밑에서 공부하라는 초대에 응할 학생들을 찾기 위하여 이 마을 저 마을로 돌아다녔다. 벤 시라에 따르면 이스라엘의 현인들이 새로운 지식을 습득하기 위하여 외국을 자주 여행하였지만, 그들이 학생들을 찾아다녔는지는 분명하지 않다. 여하튼 특기할 만한 사항은 시혜가 어쩌면 가장 높은 곳에 위치했을 도시의 중심가 혹은 광장에서 어리석은 이들과 우둔한 이들에 이르기까지 모든 사람을 향해 말한다는 것이다(잠언 1,20-23 참조). 여기에서 언급하는 도시는 예루살렘을 가리킬 가능성이 매우 높고, 이 도시는 지혜가 인간의 세상에 존재한다는 것을 가리킨다. 고대 근동 신화는 우주를 도시로 표현했고, 특정한 신들에게 봉헌된 신성한 도시와 정치적 수도는 하늘과 땅의 질서를 유지하고 보존하는 소우주요 세상의 중심지로 여겨졌다. 그래서 예루살렘과 같은 신성하고 정치적 요지로서의 도시들은 신성한 것(하늘)과 우주적인 것(땅)을 매개하는 데에서 대단히 중요한 역할을 수행하였다. 이런 점에서 잠언의 이 부분에 언급된 도시 입구에 서 있는 지혜는 하늘과 땅 사이를 연결함으로써 우주의 안녕과 질서를 이끌어가는 존재로 이해된다.

또한 지혜는 여러 가지 공동 활동이 이루어지던 성문 곁에 서 있는 것으로 묘사된다(잠언 8,3 참조). 고대 이스라엘의 도시에는 주요한 성문들이 있었고, 그곳에는 큰 방들이 딸려 있어 소송 절차는 물론 장사도 거기에서 이루어졌다(2사무 18,24; 19,1 참조). 판관들이 그곳에 자리를 잡고 앉아 재판을 하기도 하였고(2사무 15,2; 욥 29,7 참조), 예언자들은 정의를 부르짖으며 심판과 구원의 신탁을 발설하기도 하였다(아모 5,12.15 참조). 이스라엘의 현인들이 학생들을 가르친 곳도 바로 이 성문에 딸린 방이었고, 그곳에서 배움의 길로 들어서도록 학생들을 초대했던 것으로 생각된다(L.G. Perdue, 85-86).

성문에서 가르치는 지혜의 표상은 이스라엘 사회의 균형 있는 발전과 안녕을 보장하는 정의와 법 집행에 대한 지혜 전승과 연관되어 있다. 지혜가 성문 가까이 서 있다는 것은 생명을 부여하고 보장하는 역할을 하며 정의를 실천하는 일에 연관되어 있음을 가리킨다.

잠언 1,21.24.28에서처럼 지혜는 입을 열어 사람들을 배움의 길로 초대한다.

4"사람들아, 내가 너희를 부른다.
너희 인간들에게 내 목소리를 높인다.
5어리석은 이들아, 영리함을 터득하여라.
우둔한 이들아, 마음을 깨쳐라.
6들어라, 나는 고귀한 것들을 말하고
내 입술에서는 올바른 것들이 흘러나온다.
7내 입은 진실을 말하고
내 입술은 불의를 역겨워한다.
8내가 하는 말은 모두 의로울 뿐
거기에는 교활한 것도 음흉한 것도 없다.
9그 모든 말이 깨닫는 이에게는 옳고
지식을 찾는 이에게는 바르다.
10너희는 은이 아니라 내 교훈을 받고
순수한 금이 아니라 지식을 받아라.
11지혜는 산호보다 낫고
온갖 귀중품도 그것에 비길 수 없다."
12"나 지혜는 영리함과 함께 살며
지식과 현명함을 얻었다.

¹³주님을 경외함은 악을 미워하는 것이다.

그래서 나는 교만과 거만과 악의 길을, 사악한 입을 미워한다.

¹⁴나에게는 조언과 통찰이 있다.

나는 곧 예지이며 나에게는 힘이 있다.

¹⁵내 도움으로 임금들이 통치하고

군주들이 의로운 명령을 내린다.

¹⁶내 도움으로 제후들이 다스린다.

의롭게 판결하는 수령들도 모두 마찬가지다.

¹⁷나를 사랑하는 이들을 나는 사랑해주고

나를 찾는 이들을 나는 만나준다.

¹⁸나에게는 부와 영예가 있고

오래고 존귀한 재산과 번영도 있다.

¹⁹내 열매는 금보다 순금보다 낫고

내 소출은 순수한 은보다 낫다.

²⁰나는 정의의 길을,

공정의 길 한가운데를 걷는다.

²¹그리하여 나는 나를 사랑하는 이들에게 재산을 물려주고

그들의 보물 곳간을 채워준다"(잠언 8,4-21).

지혜는 정의의 길, 공정의 길을 걸으며, "내가 하는 말은 모두 의로울 뿐 거기에는 교활한 것도 음흉한 것도 없다"(잠언 8,8)라는 지혜의 담화는 하느님의 목소리와 다를 바 없다(이사 40,3.9 참조). 지혜는 조언과 통

찰을 사람들, 특히 통치자들에게 나누어줄 수 있고(지혜 8,10-15 참조), 훈육을 통해 사람들을 가르치려는 그 목소리는 올바른 것과 진실을 말하기 때문에(잠언 8,6-7), 지혜의 가르침은 "산호보다 낫고 온갖 귀중품"보다 낫다(잠언 8,11; 참조 지혜 7,8-9). 지혜는 자신을 사랑하는 사람을 친근하게 만나줄 뿐만 아니라, 그에게 부와 영예, 사라지지 않는 존귀한 재산과 번영도 보장해준다(잠언 8,17-18). 그 열매와 소출로 풍요를 보장하는 숙녀 지혜를 묘사하기 위하여 사용된 표상은 고대 근동 신화에서 흔히 사용되던 풍요의 여신이다. 풍요의 여신은 자신을 사랑하는 사람에게 축복과 장수를 보장해주는 것으로 이해된다.

1) 지혜의 기원

자신을 소개한 지혜는 계속해서 자신의 기원에 대해 이야기한다.

> 22"주님께서는 그 옛날 모든 일을 하시기 전에
> 당신의 첫 작품으로 나를 지으셨다.
> 23나는 한처음 세상이 시작되기 전에
> 영원에서부터 모습이 갖추어졌다.
> 24심연이 생기기 전에,
> 물 많은 샘들이 생기기 전에 나는 태어났다.
> 25산들이 자리 잡기 전에,
> 언덕들이 생기기 전에 나는 태어났다.

²⁶그분께서 땅과 들을,
누리의 첫 흙을 만드시기 전이다.
²⁷그분께서 하늘을 세우실 때,
심연 위에 테두리를 정하실 때 나 거기 있었다.
²⁸그분께서 위의 구름을 굳히시고
심연의 샘들을 솟구치게 하실 때,
²⁹물이 그분의 명령을 어기지 않도록 바다에 경계를 두실 때,
그분께서 땅의 기초를 놓으실 때
³⁰나는 그분 곁에서 사랑받는 아이였다.
나는 날마다 그분께 즐거움이었고 언제나 그분 앞에서 뛰놀았다.
³¹나는 그분께서 지으신 땅 위에서 뛰놀며
사람들을 내 기쁨으로 삼았다"(잠언 8,22-31).

주님께서는 지혜를 창조의 만물로 "낳으셨다." 22절에 사용된 "첫 작품"('맏물을 뜻하는 ראשית)이라는 용어는 "한처음에"를 뜻하는 창세기의 첫 단어(בראשית)를 반영하고 있다. 창세기(1,1-2,4ㄱ)에 따르면, 하느님은 말씀으로 먼저 하늘과 땅을 만드시고 세상에 질서를 세워주셨다.

창세기의 이야기와는 달리 잠언에서 '레쉬트ראשית'라는 단어는 지혜를 창조의 맏이로 제시한다(욥 40,19; 시편 78,51; 105,36 참조). 이스라엘 사회에서 맏이는 일반적으로 아들이었고 특별한 위치를 차지하여(창세 43,33) 상속을 받을 때에도 다른 형제들보다 두 배로 받았고(신명 21,17),

아버지가 돌아가시면 가장이 되었다. 추수를 할 때에는 첫 번째로 수확한 것을 가장 좋은 것으로 여겼고, 따라서 이는 햇곡식으로 주 하느님께 바쳤다(레위 2,12; 23,10). 잠언의 이 문맥에서는 하느님께서 창조하신 것 가운데 지혜가 가장 좋은 최고의 만물로 꼽힌다.

지혜는 하느님 곁에서 "아몬אמון" 혹은 "오멘"이었고 날마다 즐거움이었으며 언제나 그분 앞에서 뛰놀았다. 숙녀 지혜는 그분 땅의 거주지에서 뛰놀았고 인간들과 함께 있는 것이 그녀의 즐거움이었다(잠언 8,30-31). 이곳에 나오는 아몬이라는 단어는 해석하기가 매우 어려워(Crux interpretum) 정확한 뜻을 규정하기가 쉽지 않으며, 학자들마다 조금씩 의견을 달리하고 있다. 이 단어는 '(여)기능공'을 뜻할 수도 있고, 어린아이를 가리킬 수도 있다. 만약 이 단어를 여기능공으로 해석한다면(《공동번역 성서》에서는 "조수"로 옮겼다), 이 아몬은 하느님께서 세상을 지으실 때 이미 존재하고 있었던 건축가와 같은 존재로 우주를 설계하고 만드는 일에 참여하였다(지혜 8,4 참조: "지혜는 하느님의 지식을 전해 받아 하느님께서 하실 일을 선택하는 이가 되었다"). 27-29절에서 사용된 표상이 창조하시는 하느님을 건축가로 묘사하고 있다는 사실은 이런 해석을 선호하게 한다.

그러나 이와 달리 《성경》에서처럼, 만일 아몬을 아이로 해석하면, 창조 때 지혜가 한 역할은 단순히 즐겁게 노는 것이었다. 하느님께서 지혜를 만물로 지으시어 지혜가 태어났다(22-26절)는 언급은 아몬을 하느님 앞에서 즐겁게 뛰어노는 아이로 해석하게 한다. 이 아이의 즐거움은 인간을 포함한 피조물과 함께 있는 것이다. 지혜가 가지고 있는 행복하고 기쁜 본성이 하느님께서 지으신 세상, 그리고 인간과 어떤 식으로든 연관되어 있다(8,31)는 말은 매우 의미심장한 표현이다.

2) 행복 선언과 생명

8장에서 사람들을 초대하며 자신을 소개한 지혜는 32-36절에서 다시 한번 자신의 말에 주의를 기울일 것을 호소하며 행복 선언을 한다.

> ³²"그러니 이제, 아들들아, 내 말을 들어라.
> 행복하여라, 내 길을 따르는 이들!
> ³³내 교훈을 들어 지혜로워지고
> 그것을 가볍게 여기지 마라.
> ³⁴행복하여라, 내 말을 듣는 사람!
> 날마다 내 집 문을 살피고 내 대문 기둥을 지키는 사람!
> ³⁵나를 얻는 이는 생명을 얻고
> 주님에게서 총애를 받는다.
> ³⁶그러나 나를 놓치는 자는 제 목숨을 해치고
> 나를 미워하는 자는 모두 죽음을 사랑한다"(잠언 8,32-36).

하느님이 세상에 질서를 세우실 때 한몫을 했던 지혜는 생명과 죽음의 갈림길에 대해 말한다. 이 구절은 하느님이 모세를 통해 이스라엘 백성에게 생명과 죽음, 행복과 불행을 제시하는 신명기계 신학 관점을 생각나게 한다.

> "보아라, 내가 오늘 너희 앞에 생명과 행복, 죽음과 불행을 내놓는다. 내가 오늘 너희에게 명령하는 주 너희 하느님의 계명을 듣고, 주 너희 하느님을 사랑하며 그분의 길을 따라 걷고, 그분의 계명과 규정과 법규들을 지키면, 너희가 살고 번성할 것이다. 또 주 너희 하느님께서는 너희가 차지하러 들어가는 땅에서 너희에게 복을 내리실 것이다"(신명 30,15-16: 참조 11,26-31).

신명기와 잠언에서 공통된 점은 생명과 죽음 가운데 하나를 선택해야 한다는 것이지만, 생명을 얻기 위해 지켜야 한다고 신명기 신학자가 제시한 "하느님의 명령"과 "길"과 "계명과 규정과 법규들"이 잠언에서는 "지혜의 교훈"과 "말"로 대체되어 있음을 볼 수 있다. 더 나아가 잠언은 '지혜를 얻는 것이 곧 생명을 얻는 것'(8,35)이라고 선언함으로써 신명기 신학자보다 더욱 발전된 관점을 보여주고 있다.

3) 잠언 8장의 의도

끝으로 잠언 8장에 소개된 (숙녀) 지혜의 담화가 의도하는 바는 무엇인가를 물을 수 있다.

우선 잠언 1-9장은 개별 잠언들을 모은 10-31장의 서론으로서 가장 나중 단계(기원전 200년경)에 편집되었다는 점을 지적할 수 있다. 잠언 1-9장은 실천적이고 윤리·도덕적 성격을 다분히 띠고 있는 잠언 10장 이하에 실린 경구들을 신학적 관점에서 재조명하고 안내하는 역할을 하면서, 권고와 훈계를 통해 사람들을 가르치려는 의도로 쓰였다. 그리하여 주님을 경외하는 것이 지혜의 근본(잠언 1,7; 9,10)이라는 사실을 주지시키고자 한다. 이와 같은 맥락에서 소개된 것이 잠언 8장에 나오는 (숙녀) 지혜의 담화다.

진실(אמת 에메트)과 정의(צדק 체데크)만을 말하는(8,7-8) (숙녀) 지혜는 정의와 공정의 길을 걸으며(8,20) 세상에 질서를 세우는 일에 한몫을 한 것으로 소개된다(8,22-31 참조). 여기서 말하는 "진실"과 "정의"는 단순한 정직성만을 의미하는 것이 아니라 진실하시고 의로우신 하느님과 연관되어 있음을 가리킨다.

지혜의 역할에 비교할 수 있는 것에는 이집트의 진리와 질서의 여신 마아트, 바빌론의 지혜의 창조 여신 이슈타르가 있다. 이들은 모두 신적 존재이다. 그러나 잠언에 소개된 지혜가 명확히 하나의 신神으로 소개된 것 같지는 않다. 물론 어떤 의미에서 지혜는 어느 정도 하느님과 동일시되기도 한다. 앞에서 설명한 바와 같이 (숙녀) 지혜가 부르는 소리는 하느님의 목소리이기도 하며, 지혜를 얻는 자는 생명을 얻는 것으로 소개되기도 한다. 그러나 잠언 8,30의 아몬은 창조 때 나타난 하느님의 속성으로 보아야 하며, 거의 독립적으로 신성을 지닌 하느님 실재의 한 모습이라고 생각할 수는 없다.

"하느님만이 '나를 얻는 이는 생명을 얻는다'(8,35)라고 말할 수 있다. 그러나 지혜는 하느님 자신이 아니다. 지혜는 하느님과 구별된 어떤 것이다. 사실 지혜는 모든 피조물들의 맏이이기는 하더라도 여하튼 자신을 하느님으로부터 창조된 것이라 말하고 있으며(잠언 8,22), 하느님이 세상을 창조하면서 소중히 여겼던 사고와 동일시하고 있다"(폰 라트).

결론적으로 말해 잠언 8장이 가르치는 바는 지혜와 생명, 지혜와 하느님이 밀접히 연결되어 있다는 것이며 창조 때 지혜가 한 역할은 하느님의 자기 계시라는 것이다. 특히 잠언 3,19에 언급된 "주님께서는 지혜로 땅을 세우셨다"라는 말은 (숙녀) 지혜가 창조의 도구도 아니요 중개 역할을 하는 것도 아니라, 창조 때 주님으로부터 행사된 하나의 속성이라고 생각할 수 있을 것이다.

4. 욥 28장

"흠 없고 올곧으며 하느님을 경외하고 악을 멀리하는 사람"(욥 1,1)이었던 욥이 어느 날 느닷없이 재난을 만난다. 동방에서 으뜸가는 사람으로 꼽히는 그는 어느 모로 보나 유복한 생활을 하고 있었지만, 엄청난 재산과 자식들을 하루아침에 모두 잃고 만다. 그것은 자식들이 "마음속으로 하느님을 저주하였는지도"(히브리어 마소라 본문을 직역하면 "축복을 드렸을지도"이다. 욥 1,5의 이 표현을 완곡어법으로 이해한다면, 전체적인 뜻은 다르지 않다) 모를 일이라고 생각하며 매일 속죄의 제사를 드린 충실한 욥에게는 너무 가혹한 처사였다. 하느님이 보시기에도 욥은 분명히 윤리적으로나 신앙적으로 흠 없는 인물이다(1,8; 2,3).

만일 하느님께서 의로우신 분이라면, 어떻게 욥에게 이런 일이 일어나도록 내버려두실 수 있다는 말인가? 더욱이 욥에게 내린 이 모든 재앙이 "욥이 까닭 없이 하느님을 경외하겠습니까?"(1,9)라고 주장하는 사탄(오늘날의 악귀의 의미가 아니라 지방 검찰관 역할을 하는 천상 존재를 가리킨다)과 이에 대해 반론을 제기하는 하느님이 '내기'를 하여 생긴 결과라는 사실에 경악을 금할 수 없다. 인간이란 기껏해야 하느님과 사탄의 노리개 정도밖에 되지 않는 존재인가?

남을 속이거나 등쳐 먹을 줄도 모르고 성실하게 매일의 삶을 살아가는 오늘의 우리 가운데에도 욥과 비슷한 처지를 몸소 겪으며 몸살을 앓는 사람들이 있지 않은가? 좋은 마음으로 남의 보증을 섰다가 어느 날 부도가 나서 평생 모은 재산을 날리는 사람들, 온 생명을 바쳐 믿고 의지해왔던 가족과 자식을 불의의 사고로 잃어 다시는 만날 수 없는 불행을 혼자 감당해야 하는 사람들, 그리고 불치의 암 선고를 받고 밤에도 낮에도 잠 못 이루며 괴로워하는 사람들 역시 하느님과 사탄의 내기에 희생양이 된 존재인가?

욥기의 저자는 산문으로 쓴 1-2장에서 이런 재난을 맞은 욥이 "알몸으로 어머니 배에서 나온 이 몸, 알몸으로 그리 돌아가리라. 주님께서 주셨다가 주님께서 가져가시니 주님의 이름은 찬미받으소서"(1,21)라고 되뇌이며, 결코 하느님을 비난하거나 원망하지 않았다고 말한다. 그러나 운문으로 쓰인 3장 이하에 따르면, 욥은 결국 태어난 날조차 저주하며 괴로움에 몸서리치며 죽고 싶어 하지만, 죽지도 못하는 질긴 목숨에 긴 한숨을 내쉰다. 더욱 안타까운 것은 가장 가까이에 있는 그의 아내, 누구보다도 따뜻한 위로의 말을 해야 하고 함께 아파해야 할 아내가 "당신은 아직도 당신의 그 흠 없는 마음을 굳게 지키려 하나요? 하느님을 저주하고 죽어버려요"(2,9)라고 힐난할 때에 욥의 심정은 어떠했을까 하는 것이다. 욥기의 드라마에서 인간적으로 극심하게 고뇌하는 욥의 모습을 보며, 우리는 힘겹게 오늘을 살아가는 사람들을 떠올리게 된다.

욥이 처참한 고통을 겪고 있다는 소식을 들은 세 친구가 찾아와 위로의 말을 전하려고 한다. 그러나 그들은 욥을 마음으로부터 받아주고 이해하기보다는 자신들이 알고 있는 지식에 근거해서 욥의 고통에 대한 원인을 규명하고자 논쟁을 벌이기 시작한다. 그들은 선조들로부터 물려받은 인간적 지혜에 의존해서 세상에서 돌아가고 있는 일의 의미를 파악하려고 한다. 이런 태도와 사고방식은 지혜만 가지고 있으면 매사에 성공할 수 있고 장수와 부귀영화까지 보장받는다는 전통적 지혜관을 그대로 반영한다(《성서와함께》, 1998년 6월호 참조).

창세기에 따르면, 인간이 땀 흘려 일해야 하고 고통 중에 살아야 하는 것은 인간이 하느님께 불순종한 데 대한 벌이다(창세 3,16-19). 노아 때의 대홍수는 인간의 사악함 때문에 있었던 일이다(창세 6,5-7). 모세는 약속의 땅으로 들어가기에 앞서 계약에 대한 충실과 불충실의 대가로 이스라엘 백성에게 축복과 저주를 제시하였다(신명 30,15-19). 호세아는 바람을 심는 자들은 회리바람을 거둘 것이라고 선언하였고(호세 7,12-13; 8,7), 에제키엘은 누구든지 자기가 지은 죄에 대한 벌을 받아야 한다고 주장하였다(에제 18,4). 상선벌악에 대한 이와 같은 전통적 가르침에 근거해서 욥을 위로하겠다고 나선 세 친구는 욥이 지금 고통을 받는 것은 틀림없이 죄의 대가라고 주장한다(욥 4,7-9; 8,20; 22,4-5). 그러나 무죄한 이가 고통을 받는다는 문제는 욥기의 서막에서부터 명확히 드러난다.

이와 같은 논쟁이 계속되는 가운데 저자는 인간이 하느님의 지혜를 발견할 수도 이해할 수도 없음을 노래하는 욥 28장을 소개한다. 이 지혜시에서는 지혜의 인격적 특성을 특별히 강조하고 있지 않기 때문에, 이 시가 엄밀한 의미에서 지혜의 의인화를 다룬다고 말할 수는 없다. 그러나 여기에 소개되는 지혜가 하느님의 속성으로 해석될 수 있다는 점(머피, 《생명의 나무》, 267-268 참조)과 '하느님께서 지혜를 만드시고 모든 피조물에 쏟아부으셨으며 주님의 사랑은 영광스러운 지혜'(시라 1,9-10 참조)라는 점을 고려할 때, 인격화된 지혜를 다룬다고 해석할 수도 있을 것이다.

지혜시에 속하는 욥 28장이 처음부터 욥과 그의 세 친구 사이에 진행되는 담화의 일부였다고 생각하기는 어렵다는 것이 많은 학자의 의견이다. 특히 욥 28장의 문체가 지금까지의 논쟁 양식과는 크게 다르기 때문에, 그들은 이 지혜시를 나중에 첨가된 부분으로 생각한다(Terrien, 191). 그러나 전체 흐름을 볼 때, 이 지혜시는 세 친구와의 토론(욥 4-27장)과 자신의 무고함을 선언하면서 하느님께 도전해보려는(욥 30,20-23 참조) 의인의 긴 독백 또는 결론(욥 29-31장)을 연결하는 다리, 혹은 간주곡과 같은 역할을 한다(박요한 영식, 《간추린 성문서 입문》, 54.63 참조). 또한 욥 28장은 욥 38장의 하느님 출현을 미리 준비하는 역할을 한다고 생각할 수도 있다. 그것은 28장에서 하느님의 대답을 듣고자 하는 욥의 간절한 원의가 표현되고, 이에 대해 욥에게 대답하시는 하느님의 말씀이 38장에 소개되고 있기 때문이다. 그러므로 이 두 장의 어휘와 문체가 크게 비슷하고, 따라서 28장 역시 욥기의 저자에 의해 쓰인 작품이라고 생각하는 것이 무난하다(R. Gordis, 278).

문학 구조 측면에서 욥 28장을 세분하는 데 있어서는 학자들의 의견이 일치하지 않는다. 이 지혜시의 의미 단락을 구분하는 데 큰 도움이 되는 구절은 본문에 나타나는 후렴, '지혜는 어디에서 찾을 수 있을까?'(12절과 20절)이다. 이 질문에 대해 우선 부정적 답(13절: "사람은 그것에 이르는 길을 알지 못하고 생물들의 땅에서는 발견할 수 없다")을 제시하고, 이어서 긍정적 답(21절: "모든 생물의 눈에 감추어져 있고 하늘의 새들에게도 숨겨져 있다")을 내놓는다. 지혜를 얻을 수 없다는 부정적 내용은 15-19절에서 더욱 심화되고, 21절의 긍정적 내용은 24-27절에서 계속 발전된다. 이상과 같은 기본적인 문학 요인들을 고려할 때, 이 장은 1-11절, 12-19절, 그리고 20-28절의 세 연으로 나뉠 수 있다. 각 연은 세 개의 동기, 곧 ① 장소와 ② 한계와 ③ 활동이 동일한 순서로 반복된다. 먼저, 장소에 관한 내용으로, 금을 캐는 곳(1ㄴ절)과 슬기가 있는 곳(12ㄴ절과 20ㄴ절에서 두 번)을 지적할 수 있다. 이어서 살아 있는 존재들에게 한계가 있다는 것으로 독수리도 모르는 길(7-8절), 죽어야 할 존재는 지혜가 어디에 거처하는지 알지 못하며(13-14절), 숨쉬는 모든 동물에게도 감추어져 있다(21-22절)고 말한다. 끝으로 활동에 관한 묘사로, 인간이 감추어진 쇠붙이를 찾아낼 수는 있으나(9-11절), 그 모든 보물로도 지혜를 살 수 없으며(15-19절), 만물에 질서를 놓으신 하느님만이 지혜를 알고 계신다(23-27절)는 것을 지적할 수 있다(A. Niccacci, 282-283 참조).

이상의 의미 단락의 구분을 생각하면서 먼저 첫째 단락을 함께 읽어보기로 하자.

> [1]정녕 은에는 산지가 있고
> 금에는 제련하는 곳이 있다네.
> [2]쇠는 땅에서 얻어지고
> 구리는 바위를 녹여 붓는다네.
> [3]어둠에 경계를 두고 막장 속마다 찾는다네,
> 암흑과 흑암 속의 돌을.
> [4]인가에서 먼 곳에, 사람 발에 잊힌 곳에 갱도를 파
> 사람들에게서 떨어진 채 매달려 흔들거리네.
> [5]땅에서는 양식이 솟아나지만
> 그 밑은 불로 뒤집힌다네.
> [6]그곳의 돌은 청옥의 자리
> 흙가루는 금을 품고 있다네.
> [7]그 길은 어떤 맹금도 알지 못하고
> 어떤 매의 눈도 본 적이 없으며
> [8]야수들도 디뎌본 적이 없고
> 사자도 그 위를 밟아본 적이 없네.
> [9]단단한 암석에 손을 대어

산들을 뿌리째 파헤치네.
¹⁰바위에 갱로를 뚫어
그의 눈은 온갖 보석을 확인하고
¹¹물줄기를 흐르지 않게 막고서는
숨겨진 것들을 밝은 데로 가져온다네(욥 28,1-11).

1) 찾을 수 없는 지혜

저자는 여기에서 인간이 지혜에 도달할 수 없다는 것을 비유를 들어 말한다. 인간의 노력과 과학 기술을 동원하여 세상에서 가장 값진 것으로 여겨지는 온갖 금은보석을 캐낼 수는 있으나, 지혜에 이르는 길만은 인간의 접근이 불가능하다. 욥기의 저자가 이 자리에서 인간이 광산에서 활동함으로써 땅속 깊은 곳에서 값진 쇠붙이와 금을 캔다고 말하는 것은 공간을 탐구하여 무엇인가 가치 있는 것을 찾아낼 수 있다는 당시 사람들의 믿음을 반영한다. 사실 욥과 그의 세 친구는 인간 존재를 포함한 모든 것이 그 장소를 차지하고 있다고 믿고 있다 (7,10; 8,18; 9,6; 14,18; 18,4.21; 20,9).

인간에게 가장 귀한 것으로 여겨지는 것들이 일정한 장소에서 얻을 수 있는 것이라면, 지혜 역시 일정한 장소에 있어야 한다는 것이 자연스런 추론이다. 그러나 인간의 노력으로는 지혜가 있는 곳을 찾아낼 수 없다. 살아 있는 어떤 존재도 지혜에 이르지 못한다. 인간은 땅속 깊은 곳(3-4절)과 어둠, 죽음의 그림자(3,6; 10,21-22; 23,17)에 이르기까지 먼 곳에서 지혜를 찾는다. 그러나 땅속을 아무리 파헤쳐도 거기서 지혜를 찾을 수는 없다. 지혜는 거기에 있지 않기 때문이다. 이러한 부정적 확언은 하느님만이 지혜가 어디에 있는지를 아시며 지혜를 살피시고 헤아리신다는 진술을 간접적으로 미리 강조하는 역할을 한다(Westermann, 130-131).

만일 인간이 공간 탐구로 지혜를 찾아낼 수 없다면, 어떤 방법으로 지혜를 손에 넣을 수 있을까? 욥기의 저자는 지혜와 슬기를 찾을 수 없다는 사실을 확언하면서 계속해서 다음과 같이 말한다.

[12]그러나 지혜는 어디에서 찾을 수 있으리오?
슬기의 자리는 어디리오?
[13]사람은 그것에 이르는 길을 알지 못하고
생물들의 땅에서는 발견할 수 없다네.
[14]대양도 "나에게는 그것이 없어" 하고
바다도 "그것은 내 곁에 없어" 한다네.
[15]금덩어리로도 얻을 수 없고
그 값은 은으로도 잴 수 없으며
[16]오피르의 순금으로도 살 수 없고
값진 마노나 청옥으로도 안 되네.
[17]금과 유리도 그와 같을 수 없고
진금 그릇들과도 바꿀 수 없으며
[18]산호와 수정도 말할 나위 없으니

지혜의 값어치는 진주보다 더하네.
¹⁹에티오피아의 황옥도 그와 같을 수 없으며
순금으로도 그것을 살 수 없다네(욥 28,12-19).

2) 돈으로 살 수 없는 지혜

이 둘째 연은 사다, 팔다, 값, 교환하다 등 상거래에서 사용되는 어휘를 동원하여 인간이 지혜에 도달할 수 없음을 강조한다. 저자는 여기에서 귀중한 보석들과 여러 귀중품을 나열하지만, 이들을 가지고 지혜를 사들일 수는 없음을 명확히 밝힌다(15-19절). 지혜문학에서는 자주 금과 은으로 지혜를 얻을 수 없음을 강조한다(잠언 3,14-15; 4,7; 8,10-11; 16,16).

그렇다면 인간은 어디에서, 어떻게 지혜와 슬기를 찾을 수 있는가?(잠언 1,2; 4,5.7). 인간은 사방으로 지혜를 찾아 나서지만 결국 찾아내지 못한다. 욥은 하느님에 대해서도 같은 말을 한 바 있다. 즉 인간이 사방으로 하느님을 찾아다니지만(23,8-9), 하느님은 발견될 수 없는 분이라고 밝힌다(23,3).

²⁰지혜가 어디에서 오리오?
슬기의 자리는 어디리오?
²¹모든 생물의 눈에 감추어져 있고
하늘의 새들에게도 숨겨져 있다네.

²²멸망의 나라와 죽음도
"우리 귀로 그에 대한 풍문은 들었지" 한다네.
²³하느님께서 지혜에 이르는 길을 식별해내시고
그 자리를 알고 계시니
²⁴그분께서는 땅끝까지 살피시고
하늘 아래 모든 것을 보시기 때문이지.
²⁵바람의 무게를 정하시고
물의 양을 결정하실 때
²⁶비의 법칙과 뇌성 번개의 길을 정하실 때
²⁷그분께서 지혜를 보고 헤아리셨으며
그를 세우고 살피셨다네(욥 28,20-27).

3) 하느님과 함께 있는 지혜

결국 인간의 활동을 통해서는 아무도 지혜에 이르는 길에 도달할 수 없다는 것이다(1-11절). 마치 생명을 찾아 길을 나선 길가메시가 끝내 생명을 얻지 못하였듯이 말이다(B. Fohrer, 398 참조). 인간은 돈으로도 지혜를 살 수 없다(13-19절). 돈과 자신의 능력만 믿고 무엇이든지 할 수 있다고 생각하는 물질만능주의에 젖어 있는 인간에게는 인정하기 어려운, 아니, 인정하고 싶지 않은 일이다!

그러나 대양과 바다에게도, 동물들과 하늘을 나는 새에게도 지혜의 길은 감추어져 있다. 죽음의 능력조차 지혜에 이르는 길을 알지 못하고, 단지 풍문으로 들었을 뿐이라고 말함으로써 불완전한 지식을 가지고 있을 뿐이라고 말한다. 말하자면 귀중품을 알아볼 수 있고 찾아낼 수 있는 눈(10절; 참조: 7절 "매의 눈")을 가진 인간이라 하더라도 하늘에서도(21절), 땅 위에서도(13절), 바다에서도(14절), 또 파멸과 죽음으로 대표되는 저승(26,6 참조)에서도, 다시 말해 인간의 손이 미칠 수 있는 그 어느 곳에서도 지혜를 찾을 수 없다. 지혜가 있는 그곳에 이르는 길을 아시는 분은 하느님뿐이다(W. Vogels, 169 참조). 하느님은 세상을 창조하실 때부터(25-26절) 직접 지혜를 보고 헤아리셨기에 그분만이 지혜에 이르는 길을 알고 계신다(잠언 3,19; 시라 1,1-6 참조). 지혜가 어디에 있는지 보고 계시는 하느님의 눈(24절)은 동물의 눈(7절)과 인간의 눈(10절)이 꿰뚫어볼 수 없는 것까지 본다. 하느님의 눈은 창조 때(27절) 하늘 아래 존재하는 모든 것을 본다(24절).

이 지혜시는 어떤 피조물도 지혜를 완전히 파악하거나, 손에 넣을 수는 없다고 주장한다. 이 시의 저자가 말하고자 하는 것은 지혜 추구에는 한계가 있다는 것이다. 지혜는 분명히 '존재하면서 또 존재하지 않는다고 말한다. 왜냐하면 지혜는 피조물이 이렇게 저렇게 할 수 있는 것이 아니며, 지혜를 어느 정도 알아볼 수는 있으나 완전하게 알 수는 없기 때문이다.

사실 지혜는 하느님의 창조물이지만 하느님은 지혜와 더불어 만물을 만드셨다. 인간은 하느님이 세상을 창조할 때 지니고 계셨던 계획의 몇몇 요소를 알 수 있으나, 깊은 의미에서는 완전하게 다 알 수 없다.

4) 주님을 경외하고 악을 멀리함

그렇기 때문에 이 지혜시의 마지막 구절은 이 시의 전체 질문에 대한 답을 제공한다.

> ²⁸그러고서는 사람에게 말씀하셨네.
> "보아라, 주님을 경외함이 곧 지혜며
> 악을 피함이 슬기다"(욥 28,28).

전통적 주제인 이 답은 적어도 인간에게는 매우 중요하다. 하느님을 경외하지 않으면 인간의 모든 노력과 보물도 지혜와 비교할 때 전혀 쓸모가 없다는 것을 표명하기 때문이다.

잠언과 시라의 저자와 마찬가지로 욥기의 저자 역시 지혜가 세상에 존재한다는 사실에 대해서는 긍정한다. 그러나 욥기의 저자는 인간이 세상을 정복할 능력을 가지고 있다고 하더라도 지혜에는 도달할 수 없다고 말한다. 지혜문학의 현인들이 지혜를 얻기 위해서는 겸손하게 귀를 기울여야 하며(잠언 15,33; 18,12; 22,4) 기도해야 한다(시라 51,13)고 주장하는 것은 욥기의 의견을 그대로 반영하고 있음을 보여준다. 그러나 욥은 현인인 체하는 사람들, 곧 자기를 위로하기 위해 찾아온 것으로 행세하면서 위로는커녕 오히려 논쟁을 벌이는 친구들을 맹렬히 비난한다. 그들이 조상들의 전통에 기대어 지혜를 알고 있는 것처럼 주장하지만, 욥은 지혜를 아시는 분은 하느님뿐이며 지혜는 그분을 경외하고 악을 멀리하는 것이라는 생각을 버리지 않는다.

욥의 세 친구에게서 볼 수 있듯이, 인간이 하느님의 행위를 설명할 수 있는 것처럼 말하면, 결국 그는 슬기롭지 못한 사람이다. 12-13장에서 강조된 이런 사고가 28장에서 크게 발전된다. 즉, 인간의 기술과 재산, 그리고 노력도 지혜에 대해서만은 어찌해볼 수 없다. 지혜는 하느님의 영역에 속하는 것이다. 달리 말해 욥의 고통의 본질을 물질과 인간의 과학기술로 설명할 수 없다.

세 친구의 교의적 신앙이 욥을 설득하지 못하기 때문에 욥은 자신의 경우에 대해 직접 하느님과 따져보려고 한다(13장; 29-31장). 욥의 이와 같은 도전이 근거 없는 단순한 주장은 아니다. 사실 하느님을 경외하고 악을 멀리하는 것이 지혜라고 한다면(28,28), 욥은 벌써 그렇게 살아왔다(1,1.8; 2,3). 그러므로 욥은 자신이 신앙에 근거해서 성실하게 살았고, 또 그에 대한 보상으로 좋은 시절을 보냈음을 알고 있다. 그러나 그가 지금 겪고 있는 고통은 이 신앙과 조화되지 않는다. 왜냐하면 그의 고통은 그가 죄를 지었기 때문에 치러야 하는 징벌이 분명히 아니라는 것을 적어도 독자는 이미 알고 있기 때문이다.

그러나 욥은 하느님이 인간의 마음속 깊은 곳에 계시하시는 지혜의 신비를 알고 있다. 욥은 자신의 고통을 설명해줄 수 있는 지혜를 가지고 있는 듯 행세하지만 정작 아무 해결책도 제시하지 못하는 세 친구와 마주 대하고 있으면서, 또 아직 그 모든 고통을 안고 있으면서도 하느님을 경외하고 악을 멀리하는 것이 참된 지혜라는 처음의 생각을 바꾸지 않는다. 그리고 무죄하다는 자신의 입장을 계속해서 주장하게 될 것이다(29-31장).

 이런 관점에서 볼 때, 욥이 처음부터 신앙을 지니고 있었고 하느님을 경외하면서 살아왔다는 사실을 다시 확인하는 것이기 때문에, 28장의 지혜시가 단순히 나중에 첨가된 부분이라고 볼 수만은 없다. 물론 만약 욥이 하느님만이 지혜를 알고 계신다는 것을 처음부터 확고하게 믿고 있었다면, 하느님으로부터 설명을 듣고 싶어 하거나 그분의 판결을 원하지는 않았을 것이라고 주장할 수도 있을 것이다. 그러나 여기에서 우리는 이성적 논리 대신, 인생 (드라마)의 논리를 생각해야 할 것이다. 산문으로 쓰인 부분에서 볼 수 있는 인내하는 욥과 운문 부분에서 드러나는 인내하지 못하는 욥은 욥기의 상이한 두 부분이 아니라, 욥기의 드라마를 점진적으로 발전시켜 나가는 상반되는 요소들이라고 보아야 할 것이다. 욥은 하느님의 전능하심 앞에서 자신이 무능하다는 것을 알고 있으면서, 동시에 자신이 올바르게 살아왔다는 것도 알고 있다. 그러기에 그는 자신의 절망적 상황, 그 고통에 대해 하느님께 직접 답을 요구할 수 있는 것이다. 욥이라는 인물 안에서 오늘 내 안에 있는 선함과 악함, 희망과 절망, 무죄성과 유죄성이 한데 섞여 있음을 보고, 또 그럼에도 불구하고 노력을 계속 아끼지 않는 우리의 모습을 읽을 수는 없을까?

 이제 처음의 질문으로 되돌아가 이 시에 나오는 인격화된 지혜에 초점을 맞추어보자.

 22-27절에 언급된 지혜는 창조 이전에 벌써 존재하는 것으로 소개된다(잠언 8,22 참조). 하느님이 세우시고 기초를 놓으실 때, 지혜는 하느

님과 함께 이미 그곳에 있었다. 하느님은 창조 안에 지혜를 세우셨고, 인간이 땅속을 샅샅이 파헤치듯이(3절) '주의 깊게 살피신다.' 이 말은 하느님이 이 세상에 지혜를 안치하셨기 때문에 지혜는 세상 어딘가에 분명히 존재한다는 뜻이다. 바다-심연(14절)과 파멸(아바돈)-죽음(22절)도 지혜를 찾으려는 인간을 도울 수 없으나, 하느님은 어떻게 하면 지혜를 얻을 수 있는지 인간에게 말씀해주실 수 있다(잠언 8,32-36; 시라 24,23에서는 지혜 자체가 인간에게 자신의 길을 가르쳐준다). 물론 여기에 언급된 지혜는 후기 유다이즘에서 볼 수 있는 '인성'을 갖춘 지혜라기보다는 이집트와 우가리트, 그리고 메소포타미아의 신화에서 볼 수 있는 신적 존재로서의 지혜에 더 가깝다(S. Terrien, 195 참조).

이곳에 언급된 '보다'(창세 1,31), '헤아리다'(시편 147,4-5), '세우다/설정하다'(시편 8,4), '살피다/조사하다'(예레 31,37)라는 동사의 어근은 흔히 하느님의 창조 업적과 연관되어 사용된다. 하느님은 지혜를 창조하셨고, 알아보셨으며, 헤아리셨다. 지혜를 당신의 모든 일에, 살아 있는 모든 것에 후하게 쏟아부으셨고, 당신의 친구들에게 아낌없이 지혜를 나누어주셨다(시라 1,9-10 참조). "지혜는 다른 모든 것에 앞서 창조되었고 명철한 지각도 영원으로부터 창조되었다"(시라 1,4). 이렇게 하느님은 당신의 모든 작품에 지혜를 부으셨기 때문에 지혜는 창조에 나타난 하느님의 특성인 것으로 여겨진다. 따라서 인간은 이런 전망을 갖지 않고서는 지혜를 발견해낼 수 없다(머피, 《생명의 나무》, 268-269 참조). 더욱이 지혜는 신적 속성, 곧 그 초월성을 가지고 있기 때문에 욥 28장의 지혜시는 인간이 지혜를 파헤치고자 하는 것, 즉 신의 신비를 알아내고자 하는 것이 무의미한 일임을 강조한다. 욥도 그의 세 친구도 하느님이 하시는 일을 알아낼 수 없다(코헬 7,13; 8,16; 11,5 참조).

만약 그렇다면, 오늘 내가 죄 없이 고통을 겪어야 한다면, 그것 역시 나만의 일이라기보다는 하느님의 일일 수도 있지 않은가?(코헬 8,16-17 참조).

그렇다면 인간의 지혜로 그 모든 고통의 의미를 알아내려 하기보다 하느님을 경외하고(종교적 관점) 악을 멀리하는 것(도덕적 관점)이 오늘도 내가 계속해서 추구해야 할 나의 몫이 아니겠는가?(잠언 1,7 참조). 지혜를 통해 당신 백성과 함께하시는 하느님은 어제도 오늘도, 그리고 내일도 임마누엘, 곧 우리와 함께 계시는 하느님이시기 때문이다.

5. 시라(집회서) 24장

욥기의 저자가 제시하는 지혜는 인간이 도달할 수 없는 지혜이다. 지혜가 있는 곳을 처음부터 아시는 분은 하느님 한 분뿐이시다(욥 28,23-27). 지혜는 하늘과 땅에서는 말할 것도 없고, 저승에서도 인간의 눈으로 발견할 수 없다. 인간의 물질문명이 발달하고 인간의 노력이 아무리 크다 하더라도 인간의 손이 지혜에까지 미치지는 못한다. 이 점은 코헬렛의 말을 통해서도 그대로 확인된다. 코헬렛은 다음과 같이 말한다: "나는 이 모든 것을 지혜로 시험해보았다. '지혜롭게 되리라!'고 말하였지만, 지혜는 나에게서 멀리 떨어져 있다. 존재하는 것은 멀리 떨어져 있고, 심오하고 심오하니 누가 지혜를 찾을 수 있으리요?"(코헬 7,23-24: 사역).

그러나 다른 한편, 성서의 지혜문학은 멀리 떨어져 있는 이런 지혜가 하느님의 선물로 인간에게 주어질 수 있다고도 말한다. 특히 벤 시라는 지혜에 대한 해석의 폭을 상당히 확대하여 지혜를 "주님을 경외하는 것"과 동일시하고 창조 세계에 "쏟아부어졌다"(시라 1,11-20)고 주장한다. 지혜는 하느님의 피조물이지만 영원하고, 하느님이 창조를 시작하실 때 증인으로 그 자리에 하느님과 함께 있었다(시라 1,9; 24,3-9; 참조 잠언 8,29-30; 지혜 9,9). 그러나 더 나아가 신적 지혜는 율법과 동일시되며(시라 24,23), 세상에 하느님의 현존을 알려주는 것이기도 하다(A. Vílchez-Líndez, 135 참조).

잠언 8장에서 지혜의 신적 기원에 대해 말하는 것과 비슷하게 벤 시라가 우리에게 남겨준 시라 24장의 지혜시에서 지혜는 스스로 입을 열어 자신의 기원과 정체에 대해 이야기한다.

이 지혜시는 문학 양식과 내용 면에서 앞뒤 장과는 분명히 구분되며, 시라 전체의 절정을 이룬다고 볼 수 있다. 숙녀 지혜가 일인칭으로 담화를 펴는 것은 이미 잠언 8장, 특히 22-36절을 통해 잘 알려져 있다. 스스로를 예찬하는 것은 그리스의 신적 존재 이시스에게서도 볼 수 있으나, 그 동기와 양식을 검토한 결과 성서의 지혜가 이시스 예찬의 영향을 받았다고 주장하기는 어렵다. 시라 24장에서 우리가 확인할 수 있는 바는 지혜가 하느님의 초월적 속성으로 제시된다는 점이다(M. Marböck, 76 참조).

시라 24장의 문학 구조에 대해서는 학자들에 따라 의견이 갈린다. 이 자리에서는 상세한 분석을 제시하는 대신 일반적으로 인정되는 구조를 따르며 성서 본문을 읽고자 한다.

1-2절: 머리말
3-22절: 지혜의 담화
23-34절: 현인의 담화

마르뵉은 이 안에서 다시 지혜의 움직임에 초점을 맞추어 지혜가 우주적 차원에서 이스라엘로 집중하고(3-8절), 시간과 공간(시온과 백성) 안으로 확장해 들어가며(9-12절), 미래에로 초대하고(13-17절), 이스라엘에서 토라의 표지 안에서 움직이며(23-29절), 시간과 공간 안에서 현인의 활동에 함께한다(30-34절)고 설명한다(M. Marböck, 77).

1) 머리말(1-2절)

¹지혜는 자신을 찬미하고
자신의 백성 한가운데에서 자랑하리라.
²지혜는 지극히 높으신 분의 모임에서 입을 열고
자신의 군대 앞에서 자랑하리라.

벤 시라는 지혜의 담화를 소개하기에 앞서 지혜가 하나의 인격체로 스스로 말을 하게 된다는 서론을 제시한다. 지혜가 자신의 백성 한가운데서 스스로를 찬미하는 것으로 묘사하지만, 여기에서 중요한 것은 이 찬미의 노래를 "지극히 높으신 분의 모임"에서 한다는 사실이다. 다시 말해 지혜는 지금 하느님과 함께 천상 어전(잠언 2,6; 욥 1-2장 참조)에 자리를 잡고 있는 것이다. 이 지혜가 나중에는 인간 사회 안에 결정적으로 정착하게 될 것이다.

2) 지혜의 담화(3-22절)

> ³"나는 지극히 높으신 분의 입에서 나와
> 안개처럼 땅을 덮었다.
> ⁴나는 높은 하늘에 거처를 정하고
> 구름 기둥 위에 내 자리를 정했다.
> ⁵나 홀로 하늘의 궁창을 돌아다니고
> 심연의 바닥을 거닐었다.
> ⁶바다의 파도와 온 땅을,
> 온 백성과 모든 민족들을 다스렸다.
> ⁷나는 누구의 땅에 머물까 하고
> 이 모든 것 가운데에서 안식처를 찾고 있었다.
> ⁸그때 만물의 창조주께서 내게 명령을 내리시고
> 나를 창조하신 분께서 내 친막을 칠 자리를 마련해주셨다.
> 그분께서 말씀하셨다. '야곱 안에 거처를 정하고

이스라엘 안에서 상속을 받아라.'

⁹한처음 세기가 시작하기 전에 그분께서 나를 창조하셨고
나는 영원에 이르기까지 사라지지 않으리라.
¹⁰나는 거룩한 천막 안에서 그분을 섬겼으며
이렇게 시온에 자리 잡았다.
¹¹그분께서는 이처럼 사랑받는 도성에서 나를 쉬게 하셨다.
나의 권세는 예루살렘에 있다.
¹²나는 영광스러운 백성 안에 뿌리를 내리고
나의 상속을 주님의 몫 안에서 차지하게 되었다.
¹³나는 레바논의 향백나무처럼,
헤르몬산에 서 있는 삼나무처럼 자랐다.
¹⁴나는 엔 게디의 야자나무처럼 예리코의 장미처럼
평원의 싱싱한 올리브나무처럼 플라타너스처럼 자랐다.
¹⁵나는 향기로운 계피와 낙타가시나무처럼 값진 몰약처럼
풍자 향과 오닉스 향과 유향처럼
천막 안에서 피어오르는 향연처럼 사방에 향내를 풍겼다.
¹⁶내가 테레빈 나무처럼 가지를 사방에 뻗으니
그 가지는 찬란하고 우아하다.
¹⁷내가 친절을 포도 순처럼 틔우니
나의 꽃은 영광스럽고 풍성한 열매가 된다.
¹⁸나는 아름다운 사랑과 경외심의 어머니요
지식과 거룩한 희망의 어머니다.

나는 내 모든 자녀들에게,

그분께 말씀을 받은 이들에게 영원한 것들을 준다.

¹⁹나에게 오너라, 나를 원하는 이들아.

와서 내 열매를 배불리 먹어라.

²⁰나를 기억함은 꿀보다 달고 나를 차지함은 꿀송이보다 달다.

²¹나를 먹는 이들은 더욱 배고프고

나를 마시는 이들은 더욱 목마르리라.

²²나에게 순종하는 이는 수치를 당하지 않고

나와 함께 일하는 이들은 죄를 짓지 않으리라."

지혜의 담화에 사용된 어휘를 분석하면 지혜의 움직임을 좀 더 정확하게 파악할 수 있다. 문법적으로(혹은 의미상으로) 지혜를 주어로 사용한 중요한 동사들은 다음과 같다. 곧, 나오다(3절), 돌아다니다, 거닐다(5절), 살다/거처하다 혹은 장막을 정하다/치다(4.8.10절), 안식처를 찾다(7절), 머물다(7ㄴ절), 쉬게 하다(8.11절), 정착하다, 뿌리를 내리다(10.12절). 이 담화는 지혜가 하느님의 입에서 유래한다는 것을 분명히 밝힌다(잠언 2,6 참조). 이 표현은 창세 1,1-3에서 만물을 창조하시는 하느님의 말씀을 연상하게 한다. 창세기에서 하느님의 입에서 나오는 말씀으로 모든 것이 생겨나듯이, 3ㄴ절 이하에서 이 지혜는 만물에 생기를 주어 살게 하는 역할을 하는 것으로 보인다. 지혜가 높은 하늘에 거처를 정했다(4절)고 하는 말은 지혜의 기원이 하느님께 있음(3ㄱ절)을 재확신시키는 것이고, 구름 기둥에 대한 언급은 광야에서의 하느님 현존(탈출

13,21; 14,19)과 장막(탈출 33,9; 40,34) 혹은 성전(1열왕 8,10) 위에 머무시는 하느님의 현존을 상기시킨다.

"하느님께 뿌리를 둔"(시라 1,1.6 참조) 지혜는 움직이기 시작하여 먼저 하늘과 심연(5절), 바다와 땅(6절)으로 대변되는 온 우주를 돌아다닌다. 혼돈의 물 위로 내려온 하느님의 영 혹은 바람과 같이(창세 1,2) 지혜는 안개처럼 땅을 덮었다(3절). 심연은 물론 ─ 마치 욥 22,14에서 하느님이 천상의 궁창을 돌아다니시듯이 ─ 하늘의 궁창을 자유롭게 돌아다니는(5절) 지혜는 하느님처럼 모든 것에 통치권을 가지고 있다(6절). 그러나 지혜의 역동적 움직임이 구체적으로 목표하는 바는 일정한 곳에 거점을 정하는 데 있다. 그것은 '야곱 안에 거처를 정하는 일'이며, '이스라엘 안에서 상속을 받는 일'(8절)이다. 시편에서도 야곱은 주님께서 자리를 잡고 그분의 영광이 함께하는 곳이라고 노래한다.

> "내가 주님께 자리를,
> 야곱의 장사께 거처를 찾아드릴 때까지."
> 우리 그분 거처로 들어가
> 그분의 발판 앞에 엎드리세(시편 132,5.7).

자신의 기원과 일정한 거처를 마련했음을 노래한 지혜는 계속해서 시간과 공간 안에서 자신이 어떻게 드러나는지를 설명한다(9-12절).

우선 지혜는 시간의 제약을 받지 않는다. 지혜는 창조 이전에 이미 창조되었고(9ㄱ절; 참조 잠언 8,22; 시라 1,1), 미래에도 영원히 남을 것이다

(9ㄴ절). 현재에는 이스라엘의 시온, 곧 예루살렘에서 백성 안에 그 뿌리를 내리고 있다(12ㄱ절; 참조 1,6). 지혜는 하느님의 개인적인 몫(신명 32,9; 시라 17,17)인 이스라엘을 자신의 몫으로 차지하게 되었다(12ㄴ절).

도성에서 백성 가운데 자리를 잡은 지혜는 그 범위를 더욱 확장하여 이스라엘 땅 전체에까지 영향력을 행사한다(13-17절). 값진 나무들"처럼" 잘 자랄 수 있고 값진 향료"처럼" 향내를 풍길 수 있는 까닭은 지혜가 하느님의 영광스러운 백성 안에 뿌리를 내렸기 때문이다(12절). 지명을 가리키는 단어들(레바논, 헤르몬산, 엔 게디, 예리코, 평원)은 이스라엘 전체 지역에 지혜의 영향이 미친다는 것을 가리킨다. 16-17절은 지혜를 하느님 백성의 선택과 심판, 그리고 새로운 시작을 상징하는 포도나무에 비유하고(이사 5,1-7; 시편 80,9 이하; 에제 15,1-8; 호세 14,6-8 참조), 또 이스라엘의 살아남은 자들을 가리키는 것으로서(이사 66,13 참조) 사방으로 가지를 뻗은 테레빈나무를 제시한다.

지혜는 향내를 뿌리는 것으로 그치지 않는다. 이스라엘 땅에서 풍부한 열매를 맺는 지혜가 사람들을 초대한다(19-22절). 여기에서 중요한 역할을 하는 것은 새로운 현재와 미래의 시간 차원이다. 시라의 전체 문맥 안에서 '기억하다'(20ㄱ절)라는 동사는 역사상의 위대한 인물이나(시라 39,9; 44,8-9; 45,1; 46,11), 토라의 감미로움(시라 23,27; 시편 19,11; 119,103 참조)을 가리킬 때에도 사용된다. 21절에서 음식으로 제공되는 지혜는 언제나 새롭고 생명력을 주는 것이다(잠언 9,1-6; 시라 15,3 참조). 이 음식을 먹고 마시는 사람은 더욱더 식욕을 느끼게 될 것이고(요한 4,13-14 참조), 지혜의 뜻에 더 큰 목마름을 느끼게 될 것이다. 지혜에 순종하고 함께 일하는 사람(지혜 8,9-16 참조)은 모든 악으로부터 안전하게 보호되어 죄를 짓지 않는다.

3) 현인의 담화(23-34절)

벤 시라는 지혜의 담화에 덧붙여 지혜와 율법을 동일시한다. 율법으로서의 지혜(23절)는 먼저 이스라엘 안에서 활동하고(25-29절), 이어서 현인에게까지 확장된다(30-34절).

> ^{23}이 모든 것은 지극히 높으신 하느님의 계약의 글이고
> 야곱의 회중의 상속 재산으로
> 모세가 우리에게 제정해준 율법이다.
> ^{24}주님 안에서 끊임없이 강해지고
> 그분께서 너희를 강하게 하시도록 그분께 매달려라.
> 전능하신 주님 홀로 하느님이시고
> 그분 말고 아무도 구원자가 될 수 없다.
> ^{25}율법은 지혜를 피손강처럼
> 첫 수확기의 티그리스강처럼 흘러넘치게 한다.
> ^{26}율법은 지식을 유프라테스강처럼
> 추수기의 요르단강처럼 넘쳐흐르게 한다.
> ^{27}율법은 교훈을 나일강처럼
> 포도 수확기의 기혼 샘처럼 쏟아낸다.

²⁸첫 사람도 지혜를 완전히 알 수 없었고
마지막 사람도 지혜를 완전히 깨닫지 못하리라.
²⁹지혜의 생각이 바다보다 풍부하고
지혜의 의견이 큰 심연보다 깊기 때문이다.
³⁰나로 말하면 강에서 끌어낸 운하와 같고
정원으로 이어지는 물길과 같다.
³¹나는 "내 동산에 물을 대고 꽃밭에 물을 주리라" 하였다.
보라, 내 운하가 강이 되고 내 강이 바다가 되었다.
³²나는 교훈을 새벽빛처럼 다시 밝히고
그 빛을 멀리까지 보낸다.
³³나는 가르침을 예언처럼 다시 쏟아붓고
세세 대대로 그 가르침을 남겨주리라.
³⁴보라, 나는 나만을 위해서가 아니라
지혜를 찾는 모든 이를 위해 애썼다는 것을 알아라(시라 24,23-34).

"이 모든 것은 지극히 높으신 하느님의 계약의 글이고 … 모세가 우리에게 제정해준 율법"이라고 정리하는 23절은 하느님으로부터 유래하여 세상과 인간(24,5-7), 그리고 이스라엘의 역사와 땅(24,8-17)에 정착한 지혜가 이제 토라, 곧 모세의 율법으로 구체적 모습을 드러내는 지혜의 전체 움직임을 요약한다. 이 동일화는 창조와 율법을 연결 짓는 시편 19편, 그리고 율법 준수를 하느님의 백성에게 지혜가 내려졌다는 살아 있는 증거로 묘사하는 신명 4,6-9에 따라 이미 준비된 것이다(머피, 《생명의 나무》, 278 참조).

그렇다면 지혜와 토라의 동일화를 우리는 어떻게 평가해야 할까? 벤 시라가 "지극히 높으신 하느님의 계약의 글"이라고 말하는 것을 보면, 그가 마음에 두고 있는 것은 토라 전체 혹은 오경으로 보인다. 만약 우리가 이스라엘이 바빌론 유배를 다녀온 뒤에 토라가 가장 중심적 위치를 차지했음을 고려한다면, 벤 시라와 당시 사람들에게 토라가 지혜의 전형으로 여겨진 것이 놀라운 일은 아니다. 이는 하느님 백성 가운데 거처하는 지혜가 토라 안에서 구체적 모습으로 나타난 것인데, 마치 영원으로부터 이미 존재하고 있던 토라가 지금에 와서 지혜와 동일시된 것으로 생각해서는 안 될 것이다. 그보다는 이스라엘에 거처를 정한 지혜가 단순히 율법 조문과 동일시되는 것이 아니라, 토라 전체 안에 표현되어 있다는 것으로 이해해야 한다. 말하자면 지혜와 율법의 동일화는 현존의 신학(R.E. Murphy, "The Personification of Wisdom", 227) 혹은 셰키나의 신학을 가리킨다고 보아야 할 것이다.

또한 시라 24,23은 신명 33,4('모세가 제정한 법')을 인용함으로써 창세 1장의 하느님의 입에서 나오는 말씀으로 시작된 창조(시라 24,3: "지극히 높으신 분의 입에서 나와"; 24,9: "그분께서 나를 창조하셨고")가 이집트 탈출 전승을 거쳐 오경의 대단원(탈출 24,7 참조)으로 마감하게 된다는 것을 가리킨다(Marböck, 83-84 참조).

율법과 동일시된 이 지혜는 나일강과 유프라테스강 사이에 있는 요르단강 주변의 땅을 에덴동산처럼 비옥하게 만든다(25-27절; 참조 창세

2,10-14; 에제 47장). 벤 시라는 성전에서 솟는 샘이 모든 것을 비옥하게 하듯이(에제 47,1-9), 율법화된 지혜를 영원히 흐르는 강물과 같은 것으로 묘사하면서(25-29절) 자신의 가르침을 이 강물에 비교한다(30-33절). 그가 비록 자신을 별것 아닌 물길과 같다고 말하지만, 그의 가르침이 '강이 되고 바다가 되며'(31절) "가르침을 예언처럼 다시 쏟아붓고"(33절) 디아스포라에 있는 사람들에게까지 미치게 되었음을 그는 놀랍게 생각한다. 그는 자신의 책을 율법의 연장으로 명확하게 이해하며(머피, 《생명의 나무》, 279 참조), 모든 사람을 위한 자신의 가르침이 영원히 지속될 것이라는 확신으로 지혜 예찬을 마친다(33-34절).

4) 구약성서 신학을 위한 시라(집회서) 24장의 의미

벤 시라는 24장에서 오경(창세기, 탈출기, 신명기에서 창조, 선택, 예배, 토라 개념)과 시온 전승(시편 132편 등), 그리고 예언(시라 24,33)에 이르기까지 인격화된 지혜의 개념 안에 모든 것을 종합함으로써 창조와 이스라엘에 미치는 하느님의 현존에 대한 구약성서 전승을 체계적으로 제시하고 있다. 그는 창조, 특히 이스라엘에 쏟으시는 하느님의 계획과 뜻이 "여러 번에 걸쳐 여러 가지 방식으로"(히브 1,1) 드러나고 있음을 지혜 개념을 통해 제시한다(Marböck, 84-86 참조). 한마디로 시라 24장은 구약성서 전통을 매우 포괄적이고 대담하게 적용하여 지혜의 형태와 개념을 소개한다고 말할 수 있다.

6. 바룩 3,9-4,4

바룩이라는 이름은 히브리어로 축복받은 사람을 뜻한다. 우리는 성서 안에서 이 이름을 가진 세 명의 인물을 만난다. 느헤미야 시대의 인물 중에 두 명이 있고(느헤 3,20; 10,7; 11,5), 다른 한 사람은 예레미야의 친구이자 비서다(예레 32; 36; 43; 45).

여기에서 1장 1절에 언급된 바룩을 바룩서 전체의 저자로 보기는 어렵다는 것이 학자들의 공통된 견해이다.

일반적으로 유배 이후 시기의 책으로 여겨지는 이 성서는 성격이 다른 네 부분, 곧 역사적 서문(1,1-14), 참회기도(1,15-3,8), 지혜시(3,9-4,4), 그리고 예루살렘을 위한 권고와 위로(4,5-5,9)로 나뉠 수 있다. 이를 좀 더 세분하면 다음과 같다. 즉, 유배 중에 있는 이들이 예루살렘에 남아 있는 동포들에게 보낸다는 역사적 서문(1,1-14)과 참회의 고백(1,15-20), 이스라엘을 구원해주시기를 청하는 청원기도(2,11-3,8)가 있은 뒤에 지혜시(3,9-4,4)가 나온다. 이어서 예언자(4,5-9)와 예루살렘(4,10-29), 그리고 다시 예언자(4,30-5,9)가 디아스포라와 유배 중에 있는 사람들이 되돌아가게 될 예루살렘에게 전하는 예언의 말씀으로 구성되어 있다.

인격화된 지혜는 지혜시에서 소개되는데, 이는 구약성서에 제시된 지혜를 더욱 발전시킨 개념이다. 지혜는 생명의 샘, 계시의 전달자로 제시되고, 하느님의 순수한 선물로 이해된다(3,12; 4,1-4). 이 지혜는 과거에 하느님 백성 이스라엘이 저버린 토라였으나, 이제는 재건과 경건한 신앙의 수단이라고 말할 수 있다.

신명 6,4의 "셔마 이스라엘"(이스라엘은 들어라!)을 생각하게 하는 셔마(들어라!)로 시작하는 권고 사항을 성경에서 읽어보자.

⁹이스라엘아! 생명의 계명을 들어라.
귀를 기울여 예지를 배워라.
¹⁰이스라엘아! 어찌하여, 네가 어찌하여 원수들의 땅에서 살며
남의 나라에서 늙어가느냐?
¹¹네가 어찌하여 죽은 자들과 함께 더럽혀지고
저승으로 가는 자들과 함께 헤아려지게 되었느냐?
¹²네가 지혜의 샘을 저버린 탓이다.
¹³네가 하느님의 길을 걸었더라면
너는 영원히 평화롭게 살았으리라.
¹⁴예지가 어디에 있고 힘이 어디에 있으며
지식이 어디에 있는지를 배워라.
그러면 장수와 생명이 어디에 있고
눈을 밝혀주는 빛과 평화가 어디에 있는지를
함께 깨달으리라(바룩 3,9-14).

이 구절에 따르면 이스라엘 백성이 유배를 당하게 된 것은 그들이 지혜의 샘(3,12), 곧 모든 지혜가 솟아 나오는 하느님(시라 1,1)을 저버렸기 때문인 것으로 해석된다(머피, 《생명의 나무》, 280). 저승으로 가는 자들

의 무리에서 벗어나고(3,11) 유배에서 벗어나기 위해서 그들이 가장 먼저 해야 할 일은 지혜의 샘을 되찾는 것이다(3,14). 그러나 지혜를 어디에서 찾을 수 있으리요? 욥기의 저자와 마찬가지로(욥 28,12.20) 바룩서의 저자 역시 "누가 지혜의 자리를 찾았으며 누가 지혜의 보고에 들어갔는가?"(3,15)라는 질문을 던지며, 한 세대가 가고 또 새로운 세대가 오지만 인간은 그 어느 곳에서도 지혜를 찾지 못한다고 장담한다. 집회 24,4에서처럼 "누가 하늘에 올라가 슬기를 잡았으며 누가 구름에서 슬기를 끌어내렸는가?"(3,29)라고 묻고, 또 욥 28,13-15에서처럼 "누가 바다를 건너 슬기를 찾아냈으며 누가 순금을 주고 슬기를 사 오겠는가?"(3,30)라는 수사적 질문을 던짐으로써 하늘 아래 사는 사람은 아무도 지혜의 길을 알지 못했음을 강조한다(3,15-31).

바룩은 지혜가 어디에 있는지 아시는 분은 유일하게 하느님뿐이시라고 말한다. '모든 것을 보시고 슬기를 아시는'(3,32) 창조주 하느님만이 "슬기의 길을 모두 찾아내시어 당신 종 야곱과 당신께 사랑받는 이스라엘에게 주셨다"(3,37). 시라에서 지혜가 먼저 야곱에 진을 치고 이어서 사방으로 그 영향력을 행사하듯이, 바룩이 제시하는 참된 지혜는 "땅 위에 슬기가 나타나 사람들과 어울리게 되었다"(3,38)고 명시함으로써 사람들 가운데 거처하는 지혜 개념을 새롭게 다진다. 그러나 여기에서 언급하는 사람들은 민족의 통치자들(3,16)과 돈을 벌려고 꾀하고 애쓰던 자들(3,18), 세상의 지식을 구하던 하가르의 자손들, 메란과 테만의 상인들, 이야기꾼들과 지식의 길을 구하던 이들(3,23), 이름난 거인들(3,26)이 아니라, 아브라함과 이사악과 야곱으로 대표되는 하느님의 선택된 백성을 가리킨다. 초기 교회의 교부들은 "땅 위에 슬기가 나타나 사람들과 어울리게 되었다"라고 언급하는 바룩 3,38에서 예수 그리스도 안에서 사람이 되신 하느님의 모습을 읽고, 이 구절은 그리스도가 하느님의 지혜임을 예언적으로 기술한 것이라고 해석하기도 하였다. 교부들의 이런 해석을 고려한 학자들 가운데에는 이 구절을 나중에 첨가된 부분으로 간주한 학자도 있다. 그러나 바룩보다 먼저 쓰인 구약성서의 사고에서는 땅 위, 곧 이스라엘(시라 24,8)에 파견된 지혜(지혜 9,10)가 "나는 그분께서 지으신 땅 위에서 뛰놀며 사람들을 내 기쁨으로 삼았다"(잠언 8,31)라고 단언하는 내용을 이미 알고 있었다는 점을 고려할 때, 바룩의 이 구절이 굳이 나중에 첨가된 부분이라고 주장할 필요는 없을 것이다(J. Schreiner, 72 참조).

만일 지혜가 하느님의 백성 사이에서 발견될 수 있는 것이라면, 어떤 모습을 하고 있을까? 이 점에 대해 바룩은 벤 시라의 사고(시라 24,23)와 신명기의 사고(신명 30,15-20)를 받아들인다.

슬기는 하느님의 명령과 길이 남을 율법을 기록한 책이다.
슬기를 붙드는 이는 살고
그것을 버리는 자는 죽는다(바룩 4,1).

지혜를 토라 혹은 율법과 동일시함으로써 '어디에서 지혜를 발견할 수 있는가?'(욥 28,12.20; 코헬 7,23-24; 바룩 3,14; 지혜 6,22)라고 이스라엘의 현인들이 집요하게 물었던 질문이 이제 그 명확한 답을 찾게 될 것이다.

주님께 기원을 두고 주님의 입에서 나온 지혜가 시라와 바룩서에 와서 결정적으로 그 위치를 확정하게 되었다. 이렇게 하여 지혜를 발견하는 것이 곧 생명을 발견하는 것이라는 지혜문학의 가르침(잠언 3,18; 4,13.22.23; 13,14; 16,22 참조)이 토라, 곧 "그분의 길을 따라 걷고, 그분의 계명과 규정과 법규들을 지키면" 생명을 얻게 된다는 신명기의 가르침(신명 30,16)과 만난 것이다.

모세가 이스라엘 백성에게 "나는 오늘 하늘과 땅을 증인으로 세우고, 생명과 죽음, 축복과 저주를 너희 앞에 내놓았다. 너희와 너희 후손이 살려면 생명을 선택해야 한다. 또한 주 너희 하느님을 사랑하고 그분의 말씀을 들으며 그분께 매달려야 한다. 주님은 너희의 생명이시다. 그리고 너희의 조상 아브라함과 이사악과 야곱에게 주시겠다고 맹세하신 땅에서 너희가 오랫동안 살 수 있게 해주실 분이시다"(신명 30,19-20)라고 마지막 권고를 하듯이, 바룩은 다음과 같은 권고로 지혜에 대한 성찰을 마무리한다.

> 야곱아, 돌아서서 슬기를 붙잡고
> 그 슬기의 불빛을 향하여 나아가라.
> 네 영광을 남에게 넘겨주지 말고
> 네 특권을 다른 민족에게 넘겨주지 마라.
> 이스라엘아, 우리는 행복하구나!
> 하느님께서 기뻐하시는 일을 우리가 알고 있다(바룩 4,2-4).

7. 지혜 7-9장

욥기의 저자가 제시하는 지혜는 인간이 도달할 수 없는 지혜이다. 왜냐하면 지혜가 있는 곳을 아시는 분은 오직 하느님뿐이기 때문이다(욥 28,23-27). 물질문명이 발달하고 인간의 노력이 아무리 크다 하더라도 인간의 손이 지혜에까지 미치지 못한다. 욥기는 하느님만이 처음부터 지혜의 길을 알고 계시다고 제시하며, 벤 시라와 바룩은 지혜가 토라 혹은 율법과 동일한 것이라고 말한다. 지혜를 붙잡는 자(바룩 4,1)는 안개처럼 땅을 덮고 있으며 하늘과 심연을 쉽게 돌아다니는 지혜를 붙잡는 것이다(시라 24,3-5). 그리고 이 지혜는 생명을 제공한다.

지혜서의 저자는 토라와 동일시되어 하느님 백성 안에 거처하는 지혜의 개념을 새로운 측면에서 발전시켜 나간다. 그는 지혜의 기원이 하느님께 있음을 명확히 인식하면서 이 지혜가 하느님의 선물로 인간에게 제공될 수 있다고 말한다. 하느님과 함께 사는(συμβίωσιν: 지혜 8,3) 지혜의 선물을 받기 위해서는 부지런히 기도해야 한다.

저자는 솔로몬이 지혜의 본성과 기원에 관한 신비를 전혀 감추지 않을 것이라는 사실을 독자에게 확신시키기 위해 먼저 다음과 같이 말한다.

이제 나는 지혜가 무엇이며 어떻게 생겨났는지 알려주겠다.
너희에게 어떠한 신비도 감추는 일 없이
지혜가 생겨난 시초부터 자취를 더듬으며

그에 대하여 아는 바를 분명하게 드러내겠다(지혜 6,22).

이어서 저자는 솔로몬이 지혜를 선택하게 된 까닭을 설명하고(지혜 7,1-21), 지혜를 예찬하면서(지혜 7,22-8,1) 어떻게 배우자로 맞이하기로 원했으며(지혜 8,2-21), 지혜를 주실 수 있는 유일한 분이신 하느님께 어떻게 지혜를 청했는지를 회상한다(지혜 9,1-18).

순수하게 인간적 기원을 가진 차명 솔로몬은 1열왕 3장의 역사적 솔로몬을 회상하면서 "내가 기도하자 나에게 예지가 주어지고 간청을 올리자 지혜의 영*pneuma sophias*이 나에게 왔다"고 말한다(지혜 7,7). 사실 다윗을 계승한 젊은 임금 솔로몬은 기브온에서 기도를 바칠 때, '선과 악을 분별할 수 있는 듣는 마음'(1열왕 3,9)과 '백성을 이끌어 나갈 수 있도록 지혜와 지식'을 주시기를 청하여(2역대 1,10) 지혜롭고 분별하는 마음(1열왕 3,12), 그리고 지혜와 지식(2역대 1,12)을 선물로 받았다. 지혜서 저자는 지혜의 영(탈출 28,3; 31,3; 35,31; 신명 34,9; 이사 11,2; 잠언 1,23 참조)에 관해 말하면서 스토아 철학에서 세상의 존재 근거이며 결속의 원칙이요, 우주의 영혼으로서의 프네우마*pneuma*를 지혜와 연결한 것 같다(질베,《솔로몬의 지혜 1》, 138).

지혜와 동일시되는 지혜의 영은 어떤 존재인가?(지혜 1,4-5.6-7; 9,17 참조). 지혜서 저자는 이 점을 설명하기 위하여 지혜의 스물한 가지 속성을 나열한다.

지혜 안에 있는 정신은 명석하고 거룩하며

유일하고 다양하고 섬세하며 민첩하고
명료하고 청절하며 분명하고 손상될 수 없으며
선을 사랑하고 예리하며 자유롭고 자비롭고 인자하며
항구하고 확고하고 평온하며
전능하고 모든 것을 살핀다.
또 명석하고 깨끗하며
아주 섬세한 정신들을 모두 통찰한다(지혜 7,22-23).

지혜 안에 들어 있는 이와 같은 영의 속성은 지혜 자체의 속성이기도 하다. "지혜는 어떠한 움직임보다 재빠르고 그 순수함으로 모든 것을 통달하고 통찰"하기(지혜 7,24) 때문이다. 지혜는 인간을 사랑하는 영이기 때문에 인간들 안에서 활동하고(지혜 1,4-6; 참조 잠언 2,10) 인간에게 성공을 보장한다. 영과 지혜는 하느님이 인간과 세상에 현존하시는 방법을 표현한다. 저자가 여기에서 관심을 기울이는 것은 '영' 그 자체라기보다는 의인화된 지혜이다. 의인화된 지혜는 세상과 특별히 거룩한 사람들의 영혼 안에 능동적으로 존재하시는 하느님의 현존이다(질베, 《솔로몬의 지혜 1》, 151). 이런 관점에서 볼 때, 지혜서 저자 역시 현존의 신학을 전개하고 있다고 말할 수 있을 것이다.

의인화된 지혜는 하느님이 떨치시는 힘의 바람이요 전능하신 분께로부터 나오는 영광의 티 없는 빛이며, 하느님의 활동력을 비추어주는 티 없는 거울이요 하느님의 선하심을 보여주는 형상이기 때문에(7,25-26) 하느님과 매우 친밀한 관계를 맺고 있다. 거울에 비친 형상이 존재할 수 있는 것은 그 거울에 자신을 비추는 존재가 있기 때문이다. 마찬가지로 지혜는 전적으로 또 본질적으로 하느님께 의존한다. 지혜는 하느님이 아니다. 지혜는 단지 하느님을 통해서만 존재할 따름이다. 지혜가 하느님 안에 그 기원을 두고 있다는 사실은 지혜의 영이 비물질적 성격을 지니고 있다는 뜻이기도 한데, 이는 스토아 철학에서 말하는 영, 그리고 범신론과는 근본적으로 다른 것이다(질베, 《솔로몬의 지혜 1》, 92).

하느님과 친밀성을 갖고 있는 인격화된 지혜는 세상을 창조하신 하느님(지혜 13,1)과 마찬가지로 "모든 것을 만든 장인"(πάντων τεχνῖτες: 지혜 7,22; 8,6)이다. 즉, 지혜는 "하느님의 지식을 전해 받아 하느님께서 하실 일을 선택하는 이가 되었다. … 만물을 지어낸 장인"(지혜 8,4-6)이다. 여기에서 지혜는 솔로몬에게 조언하는 아내로, 하느님의 계획을 선택하고 조언하며 실현하는 여인으로 소개된다(질베, 《솔로몬의 지혜 2》, 164). 사실 "나는 지혜를 사랑하여 젊을 때부터 찾았으며 그를 아내로 맞아들이려고 애를 썼다. 나는 그 아름다움 때문에 사랑에 빠졌다"(지혜 8,2)라고 고백하는 솔로몬은 "나는 지혜를 맞아들여 함께 살기로 작정하였다. 지혜가 나에게 좋은 조언자가 되고 근심스럽고 슬플 때에는 격려가 됨을 알았기 때문이다. 나는 지혜 덕분에 백성 가운데에서 영광을 받고 젊으면서도 원로들에게 존경을 받으며 … 집에 들어가면 지혜와 함께 편히 쉬리니 그와 함께 지내는 데에 마음 쓰라릴 일이 없고 그와 같이 사는 데에 괴로울 일이 없으며 기쁨과 즐거움만 있기 때문이다"(지혜 8,9-16)라고 자신있게 말할 수 있었다(P. Beauchamp, 347-369, 특히

349-350 참조).

뿐만 아니라 지혜는 솔로몬에게 온갖 재물을 가져다 주는 어머니 *Genetis*이며(7,12 참조), 모든 것의 숙련공이다(7,22; 8,6). 하느님은 지혜를 매우 사랑하시기 때문에 당신의 모든 작품에서 지혜가 결정하는 것은 곧 당신이 결정하는 것이 된다!

이 모든 것을 감안할 때, 머피가 관찰한 바와 같이 솔로몬이 지혜를 얻기 위하여 열정적으로 기도한 것이 결코 놀라운 일은 아니다(머피, 《생명의 나무》, 288-289 참조).

8. 결론

구약성서에서 볼 수 있는 지혜는 여러 가지 모습을 드러내고 있기 때문에 지혜를 종합적으로 묘사할 수는 없다. 힐이 단행본을 출판하면서 지혜의 "인간적 모습"과 "사회적 모습", 그리고 "형태상의 모습" 등을 폭넓게 다룬 것만 보아도 구약성서 지혜의 종합적 특성을 몇 마디로 간추릴 수 없음을 충분히 알 수 있을 것이다(R.Ch. Hill, 1996).

사실 지혜는 여러 가지 모습을 하고 있다. 욥기에서는 하느님처럼 입을 열어 말을 하는 지혜가 하느님과 연결되어 있으며, 인간의 손이 미치지 못하는 곳에 존재한다. 잠언에 따르면 지혜는 하느님에게서 태어나 창조 때 하느님과 함께 있었고 하느님과 인간 사이의 중재 역할을 한다. 잠언 8장에 언급된 인격화된 지혜는 생명을 충만하게 살도록 초대하는 호소로 잠언 전체에 종교적 특성을 부여한다. 그런가 하면 벤 시라는 지혜를 명확히 토라 혹은 율법과 동일시한다. 시온에 자리를 잡은 지혜는 선택된 백성 가운데 토라의 모습으로 드러난다. 지혜와 율법의 동일화는 바룩에게서 그대로 보존되고 발전된다. 그래서 바룩은 "길이 남을 율법을 기록한 책"이라고 표현한다. 끝으로 지혜서에서는 지혜가 내재적이면서도 신적인 세상의 원리로 제시된다. 지혜는 어느 한 가지 모습으로 정의될 수 없는 것이어서 결국 신비로 머문다.

그러면 구약성서의 지혜가 왜 인격화되어 나타나는 것일까? 이에 대해 히브리어 명사 호크마חכמה가 여성형이라거나 인격화된 지혜가 여신女神들에 대한 주변 세계의 문학으로부터 영향을 받았기 때문이라고 하는 등, 그동안 여러 이론이 제시되었으나 만족할 만한 대답은 없다. 다만 성서 안에서 지혜의 정체성이 여러 가지로 변화되고 발전되고 있음을 관찰하면서 세대의 흐름을 통해 새롭게 규정될 수 있는 존재라고 말할 수 있을 뿐이다. 그러기에 바룩 3,38이 엄밀한 의미에서 메시아적 의미를 지니고 있는 것은 아니지만, 신약성서의 계시가 있은 뒤에 교부들이 이 구절을 메시아를 가리키는 뜻으로 해석한 것도 무리는 아니다(잠언 8,31; 지혜 1,6; 9,10; 요한 1,14; P. Colella, 293 참조).

구약성서에 나타난 인격화된 지혜가 사람들에게 자신을 내어주는 하느님의 통교라고 한다면(머피, 《생명의 나무》, 293), 오늘날 그리스도교인은 그리스도가 하느님의 지혜(1코린 1,24)라고 말할 수 있을 것이다. 이런 뜻에서 우리가 처음에 던졌던 질문인 '신약성서에서 언급하는 육화肉化된 지혜는 구약성서의 지혜문학에서 언급되는 지혜와 무슨 관련이 있는가? 그리스도교 관점에서 구약성서의 지혜가 신적 지혜의 완전한 체현體現이신 그리스도의 예형이요 암시라고 해석할 수 있을까?'에 대한 답을 찾으면서, 신약성서에서 제시하는 참된 지혜에 대해 간략히 살펴보는 것으로 지혜의 인격화에 대한 고찰을 마무리한다.

신약성서에서 사람이 되신 말씀이요 지혜이고 창조에 관여하신 예수 그리스도는 구약성서의 오랜 과정을 거쳐 서서히 준비되었고, 하느님의 결정적 개입으로 마침내 "사람이 되시어 우리 가운데 사셨다"(요한 1,14).

예수께서 공생활을 시작하면서 회당에서 가르치실 때 많은 사람이 듣고는 놀라 "저 사람이 어디서 저 모든 것을 얻었을까? 저런 지혜를 어디서 받았을까?"(마르 6,2) 혹은 "저 사람이 어디서 저런 지혜와 기적의 힘을 얻었을까?"(마태 13,54)라고 말한다. 그러나 신약성서는 머지않아 이 예수가 인간에게 주어진 하느님의 지혜 자체라고 확언한다(R.E. Bonnard, 135-149 참조).

공관복음의 마태오와 루카는 예수님을 곧바로 사람이 되신 지혜라고 표현한다. 이들은 대단한 현인으로 소문난 솔로몬보다 더욱 위대한 인물이 예수님이라고 제시하면서 그분 안에 초월적 지혜가 있다고 말한다(마태 12,42; 루카 11,31). 또한 이 두 복음서에 따르면, 예수께서는 요한 세례자에 대해 말씀하시면서 다음과 같은 결론에 이르신다.

지혜가 옳다는 것을 지혜의 모든 자녀로 드러났다(루카 7,35: 사역).

지혜가 옳다는 것은 그 지혜가 **이룬 일로** 드러났다(마태 11,19).

루카에 따르면, 모든 자녀로 말미암아 옳은 것으로 드러난 지혜(7,35)는 요한의 세례를 받은 사람들로 말미암아 옳으신 분(의로우신 분)으로 드러난 하느님(7,29)과 일치한다. 그러므로 어머니에게 주의를 기울이는 지혜의 자녀들은 요한의 말과, 더욱 정확하게는, 나자렛 예수님의 말을 듣고 따르는 하느님의 자녀들인 것이다.

마태오는 예수님이 곧 지혜이시라는 사실을 더욱 명확하게 언급한다. 지혜가 행한 일(11,9; 참조 칠십인역 1에스 4,39)은 그리스도께서 하신 일이다(11,2). 이 일은 예수님께 요한의 증언보다 더욱 중대한 증언을 해주는 것이며(요한 5,36), 이 같은 일을 완수하시는 분 안에서 사람이 되신 하느님의 지혜를 발견하게 한다.

두 복음서의 저자들은 하느님의 지혜와 사람이 되신 예수님을 동일시한다. 두 본문을 비교해보자.

"그래서 하느님의 **지혜도**, '내가 예언자들과 사도들을 그들에게 **보낼 터인데**, 그들은 이들 가운데에서 더러는 죽이고 더러는 박해할 것이다' 하고 말씀하셨다···"(루카 11,49-51).

"그러므로 이제 **내가** 예언자들과 현인들과 율법학자들을 너희에게 **보낸다**. 그러면 너희는 그들을 더러는 죽이거나 십자가에 못 박고, 더러는 너희 회당에서 채찍질하고 또 이 고을 저 고을 쫓아다니며 박해할 것이다…"(마태 23,34-36).

요한복음서 저자는 지혜와 현인에 대해 명확하게 밝히지는 않는다. 그러나 그는 예수 그리스도를 인격화된 지혜의 모습으로 제시한다. 요한복음의 첫 장에 나오는 어휘들은 분명히 말씀이 곧 지혜인 것으로 생각하게 한다. 요한복음서에서 예수님은 시라에서 인격화된 지혜가 하는 말을 거의 그대로 당신의 말씀으로 내놓으신다.

나를 먹는 이들은 더욱 배고프고
나를 마시는 이들은 더욱 목마르리라(시라 24,21).

나에게 오는 사람은 결코 배고프지 않을 것이며,
나를 믿는 사람은 결코 목마르지 않을 것이다(요한 6,35).

사도 바오로는 거짓 지혜와 참지혜이신 예수 그리스도를 비교하면서 구약성서의 인격화된 지혜에 관한 구절을 크게 강조한다. 그는 코린토 신자들에게 보낸 첫째 서간에서 다음과 같이 확언한다.

세상은 하느님의 지혜를 보면서도
자기의 지혜로는 하느님을 알아보지 못하였습니다(1코린 1,21).

사도 바오로는 계속해서 "십자가에 못 박히신 … 그리스도는 … 부르심을 받은 이들에게 하느님의 힘이시며 하느님의 지혜"(1코린 1,23-24)이시고, "그리스도께서는 우리에게 하느님에게서 오는 지혜가 되신다"(1코린 1,30)라고 명확히 말한다.

 결국 예수님은 사람이 되신 하느님의 지혜이시다. 우리는 잠언과 욥기, 시라와 바룩서, 그리고 지혜서에서 볼 수 있는 인격화된 지혜의 모습이 그대로 예수 그리스도라는 인물 안에서 드러나고 있음을 본다. 하느님에게서 태어나 세상을 사랑하고 인간에게 생명을 주는 지혜와 마찬가지로 그분은 우리로 하여금 하느님의 자녀가 되게 하신다. 지혜를 사랑하듯이 예수 그리스도를 사랑하는 사람은 하느님의 사랑을 받을 것이며(시라 4,14; 요한 14,21) 영원한 생명을 얻을 것이다.

제5장 지혜의 길

구약성서의 근간을 이루는 주제는 주님이신 하느님과 그분이 선택하신 백성 사이에 이루어지는 계약 관계다. 이 계약이 목표로 하는 바는 백성이 하느님의 부르심에 귀를 기울이고 그분이 명하시는 바를 실천하며, 그분이 원하시는 뜻을 이 세상에 실현하는 일이다(탈출 19,5-6 참조). 이스라엘은 자기들이 하느님의 백성임을 의식하고 있었다. 그들은 이집트 땅에서 종살이하던 자신들을 하느님께서 구해주시고 모세를 통해 그들과 계약을 맺으시어 약속의 땅으로 이끌어주셨음을 알고 있었다.

구약성서의 첫 다섯 권인 오경은 약속과 이집트에서의 구원, 그리고 시나이 계약과 더불어 하느님 숭배에 관한 주제를 발전시킨다. 여호수아기에서 열왕기 하권에 이르는 선대 예언서들은 단일 왕정이 끝날 때까지 펼쳐진 가나안 정복과 하느님께서 그들을 구원하기 위하여 보여주신 구원 행위들을 이야기한다. 예언서들은 하느님께서 보내주신 예언자들의 힘 있는 말씀을 우리에게 전해준다. 시편은 공동체와 개인이 하느님께 갖고 있는 이와 동일한 신앙 태도를 묘사한다.

이와 같이 구약성서에서 볼 수 있는 중요한 주제들 사이에서 우리는 지혜서들로 알려진 작은 그룹의 책들을 보게 된다. 이들이 다루는 주제는 오경의 그것과 다르다. 지혜서들은 하느님의 구원 행위에 대해 직접 언급하는 경우가 거의 없다. 성조들에게 하신 약속이나 이집트 탈출의 구원 사건조차 언급하지 않으며, 모세는 물론 성조들의 역사나 계약과 시나이에 대해서도 언급하지 않는다(그러나 시라 44,1-50,1; 지혜 11-19장 참조; Crenshaw, 37-38). 구약성서의 지혜서들은 인간 존재의 삶을 집중적으로 성찰하며, 단지 이와 관련하여 인간과 우주 만물을 창조하신 창조주 하느님에 관해 언급할 뿐이다(잠언에서 야훼 신앙을 반영하는 구절들을 볼 수 있으나, 이 구절들은 잠언의 편집 역사에서 후기에 첨가된 부분이다: McKane, 1-10).

1. 인간의 지혜

지혜서들의 관심은 인간의 삶을 올바르게 이끌 수 있는 가르침을 제시하려는 데 있다(Zenger, 224). 여기에서의 지혜는 다양한 뜻으로 이해된다. 곧, 지혜는 한 인간이 자기 몫의 삶을 잘 살도록 해주는 총체적 능력을 가리키거나, 최상의 지성으로 이해된다(Whybray, 10). 또한 지혜는 "인생과 세상에 대한 실천적 지식, 체험에 근거한 지식"이라고 말할 수 있으며(von Rad), "개인과 사회적 차원의 삶을 성공하게 만드는 기술"로도 여겨진다(Cazelles). 이와 같은 지혜는 사물과 인간 행위에 대한 성찰에 기반을 두고 있으며 "사물과 사람들, 그리고 창조주와 관련해서 자신을 이해하려는 노력"으로 여겨지기도 한다(V. Morla Asensio, 31).

구약성서는 인간 사회에서 온갖 일솜씨를 갖춘 사람(탈출 31,3), 곧 재주 있는 사람과 기술공(탈출 36,8; 1열왕 7,14)을 현인으로 생각하였다. 또한 폭풍우가 몰아치는 거센 파도를 헤치며 배를 운항하는 항해 기술이나 무역 기술(에제 28,2-5), 통치 능력(1열왕 3,8-12; 이사 10,13)이나 꿈 해석 혹은 점치는 능력(창세 41,8; 이사 44,25-26), 적합한 의견을 제시할 줄 아는 슬기로움(2사무 13,5; 욥 5,12)을 가진 사람을 현인으로 여겼다 (Crenshaw, 35-36; J. Blenkinsopp, 5-6). 인간, 특히 현인은 "현실에 대한 특수한 접근법"(Murphy)이나 "사고방식"(von Rad)으로 이해된 지혜 혹은 슬기를 매일의 삶에 적용하면서 살아간다. 한마디로 말해, 현인이란 주어진 과제를 처리하는 데나 기능을 행사하는 데 특별한 능력을 발휘하는 사람이다. 그러므로 이들의 의견을 따를 때, 인생의 성공을 보장받으며 더욱 향상된 삶을 살 수 있다는 것은 당연한 귀결이다.

"현인의 가르침은 생명의 샘이기 때문에 죽음의 올무에서 벗어나게 한다"(잠언 13,14: 사역). 따라서 현인들의 가르침을 겸손하게 받아들여야 한다. 또한 지혜와 '함께 살며'(συμβίωσιν: 지혜 8,9) 탄탄한 길을 걷는 사람은 장수도 누리게 될 것이라 하였다. 바로 이런 이유 때문에 부모들은 자식들을 양육하면서 자신들의 가르침에 소홀하지 말 것을 누누이 강조하였던 것이다(잠언 6,20-23).

내 아들아, 너는 내 가르침을 잊지 말고
너의 마음이 내 계명을 지키게 하여라.

그것들이 너에게 장수와 수명을, 그리고 행복을 더해주리라.
자애와 진실이 너를 떠나지 않도록 하여라.
그것들을 네 목에 묶고 네 마음속에 새겨두어라(잠언 3,1-3).

나는 지성과 지식에 대한 가르침을 이 책에 기록해놓았다. …
이 가르침에 주의를 기울이는 이는 행복하고
그것을 마음에 간직하는 이는 지혜로워지리라.
사람이 그 가르침을 실천하면
만사에 강해지리라(시라 50,27-29).

그러면 이 현인들은 주로 어떤 일을 하였는가? 여느 인간과 마찬가지로 그들은 무엇보다 먼저 자연 세계가 규칙적으로 움직인다는 것을 관찰하였으며, 인간의 삶 역시 가능한 한 일정한 법칙에 따라 영위될 때 불운을 막고 행복을 누릴 수 있는 것으로 생각하였다. 행복을 추구하고 자신 안에서 질서를 찾고자 하는 인간의 염원은 인간이 언제, 어떤 길을 걷는 것이 가장 바람직하고 옳은 것인지 반성하게 하였다(학자들은 세속 지혜 또는 기능인들의 지혜와 종교 지혜, 혹은 신적 지혜의 본질적 차이에 관해 계속 연구하고 있다).

이렇게 올바른 길을 추구하는 현인들은 '자기 길'도 찾을 줄 모르는 어리석은 자들과 반대편에 서 있는 사람들이다(von Rad, 31; 시편 1편 참조). 왜냐하면 어리석은 자는 해산의 진통이 왔는데도 때를 모르며 태를 열고 나올 생각도 하지 않는 자라고 판단되기 때문이다(호세 13,13

참조). 이와 같이 자기 자신의 삶을 바람직하게 이끌 줄 아는 것이 현인의 첫째가는 모습이었으나, 고대 세계에서는 모든 이에게 적합한 사회, 모든 이에게 도움이 되는 좋은 공동체를 형성할 수 있도록 다른 사람을 도울 줄 아는 사람도 현인으로 평가되었다(Crenshaw, 215-216).

인간적으로 영위된 성공적 삶을 살고자 하는 염원은 모든 인간 문화에서 공통적으로 볼 수 있는 현상이며, 이를 성취하기 위한 가장 좋은 수단이 지혜로 여겨졌기 때문에, 인간이면 누구나 이와 같은 지혜를 얻고자 하는 어떤 경향을 지니고 있었다고 볼 수 있다. 이런 종류의 지혜는 단지 이스라엘뿐 아니라 고대 근동의 다른 문화권에서도 볼 수 있다. 사실 성서 자체가 이런 지혜를 알고 있다(예레 50,35; 이사 10,13; 19,12; 에제 28,3-5; 즈카 9,2; 하바 1,8 참조).

2. 하느님의 지혜

이렇게 인간적 혹은 세속적으로 이해된 지혜 개념과 병행하여, 우리는 구약성서 안에서 인간 지혜와 거의 대당하는 신적 지혜를 만난다. 사실 지혜 사고가 인간의 일상적 삶의 환경에서 생겨나기 시작하였고, 지혜 교사들은 인간적 노력으로 그 지혜를 어느 정도 체득할 수 있다고 가르쳐온 것이 사실이지만, 성서 지혜문학의 저자들은 근본적 지혜가 하느님으로부터 기인한다고 가르친다. 하느님처럼 초월적 존재인 지혜는 하느님으로부터 유래하며, 창조 이전에 이미 존재하고 있었다는 것이다. 이 지혜는 창조되었다기보다(그러나 시라 1,4 참조) 태어났다(지혜의 기원에 대해서는 특히 잠언 8,22-26; 시라 1,1-9; 24,9; 바룩 3,12 참조). 이 지혜는 "하느님 권능의 숨결이고 전능하신 분의 영광의 순전한 발산이어서 어떠한 오점도 그 안으로 기어들지 못한다"(지혜 7,25). 우리는 이 지혜를 하느님의 '다른 나'라고 생각할 수 있을 것이다.

> 지혜를 받드는 이들은 거룩하신 분을 섬기고
> 주님께서는 지혜를 사랑하는 이들을 사랑하신다(시라 4,14).

이 지혜는 하느님의 길에 함께할 뿐 아니라 그분의 창조 사업과 섭리, 그분의 계시에도 밀접히 연관되어 있다. 사실 지혜는 창조 때 하느님과 함께하였고(잠언 3,19-20; 8,27-29; 욥 28,25-27; 지혜 9,9), 하느님의 모든 업적에 그 자취를 남겼다(시편 104,24; 시라 1,9ㄴ; 지혜 14,5; 참조 시라 42,21). 그리고 "정녕 지혜는 절제와 예지를, 정의와 용기를 가르쳐준다. 사람이 사는 데에 지혜보다 유익한 것은 없다"(지혜 8,7). 더 나아가 지혜는 생명 나무(잠언 3,18)이며, 지혜를 찾아 얻는 자는 생명 자체를 얻는 것이고 행복을 찾아낸 사람으로 여겨진다.

> 나를 얻는 이는 생명을 얻고
> 주님에게서 총애를 받는다(잠언 8,35).

여기에서 우리는 이와 관련된 몇몇 성서 구절을 더 인용할 수 있겠다.

> 오직 그분[= 하느님]께만 지혜와 능력이 있고
> 경륜과 슬기도 그분에게만 있다(욥 12,13: 사역).
>
> 하느님께서 지혜에 이르는 길을 식별해내시고
> 그 자리를 알고 계시니
> 그분께서는 땅끝까지 살피시고
> 하늘 아래 모든 것을 보시기 때문이지. …
> 그분께서 지혜를 보고 헤아리셨으며
> 그를 세우고 살피셨다네(욥 28,23-27).

지혜가 하느님으로부터 유래한다는 것은 예언자들에게도 잘 알려진 사실이다. 예컨대 이사야 예언자는 하느님의 위대하심을 노래하며 지식과 의견과 슬기는 하느님으로부터 기원한다고 강조한다.

> 누가 손바닥으로 바닷물을 되었고
> 장뼘으로 하늘을 재었으며 되로 땅의 먼지를 되었느냐?
> 누가 산들을 저울로 달고 언덕들을 천칭으로 달았느냐?
> 누가 주님의 영을 지도하였으며
> 누가 그분의 조언자가 되어 그분을 가르쳤느냐?
> 그분께서 누구와 의논하시어 깨우침을 받으셨고
> 누가 그분께 올바른 길을 가르쳐드렸느냐?
> 누가 그분께 지식을 가르쳤으며

슬기의 길을 깨치시게 하였느냐?(이사 40,12-14).

3. 지혜의 길

인간은 '원인과 결과'의 법칙이 그 기능을 제대로 발휘한다는 것을 체험하기도 하지만, 다른 때에는 인생의 불균형을 몸소 경험하며 절망 상태에 이르기도 한다. 괴롭고 고통스러운 상황에 직면한 인간은 더욱 더 현인들의 가르침을 받아들이지 않을 수 없었다. 아니, 그 가르침을 그대로 따름으로써 삶의 위기를 극복해야만 했다. 적어도 인간적 측면에서 삶의 기술을 배워야만 했다. 이러한 당위성으로 인해 인간은 결국 지혜가 언제나 자신과 함께해주기를 원했고, 더 나아가 지혜 자체를 찾고자 하는 염원을 발전시켜 나갔다. 인간이 지혜를 찾아나선 것이다. 만일 지혜가 참으로 이 세상에 존재한다면, 그 지혜의 거처는 어디엔가 존재해야 한다!

그러면 인간은 어디에서 지혜를 찾을 수 있는가? 무엇보다 먼저 말할 수 있는 바는 지혜를 가르치는 첫 교사들(부모와 현인)의 가르침을 통해 참된 지혜의 길에 도달할 수 있다는 것이다. 그러나 성서는 절대적 지혜에는 인간이 접근할 수 없고, 그 지혜는 인간의 능력을 무한히 벗어나 있다고 주장한다. 그 지혜는 문명의 이기로 살 수 없으며(욥 28장 참조) 권력과 힘과 술책으로도 얻어낼 수 없고(바룩 3장 참조), 가장 정교하고 힘 있는 성찰을 한다 하여도 그 지혜에 접근할 수 없다고 확언한다(욥 15,7-8; 코헬 7,23-24 참조).

> 자네가 첫째로 태어난 사람이기라도 하며
> 언덕보다 먼저 생겨나기라도 하였단 말인가?
> 자네가 하느님의 회의를 엿듣기라도 하였으며
> 지혜를 독차지하기라도 하였단 말인가?(욥 15,7-8).

지혜는 모든 과학 기술과 일체의 인간 이해를 넘어선다(시라 1,1-8). 우리를 더욱 놀라게 하는 것은 코헬렛의 확언이다.

> 나는 이 모든 것을 지혜로 시험하여 보았다.
> "나는 지혜롭게 되리라" 말하여 보았지만
> 그것은 내게서 멀리 있었다.
> 존재하는 것은 멀리 있으며
> 심오하고 심오하니 누가 그것을 찾을 수 있으리오?(코헬 7,23-24).

다른 지혜서들의 저자들과 마찬가지로 욥기의 저자 역시 지혜는 인간에게서 멀리 떨어져 있음을 분명히 밝힌다. 연약한 인간(אנוש)은 지혜의 길을 알지 못하며(욥 28,13ㄱ), 땅 위에서는 찾을 수 없다. 왜냐하면 지혜는 살아 있는 자들의 땅에 거처하지 않으며(욥 28,13ㄴ), 심연에도(תהום: 욥 28,14ㄱ) 바다에도(욥 28,14ㄴ) 존재하지 않기 때문이다. 지혜는 물물교

환으로 얻을 수 있는 것도 돈으로 살 수 있는 것도 아니며(욥 28,15-16), 가장 고귀한 보석이라 하더라도 그것을 지혜에 비교할 수는 없다(욥 28,17-18). 멸망의 나라(אבדון abdwn)와 죽음(מות mwt)마저 "그런 것이 있다는 것을 풍문으로 들었을 뿐이다"(욥 28,22: 사역)라고 말한다. 지혜는 또한 하늘을 나는 새들과 숨쉬는 동물의 눈에는 도무지 보이지 아니하고 숨겨져 있다(욥 28,21). 만일 지혜가 이처럼 하늘과 땅과 땅 아래에서 발견되지 아니하며, 특히 인간의 눈에 감추어져 있다면, 그런 "지혜를 어디에서 얻을 수 있는가? 슬기가 거처하는 곳은 어디인가?"(욥 28,12.20: 사역).

4. 지혜 추구는 하느님을 찾는 것

지혜를 찾는다는 것은 단지 세상의 이치와 그 의미를 찾아 얻으려는 것만이 아니라, 하느님을 찾는 것임을 알아야 한다. 하느님께서 모세를 통해 내려주신 토라(תורה twrh)를 준수한다는 것은 단순히 하느님의 계시에 순종하는 것뿐 아니라, 하느님의 말씀에 순종하고 인간으로서의 삶을 체험하며 살아간다는 것을 뜻한다. "뇌성 번개의 길"(욥 28,26)이 있듯이, 하느님만이 알고 계시는 지혜에도 분명히 그 길이 있을 것이다. 문제는 이 지혜의 길이 창조된 피조물의 길과 동일하다는 사실이다. 지혜는 세상에 내재적으로 존재한다. 지혜가 신적 기원을 지니고 있다는 점에서는 초월적 존재이지만, 하느님과 세상을 잇는 연결점이라는 점에서는 창조 안에 있으며 세상 속에서 활동을 계속한다(잠언

8장 참조). 사실 지혜는 전능하신 분의 말씀에 따라 이스라엘에 그 거처를 정한 계약의 글월이며 토라이다(시라 24장 참조). 지혜는 이스라엘의 역사 안에서 하느님의 선물로 활동하며(지혜 9장 참조), 종교·도덕적으로 올바르게 행동하는 인간에게 제공된다(욥 28장; 시라 1장; A. Bonora, *Il binomio*, 48 참조).

그렇다면 하느님의 지혜는 더 이상 인간과 통교할 수 없는 신의 자질이 아니다. 오히려 지혜는 하느님께서 "모든 것을 재고 헤아리고 달아서 처리하실 때"(지혜 11,20ㄹ: 사역), 다시 말해 세상에 질서를 놓으심으로써 당신의 지혜를 '세우실 때' 만물에 전해주신 하느님의 통교다. 신적 지혜는 우주 안의 모든 것에 질서를 세우시는 하느님의 현존이며 세상의 신비다. 지혜는 사물 자체도 아니요 하느님과 동일시되지도 않으며, 다른 여러 속성 가운데 하나도 아니다. 지혜는 하느님께서 창조하신 실재의 의미이며 은밀한 이치다. 그러므로 지혜는 인간이 완전히 소유할 수 있는 대상이 결코 아니다. 과학 기술이나 인생의 길을 도와주는 지식으로 이해된 인간의 지혜는 하느님 지혜의 비밀을 들추어내지 못한다. 그러나 우리는 하느님의 지혜가 아브라함의 후손들 사이에, 예루살렘에 거처한다는 사실을 알고 있다(시라 1,10ㄴ; 24,1-2.8-12; 지혜 10,5-11,3).

> 그분께서 슬기의 길을 모두 찾아내시어
> 당신 종 야곱과 당신께 사랑받는 이스라엘에게 주셨다.
> 그리고 나서야 땅 위에 슬기가 나타나

사람들과 어울리게 되었다(바룩 3,37-38).

이스라엘의 후손들 덕분에 인간은 지혜를 보고 깨달으며 지혜의 말에 귀를 기울이고 지혜에 대해 말할 수 있게 되었다(지혜는 모든 인간을 사랑한다: 잠언 8,4.31; 시라 1,10.24-25; 24,6-7; 지혜 10,1-4; 참조 코헬 7,11-12).

5. 기도의 필요성

그러므로 인간은 지혜를 찾아 얻고 하느님께서 몸소 가르쳐주시는 길을 선택하기 위하여 무엇보다 먼저 하느님과 밀접한 관계를 맺어야 한다. 지혜를 찾아 헤매기보다는 창조주이시며 성조들의 하느님(지혜 9,1-2)이신 그분께서 가르쳐주시는 것, 곧 토라를 실천해야 한다. 이것이 진정한 지혜의 길을 걷는 것이다.

> 주님을 경외함이 곧 지혜며
> 악을 피함이 슬기다(욥 28,28).

이와 같은 욥의 주장은 다음과 같이 이해할 수도 있다. 곧, 인간은 하느님으로부터 오는 지혜를 가지고 있어야 하느님과의 관계에서는 물론, 사회생활을 하는 데서도 자신의 삶을 올바르게 영위할 수 있다. 하느님의 백성을 다스려야 할 중책을 맡게 된 솔로몬은 하느님의 지혜만이 맡은 과제를 잘 수행할 수 있게 해주는 것으로 믿고 기도하였다(1열왕 3,5-14). 그러므로 이제 우리도 솔로몬의 기도를 반복하면서 하느님께 지혜의 선물을 겸손되이 청해야 한다.

> ^{1}"조상들의 하느님, 자비의 주님!
> 당신께서는 만물을 당신의 말씀으로 만드시고
> ^{2}또 인간을 당신의 지혜로 빚으시어
> 당신께서 창조하신 것들을 통치하게 하시고
> ^{3}세상을 거룩하고 의롭게 관리하며
> 올바른 영혼으로 판결을 내리도록 하셨습니다.
> ^{4}당신 어좌에 자리를 같이한 지혜를 저에게 주시고
> 당신의 자녀들 가운데에서 저를 내쫓지말아 주십시오.
> ^{5}정녕 저는 당신의 종, 당신 여종의 아들
> 연약하고 덧없는 인간으로서
> 재판과 법을 아주 조금밖에는 이해하지 못합니다.
> ^{6}사실 사람들 가운데 누가 완전하다 하더라도
> 당신에게서 오는 지혜가 없으면
> 아무것도 아닌 것으로 여겨집니다"(지혜 9,1-6).

6. 참된 지혜: 예수 그리스도

한계성을 안고 이 세상을 살아가는 인간은 자기에게 지혜를 내려주시기를 하느님께 청하고, 다른 한편으로는 자신의 분수를 지킴으로써 인간은 인간이며 하느님은 하느님이심을 잊지 말아야 한다(코헬 5,1 참조). 하느님은 너무 크시기에 인간의 사고 범주 안에 들어오지 않으며, 그분 앞에 선 인간은 너무 작기에(시편 8편 참조) 무한하신 하느님과 비교할 수 없다. 하느님과 인간이 서로 접근할 수 있으려면 신적 본성과 인간 본성을 동시에 갖춘 존재, 하느님의 차원을 그대로 보존하면서도 철저하게 인간의 수준을 그대로 지닌 존재가 요구된다. 이 존재는 곧 하느님과 함께 있었던 지혜이며 창조 때 하느님과 함께 활동하였고, 인간 역사를 사랑하며 육신을 취함으로써 인간과 하나가 된 나자렛의 예수라 할 수 있을 것이다!

강생한 지혜이신 예수 그리스도는 당신 안에서 인간이 되신 하느님의 넉넉함과 신격화된 인간의 현양을 일치시키신다. 그분의 인격 안에서 지혜의 활동 자체가 충만하게 완성된다. 곧 우주는 하나가 되었고 역사는 방향을 잡게 되었으며, 하느님이 완전히 알려지고 인간은 하느님의 불멸성에 참여하게 되었다. 그러므로 예수 그리스도는 이 지혜이며 하느님과 같으신 분, 시간과 공간 안에 현존하시는 분, 수고하는 인간 곁에서 함께 활동하시는 분이다(지혜 9,10 참조). 하느님의 지혜의 창조적 활동과 구원하고 새롭게 창조하는 활동은 지혜 자체이신 그리스도의 행적 안에서 충만하게 실현된다.

그렇게 해주셨기에

세상 사람들의 길이 올바르게 되고

사람들이 당신 마음에 드는 것이 무엇인지 배웠으며

지혜로 구원을 받았습니다(지혜 9,18).

결론적으로 말해, 성서 지혜서들 안에서 지혜의 길은 인간과 만물, 특히 그분의 가르침, 곧 토라에 새겨진 하느님의 뜻을 실천하는 데 있다. "영원한 빛의 광채이고 하느님께서 하시는 활동의 티 없는 거울이며 하느님 선하심의 모상"(지혜 7,26)으로서의 하느님의 지혜는 신약성서에서 사람이 되어 우리 가운데 오신 그 말씀과 밀접히 연관될 수 있다(요한 1장 참조).

¹한처음에 말씀이 계셨다.

말씀은 하느님과 함께 계셨는데

말씀은 하느님이셨다. …

³모든 것이 그분을 통하여 생겨났고

그분 없이 생겨난 것은 하나도 없다. …

¹²그분께서는 당신을 받아들이는 이들,

당신의 이름을 믿는 모든 이에게

하느님의 자녀가 되는 권한을 주셨다. …

¹⁷율법은 모세를 통하여 주어졌지만

은총과 진리는 예수 그리스도를 통하여 왔다(요한 1,1-17).

구약성서에서 지혜는 이 세상에서의 삶을 연장시켜 주고 더욱 바람직한 진리의 길로 이끌어주는 것이며, 이 지혜가 토라 안에 계시된 것으로 이해되었다면, 이제 신약성서는 인간이 추구하던 지혜와 생명과 길이 예수 그리스도 안에서 충만하게 실현되었음을 밝힌다.

> "나는 길이요 진리요 생명이다.
> 나를 통하지 않고서는 아무도 아버지께 갈 수 없다"(요한 14,6).

지혜의 길을 추구하는 인간에게 지혜가 어디에 있는지 명확하게 말씀하실 수 있는 분은 신약의 예수 그리스도이시며, 그분은 우리에게 사랑의 계명을 주셨다.

> 그분의 계명은 이렇습니다. 그분께서 우리에게 명령하신 대로, 그분의 아드님이신 예수 그리스도의 이름을 믿고 서로 사랑하라는 것입니다(1요한 3,23).

제2부

토라와 예언 그리고 지혜

제6장 토라와 지혜

히브리어 성서는 율법(תורה 토라)과 예언서들(נביאים 너비임)과 작품들(כתובים 커투빔. 직역하면 '쓰인 것들' 또는 '성문서')로 구성되어 있다. 지혜(חכמה 호크마)는 세 번째 부류, 곧 '작품들'의 중심 개념이다. 이 구분에 따르면 토라와 지혜는 명확히 구분되는 개별 실체로서 이들 사이에는 아무런 연관성이 없는 것처럼 생각된다. 그러나 지혜문학의 저자들 가운데에는 이들을 동일시하는 사람들도 있다.

지혜가 토라 혹은 율법을 연구하던 사람들과 맺는 관계는 신명기 신학과 잠언에 반영되어 있는 인과응보 원칙을 통해 잘 드러난다. 신명기와 잠언은 한결같이 보상 개념과 상선벌악을 강조한다. 다시 말해, 정의에 기반을 둔 올바른 행위는 생명과 평화를 가져오며, 악한 행위는 자멸한다고 가르친다. 다만, 신명기 신학에서는 누군가 악한 행위를 하면 하느님께서 몸소 계약에 근거해서 그를 벌하신다고 소개하는 데 반해, 잠언에서는 악한 행위를 하는 자에게 거의 자동적으로 벌이 주어진다고 가르친다. 계약이라는 어휘는 잠언에 단 한 번 나올 뿐이다(잠언 2,17). 잠언은 토라와 명시적으로 동일시되지는 않는다. 그러나 벤 시라는 지혜를 토라와 동일시하고(시라 24,23), 지혜서의 저자는 지혜의 법(지혜 6,17-20)을 지키라고 말함으로써 율법을 연구하던 이스라엘의 현인들이 지혜의 가르침에 관심을 쏟았음을 보여주고 있다.

야훼 하느님에 대한 신앙 전통 안에서 살았던 이스라엘의 현인들이 지혜와 토라를 동일시했다면, 그들은 토라를 단순한 법조문으로서가 아니라 삶의 원리를 가르치는 지혜 개념과 깊이 연관된 것으로 이해했다고 가정할 수 있다. 이 점을 살펴보기 위하여 신명기에서 이해되는 토라 개념과 지혜문학에서 언급되는 지혜 개념을 함께 살펴보고자 한다.

1. 지혜

구약성서 신학에서 지혜는 일련의 성서 본문을 가리키기도 하고, 특정한 유형과 모티프를 가진 전통의 한 흐름을 뜻하기도 하며, 특수한 사고방식을 의미하기도 한다. 그러나 전통의 한 흐름으로서의 지혜는 일정한 사고방식을 반영하며 지혜문학들 안에서 가장 잘 드러나기 때문에, 이러한 개념 정의는 혼란을 야기하기도 한다. 우선 우리는 지혜를 매일의 삶에서 겪는 직접 체험에 뿌리를 둔 사고방식으로서 시간과 공간의 제약을 받지 않고 모두에게 적용될 수 있는 것이며, 특정한 문학양식을 통해 표현된 전통적 '가르침'으로 이해할 수 있다.

가르침으로서의 지혜는 슬기와 큰 차이가 없다. 그러므로 '슬기로운 마음'(탈출 28,3; 31,6; 욥 9,4; 잠언 10,8; 11,29; 16,21 참조)을 가진 사람은 현인으로 간주되며 인생의 성공을 보장받는다(잠언 16,3; 19,21). 또한 하느님은 슬기로운 마음을 주시며(1열왕 3,12; 참조 시라 6,37) 마음에 능력을 부여하신다(탈출 31,6; 36,2).

2. 토라

흔히 율법으로 이해되는 토라תורה는 어원적으로 가르침을 뜻하며('던지다', '가르치다'를 뜻하는 동사 '야라ירה'에서 유래한다), 오경 중에서도 특히 신명기의 법조문에 적용되는 어휘다. 신명기에는 토라라는 말과 연관되어 "세페르 핫토라 핫쩨"(ספר התורה הזה: 28,61; 29,20; 30,10; 31,26), 혹은 "핫토라 핫쪼트דברי התורה הזאת", "התורה הזאת 콜 디브레 핫토라 핫쪼트 כל" 등의 표현이 나타나는데, 이들은 모두 신명기에 들어 있는 방대한 문학작품을 가리킨다. 나중에는 역대기를 기점으로 오경 전체를 가리키기 위하여 이런 표현들이나 "(세페르) 토라트 모세ספר תורת משה", "(세페르) 토라트 아도나이/엘로힘ספר תורת יהוה/אלהים" 등의 표현이 점점 더 많이 사용된다.

3. 토라와 지혜의 상관성

토라와 지혜 사이에 상관성이 설정될 수 있다면, 그것은 히브리어 성서의 신학이 일관성 있게 발전되어 왔음이 새로운 각도에서 확인되는 것이라고 할 수 있다. 더 나아가 이들의 상관성 문제는 신구약성서 모두에게 중요한 사안이기도 하다. 구약성서의 세계에서 바빌론 유배 이후에 이스라엘 공동체를 재건하면서 토라가 매우 중요했다는 것은 잘 알려진 사실이다. 최근의 성서 연구에 따르면, 지혜 성찰은 유배 이후에 크게 발전하였다. 신약성서를 연구하는 학자들에게는 토라와 지혜의 주제가 예수님과 사도 바오로의 태도를 즉시 떠올리게 하며 그리스도론을 위해 매우 중요한 두 요소로 여겨진다.

지혜와 토라의 문제는 성서신학을 위해서도 매우 중요한 주제이며 세속 지혜와 그리스도교 지혜 등은 성서신학에서 흔히 거론되는 주제다. 사실 신구약성서의 관계를 다룰 때에 토라라는 말은 단순히 율법이라는 뜻으로 축소되어 사용되고 있으며 율법과 은총, 율법과 자유가 서로 대당되는 것처럼 여겨지기도 한다. 그러나 구약성서와 신구약성서 시기 사이에 쓰인 중간 문학들 안에서 토라의 개념은 매우 광범위하게 사용된다. 신명기 전통에 뿌리박고 있는 사고 유형을 분석하면, 구약성서의 토라가 단순히 법적 규정들을 가리키는 것으로 그치지 않고 지혜문학적 환경에서 생겨난 독특한 의미를 지니고 있음을 알게 된다. 더 나아가 이러한 의미는 그리스도론의 요점과 맞물리며, 토라 대신에 그리스도를 대입하면(특히 요한 1장에 근거해서) 이 사실이 분명히 드러난다.

토라/예수 그리스도는 창조 이전에 태어났다.

토라/예수 그리스도는 하느님 곁에 있었다.

토라/예수 그리스도는 신적 기원을 가지고 있다.

토라/예수 그리스도는 창조의 도구였다.

토라/예수 그리스도는 생명을 준다.

토라/예수 그리스도는 빛이다.

토라/예수 그리스도는 진리다.

토라/예수 그리스도는 하느님이 세상에 현존하시는 양태다.

토라/예수 그리스도는 하느님 자신을 대표하기도 한다.

이렇게 이해된 토라의 개념은 법적인 것이 아니라 지혜 맥락 안에서 볼 수 있는 것이다. 사실 신명기에 대한 역사·편집 연구를 통해 밝혀진 바와 같이 신명기가 생성되던 처음부터 토라로 불려진 것은 아니었다. 신명기가 편집되는 과정에서 여기에 들어 있는 법조문들이 토라로 불렸던 것이다. 이 과정에서 지혜문학 계통의 서기관들의 신학 사상이 반영되었다.

지혜와 토라의 관계를 알기 위해서는 토라라는 말이 신명기 안에서 어떤 의미로 사용되는지를 살펴보아야 한다. 이를 위해 신명기에 대해 간략하게 설명하고자 한다.

4. 신명기의 토라와 지혜

신명기는 모세가 요르단강 건너편 지역을 정복하고 나서 모압 광야에서 행한 세 개의 큰 담화로 이루어져 있다. 이때 모세는 과거의 사건들을 요약하고 종교적 의미를 설명하며 가나안 땅을 정복한 뒤에 이스라엘 백성이 취해야 할 종교·사회적 삶에 대해 말한다. 모세는 이스라엘의 흥망성쇠가 하느님의 법을 지키느냐 지키지 않느냐에 달려 있음을 매우 강조한다. 이 책은 모세의 뒤를 이어 약속의 땅을 정복하기까지 계속해서 이스라엘을 인도할 지도자 여호수아를 뽑고 나서 모세가 죽는 것으로 마무리된다. 그러므로 핵심 부분을 차지하는 모세의 담화는 그가 죽기 전에 마지막 인사를 하며 남기는 유언 혹은 고별사의 형태를 띠며, 토라라는 용어로 표현된다.

신명기의 몸체 부분을 이루는 모세의 고별사가 토라의 특성을 지니고 있다는 사실을 가장 명확하게 제시하는 성서 본문은 신명기 5장이다. 이스라엘 백성은 거의 40년에 걸친 방황 끝에 약속의 땅을 바라보는 "요르단 건너편 모압 땅"(1,5)에 도착하였다. 모세는 자신이 요르단강을 건너지 못하고 죽을 것임을 알고(4,22 참조) 40년 전에 호렙산에서 계약을 맺으면서(5,2) 하느님으로부터 받은 의무를 다시금 백성에게 반포해야 할 사명을 느낀다. 그 당시 야훼 하느님께서는 백성에게 당신을 직접 보여주시고(5,23-24), 그 산 위 불길 속에서 그들과 서로 얼굴을 마주 보면서 말씀하셨다(5,4). 하느님께서 당신을 계시하신 까닭은 그들에게 십계명을 주시려는 것이었으며, 이는 계약 규정의 기초를 형성하는 명령이다. 계명을 선포하는 하느님의 목소리와 그분의 '영광스러운 신현'에 겁을 먹은 이스라엘 백성은 모세에게 간청하며 "그러니 당신께서 가까이 가시어 주 우리 하느님께서 말씀하시는 것을 모두 들으십시오. 그리고 주 우리 하느님께서 하신 모든 말씀을 우리에게 전해주시면, 우리가 듣고 실천하겠습니다"(5,27)라고 말한다. 하느님께서는 당신 백성이 당신을 경외하는 것을 아시고(5,28) 백성의 뜻을 받아들여 모세에게 "모든 계명כל המצוה과 규정החקים과 법규המשפטים"를 일러주시며 모세로 하여금 그들에게 가르쳐주게 하신다. 그것은 그들로 하여금 하느님께서 유산으로 주시는 땅에서 그것들을 그대로 지키도록 하기 위해서다(5,31). 하느님께서 당신 백성에게 직접 전해주신 십계명(5,1-22) 혹은 첫째 법의 기본법이 있은 뒤에 주어진 "모든 계명과 규정과 법규"는 "둘째 법"이며, 이들은 신명 6,1에서 시작되고 12,1에서 다시 언급된다.

   신명기 5장에 기술된 바에 따르면 모든 계명과 규정과 법규는 호렙산에서 하느님께서 모세에게 개인적으로 지시해주신 것이며, 그때 백성은 장막 안에 있었다(5,30). 모세가 하느님으로부터 이들을 받은 뒤에 백성에게 전해주어야 할 적절한 시기는 그로부터 40년이 지나 약속의 땅을 눈앞에 두고 그의 죽음이 임박한 때였다. 모세가 죽고 난 뒤에는 모든 계명과 규정과 법규를 더 이상 전해줄 사람이 없었으며, 40년 전에 전해주었더라면 약속의 땅에서 백성이 지켜야 할 규정들이 요구하는 본질적 내용들에 소홀할 수 있었을 것이다.

   여기에서 우리는 첫째 법으로서의 십계명 외에 모든 계명과 규정과 법규를 이루고 있는 둘째 법을 토라라는 새로운 범주로 지칭하게 된 상황과 이유가 무엇인지를 물을 수 있다. 우선 지적할 수 있는 것은 모든 것을 포괄하는 둘째 법이 모든 계명과 규정과 법규 자체보다 나중에 이루어진 것이라는 점이다. 왜냐하면 모든 계명과 규정과 법규라는 표현이 5,31; 6,1; 12,1; 26,16-17에 나타나며, 법조문들을 가리키는 제목으로서의 토라는 1,5; 4,44; 31,9.11에 나타나는데, 신명기에 대한 비평적 연구 결과 1,5과 4,44은 6,1과 12,1의 제목보다 나중에 기록된 것으로 밝혀졌기 때문이다.

토라라는 새로운 용어를 채용하게 된 것은 분명히 이전의 자료들을 가지고 편집하는 과정에서 생겨났다고 보아야 한다.

고대 이스라엘에서 토라를 권위 있게 선포하는 사람들은 명확히 구별되는 세 집단, 곧 사제들과 예언자들과 현인들이었다. 이들 가운데 어떤 사람들이 모든 계명과 규정과 법규를 모세가 선포한 토라라는 종합적 용어로 표현하였을까? 모세의 토라는 분명히 사제계의 토라일 수는 없다. 모세는 사제가 아니었으며, 모세가 준 규정으로 제시된 것들 가운데 사제계의 토라로 여겨지는 것은 불과 얼마 되지 않는다. 또한 모세의 토라는 예언적 토라라고 볼 수도 없다. 예언적 토라는 언제나 "토라트 아도나이יהוה תורת"로 묘사된다. 그렇지만 신명기에는 이런 표현이 나타나지 않는다. 신명기에서 토라의 주체는 언제나 모세다. 그리고 모세는 이 토라를 선포하면서 예언서들에서 흔히 볼 수 있는 표현들, 곧 "주님께서 이렇게 말씀하신다", "주님의 말씀", "주님의 신탁"이라는 표현을 사용하지 않는다. 연로한 모세는 토라의 편집자로서 이스라엘 백성을 마지막으로 권면하고 가르친다. 모세는 더 이상 호렙산을 강조하지 않는다. 그 대신 "권면하고 가르치며 훈계하는" 모세의 모습이 크게 부각된다.

모세의 가르침을 폭넓게 지적하기 위하여 토라라는 새로운 용어를 선택한 이유는 무엇일까? 그것은 모세의 마지막 사명을 지혜의 관점에서 이해하였기 때문이다. 그 논거로 신명 1,5; 4,44; 31,9.11과 잠언 1-9장에 나오는 토라의 개념이 매우 유사하다는 사실을 지적할 수 있다. 잠언에는 토라라는 말이 열세 차례 나타나는데, 이 가운데 여섯 번은 교훈적 담화에서(1-9장), 다섯 번은 "히즈키야의 신하들"이 전해준 잠언들에서 나타난다(25,-29장). 그런데 명확히 유배 이후에 편집된 잠언 1-9장에서 토라는 담화를 시작하기 전에 스승의 말에 주의를 기울이라는 처음의 권면에서 나타난다(1,8-19; 3,1-35; 4,1-27; 6,20-35; 7,1-27). 이 문맥에서 토라는 언제나 지혜 스승의 가르침을 뜻하며, 정확히 말해 귀 기울여 들을 것을 권고한 뒤에 주어지는 권면을 가리킨다. 또한 스승의 권면은 명령법과 금지령으로 이루어져 있으며, 대부분의 경우 동기절을 이끄는 이유 접속사 '키'(כי = '왜냐하면')와 연결되어 있다. 이때 토라는 계명(מצוה 미츠와)이나 교훈(מוסר 무싸르)과 병행을 이루는 단어이다. 이는 잠언의 토라가 본질적으로 윤리적 처신과 연관되어 있음을 뜻한다. 잠언 1-9장에 사용된 토라의 뜻은 신명 1,5; 4,44; 31,9.11의 제목에 사용된 토라의 의미와 유사하다. 이는 토라라는 제목이 곧바로 하느님의 법을 소개하는 4,44의 경우에 더욱 명확히 드러난다. 잠언 1-9장에서와 마찬가지로 신명 4,44의 토라 역시 대부분 명령법과 금지령으로 되어 있으며 계명의 뜻이 크게 부각된다.

잠언 1-9장에서 토라는 언제나 귀를 기울여 듣고 실천하도록 초대하는 문맥에서 사용된다(1,8; 3,1; 4,1; 6,20; 7,1 참조). 신명기에는 이와 동일한 내용이 나타나지 않지만, 신명 4,44-49의 서론에 이어지는 본문이 장엄한 어조로 귀담아 들도록 초대하고 있다는 사실을 지적할 수 있다. 여기에서 모세는 온 이스라엘을 불러 모으고 "이스라엘아 들어라, 내가 오늘 너희의 귀에 들려주는 규정들ההחקים과 법령들המשפטים을 들어라"(5,1: 사역)라고 말한다. 이러한 사실들은 신명기에서 볼 수 있는 스승의 첫 권면Lehreröffenungsruf이나 귀 기울여 들을 것을 초대하는(Höraufruf) 형태가 본디 지혜적 배경을 지니고 있음을 생각하게 한다. 이것 역시 신명기에 기술된 토라가 지혜적 기원을 가지고 있다는 사실을 뒷받침한다.

지금까지 잠언과 신명기를 비교하면서 간략히 밝힌 사실에 근거해서 우리는 다음과 같은 결론을 내릴 수 있다. 신명 5장 이하에 나오는 토라는 본디 교육적이며 지혜적 성격을 지녔다. 토라는 십계명을 포괄하는 모세법 전체를 가리키며, 이는 계명들과 나중의 규정들이 모두 중요하다는 것을 강조하고 이들이 연구와 실천의 대상임을 드러낸다. 바로 이런 이유 때문에 모세는 이스라엘 백성 앞에 내놓은 법(신명 4,44)을 "기록하게 하였다"(31,9.11)고 한다. 토라를 글로 기록한 의도는 공적으로 선포하는 것뿐 아니라(31,9-13) 연구를 위해서이기도 하며(신명 17,18-19 참조) 따라서 교육적 목적을 지니고 있다.

5. 토라와 지혜의 동일성

지혜 책들 가운데 후기의 책들, 곧 시라와 바룩서에는 토라와 지혜의 상관성이 더욱 명확하게 표현될 뿐 아니라, 이들이 동일한 개념인 것으로 제시된다.

기원전 180년경에 시라, 곧 집회서를 쓴 벤 시라는 매우 아름다운 지혜시에서 다음과 같이 설명한다.

> 이 모든 것은 지극히 높으신 하느님의 계약의 글이고
> 야곱의 회중의 상속 재산으로
> 모세가 우리에게 제정해 준 율법νόμος이다(시라 24,23).

불행하게도 이 부분의 히브리어 원문은 보존되어 있지 않지만, 이 구절을 그리스어로 옮긴 그의 손자는 모세의 율법을 표현하기 위하여 그리스어 νόμος(노모스)를 사용하는데, 이는 히브리어 토라에 해당한다. 이 구절은 하느님으로부터 유래해서 세상과 인간(시라 24,5-7), 그리고 이스라엘의 역사와 땅(시라 24,8-17)에 정착한 지혜가 이제 토라, 곧 모세의 율법으로 구체적 모습을 드러내는 지혜의 전체 움직임을 요약한다. 이 동일화는 창조와 율법을 연결하는 시편 19편, 그리고 율법 준수를 하느님 백성에게 지혜가 내려졌다는 살아 있는 증거로 묘사하는 신명 4,6-9에 따라 이미 준비된 것이다(머피,《생명의 나무》, 278 참조).

그렇다면 지혜와 토라의 동일화를 우리는 어떻게 평가해야 할까?

벤 시라가 "지존하신 분의 계약의 글"이라고 말하는 것을 보면, 그가 마음에 두고 있는 것은 토라 전체, 혹은 오경으로 여겨진다. 만약 이스라엘이 바빌론 유배를 다녀온 뒤에 토라가 핵심 위치를 차지했음을 고려한다면, 벤 시라와 당시 사람들에게 토라가 지혜의 전형으로 여겨진 것이 놀라운 일은 아니다. 이는 다만 하느님의 백성 가운데 거처하는 지혜가 토라에서 구체적 모습으로 나타난 것이다. 그것을 마치 영원으로부터 이미 존재하고 있던 토라가 지금에 와서 지혜와 동일시된 것으로 생각해서는 안 될 것이다. 그보다는 이스라엘에 거처를 정한 지혜가 단순히 율법 조문과 동일시되는 것이 아니라, 전체 토라 안에 표현되어 있다는 것으로 이해해야 할 것이다. 말하자면 지혜와 율법의 동일화는 현존의 신학 혹은 셔키나의 신학을 가리킨다고 보아야 할 것이다.

벤 시라가 이해하는 토라는 하느님의 가르침이라는 성격을 강하게 지니고 있다. 따라서 이스라엘 백성은 이를 삶에 실천해야 한다는 점이 강조된다. 토라가 지혜의 특성을 지닌 것으로 선포됨으로써 그 토라는 백성의 일상적 삶을 인도하는 가르침과 거의 같은 뜻을 갖는다.

지혜에 관한 명상을 소개하는 바룩서에서도 지혜는 선민 이스라엘이 유일하게 소유하고 있는 토라와 동일시된다.

슬기는 하느님의 명령과 길이 남을 율법(토라)을 기록한 책이다.
슬기를 묻드는 이는 살고
그것을 버리는 자는 죽는다(바룩 4,1).

이와 같이 실천적 삶의 형태로 알고 배워야 하는 토라는 욥기의 저자가 제시하는 지혜 개념과도 크게 다르지 않다.

"보아라, 주님을 경외함이 곧 지혜며
악을 피함이 슬기다"(욥 28,28).

6. 신명기와 지혜의 공통 개념

위에서 우리는 지혜적 배경 아래 토라로 명명된 모세의 법규들이 지혜문학의 지혜와 밀접하게 연관되어 있음을 지적하였다. 그러나 그 밖에도 신명기와 지혜문학에는 공통되는 내용과 개념들이 많다.

오경의 첫 네 권에서는 볼 수 없는 율법에 관한 병행 구절들을 지혜문학에서 볼 수 있다. 예를 들어, 하느님의 말씀에 "무엇을 보태서도 안 되고 빼서도 안 된다"고 명령하는 내용은 신명 4,2; 13,1과 잠언 30,5-6에서만 볼 수 있으며, '경계선을 옮기지 못한다'(신명 19,14; 27,17; 잠언 22,28; 23,10)는 명령과 '속임수 저울과 속임수 되를 사용하지 말라'는 명령은 신명기와 잠언에서만 볼 수 있는 가르침이다(신명 25,13-16; 잠언 11,1; 20,10.23; 참조 이집트의 아멘엠오페의 지혜 17,15-19,3). 또한 신명기와 잠언과 이집트의 아멘엠오페에서 속임수 저울과 되를 사용하지 말라고 명령하는 이유도 유사하다. 곧, 성서에 따르면 '주님께서 역겨워하시기 때문'이며(신명 25,13-16; 잠언 11,1; 20,10.23), 아멘엠오페의 지혜에 따르면 "임금에게 혐오스러운 일"이기 때문이다(18,15-19,3).

신명 23,22-26에서는 맹세에 대해 경고하는데, 그 병행구절을 코헬 5,1-5에서 볼 수 있다. 이스라엘의 지혜(시라 23,9-11)와 비이스라엘의 지혜(*BWL*, 104,131-133)가 한결같이 성급한 맹세를 하지 못하게 경고한다.

지혜문학과 병행되는 구절을 신명 23,16에서도 찾아볼 수 있다. "너희는 제 주인에게서 피신해온 종을 주인에게 넘겨서는 안 된다"라고 명령하는 신명기의 이 구절은 "주인에게 그의 종을 헐뜯지 마라. 그 종이 너를 저주하여 네가 죗값을 받게 된다"고 깨우쳐주는 잠언 30,10에 상응한다.

신명기에서 지혜의 중요성을 강조하는 것은 구약성서의 여러 곳에서 볼 수 있는 일이다. 계약을 준수하는 일은 지혜롭고 슬기로운 일이며(신명 4,6), 규정과 법규를 지키는 이스라엘 백성은 "지혜롭고 슬기로운 백성"으로 여겨진다(신명 4,6ㄴ). 어떤 의미에서 볼 때, 이와 같은 동일화는 지혜를 기원전 7세기에 이스라엘에서 생겨난 법과 동일시하는 것인데, 위에서 지적한 바와 같이 이때 법 문학을 작성하는 일에 적극적으로 관여했던 사람들은 서기관들과 현인들이었다(예레 8,8; 집회 24,23 참조). 신명 1,9-18에 따르면, 백성들의 시비를 가리기 위하여 모세는 "지혜롭고 슬기로우며 지식을 갖춘 사람들"을 임명한다. 탈출 18,13-27의 옛 전통에 따르면, 임명된 재판관들은 여러 자질을 지니고 있어야 하며, 특히 "하느님을 경외하고 진실하며 부정한 소득을 싫어하는 유능한 사람"이어야 한다. 지혜와 슬기와 지식은 지혜문학에서 지도자와 판관이 지녀야 할 가장 중요한 덕목이다(잠언 8,15-16). 신명 16,19을 탈출 23,8과 비교하면, 재판관과 관리들이 동일한 태도를 지녀야 함을 알 수 있다. 탈출기에서 "뇌물은 온전한 눈을 멀게 하고, 의로운 이들의 송사를 뒤엎어버린다"고 강조하며, 신명기의 병행 구절은 재판관과 관리가 "뇌물을 받아서도 안 된다. 뇌물은 지혜로운 이들의 눈을 어둡게 하고, 의로운 이들의 송사를 뒤엎어버린다"고 가르친다.

신명기계 역사 서술에도 동일한 개념이 드러난다. 백성을 다스릴 수 있도록 솔로몬은 지혜를 받았다(1열왕 3,4-15). '하늘의 별처럼 많아진'(신명 1,9-10) 백성을 다스리는 것을 힘겨워한 모세처럼, 솔로몬도 '헤아릴 수 없이 많은'(1열왕 3,8-9) 백성을 어떻게 다스려야 할지 몰라 한다. 신명 1,9-18의 저자처럼, 1열왕 3,4-15의 신명기계 편집자도 완전한 재판을 위하여 기본적으로 꼭 필요한 것이 지혜라고 생각한다.

끝으로, 신명기 신학을 대표하는 것 가운데 하나가 "내가 오늘 너희에게 명령하는 주 너희 하느님의 계명을 듣고, 주 너희 하느님을 사랑하며 그분의 길을 따라 걷고, 그분의 계명과 규정과 법규들을 지키면, 너희가 살고 번성할 것이다. 나는 오늘 하늘과 땅을 증인으로 세우고, 생명과 죽음, 축복과 저주를 너희 앞에 내놓았다. 너희와 너희 후손이 살려면 생명을 선택해야 한다"(신명 30,16.19)라는 가르침인데, 이는 지혜문학에서 지혜를 선택하는 것이 곧 생명의 길을 선택하는 것임을 반복해서 가르치는 것과 일치한다. 곧 유일하신 주 하느님만을 섬기고 그분의 계명을 성실하게 지키라는 신명기 신학이 지혜를 선택하면 살고 어리석은 길을 선택하면 죽음을 피할 수 없다는 것(잠언 1장; 3,18;

4,13 등 참조)을 가르치는 지혜문학에서 그대로 반영된다.

지혜를 토라 혹은 율법과 동일시함으로써 이스라엘의 현인들이 '어디에서 지혜를 찾을 수 있으리요?'(욥 28,12.20; 코헬 7,23-24; 바룩 3,14; 지혜 6,22)라고 집요하게 제기했던 질문이 이제 그 명확한 답을 찾게 된 것이다. 주님께 기원을 두고 주님의 입에서 나온 지혜가 시라와 바룩서에 와서 결정적으로 그 위치를 확정하게 되었기 때문이다. 이렇게 하여 지혜를 발견하는 것이 곧 생명을 발견하는 것이라는 지혜문학의 가르침(잠언 3,18; 4,13.22.23; 13,14; 16,22 참조)이 토라, 곧 "주 너희 하느님이 지시하신 길을 걸으며 그분의 계명과 규정과 법규들"(신명 30,16; 사역)을 지키면 생명을 얻게 된다는 신명기의 가르침과 만나게 된 것이다. 신명기계 신학자는 모세의 토라 혹은 법규들을 지혜적 권면 형태로 표현함으로써 토라를 배우고 삶에 실천해야 한다는 것을 적절히 강조할 수 있었다. 지혜적 배경을 가지고 있는 서기관으로서의 최종 편집자는 모세를 단순히 법을 전수하는 사람으로 소개하기보다는 지혜 스승의 권면 형태를 사용하여 하느님의 법규들을 준수할 것을 권면하는 인물로 묘사한다. 이렇게 해서 모세는 법규들을 준수하지 않을 때 겪어야 할 비참한 결과를 제시하는 한편, 법규들을 충실히 지키는 사람에게 주어지는 생명과 번영을 더욱 효과적으로 강조하는 현인의 모습으로 제시된다.

지혜와 토라의 상관성에 대한 결론으로 포레스티의 말을 인용하기로 한다. "(모세의) 토라는 노모스(νόμος = 법규)와 호크마(חכמה = 지혜)가 합쳐진 것이다. 이 세 가지 요소 중에 가장 중요한 것은 호크마이다. 모세가 제시한 토라의 특수한 기원은 호크마에 있다. 그것만이 아니다. 선포된 토라는 동시에 호크마를 제공하고 제안하는 것이기도 하다. 왜냐하면 토라에 귀를 기울이고 이를 받아들이는 사람은 토라 안에 스며 있는 호크마를 수용하는 것이기 때문이다. 그러므로 토라는 호크마에서 생겨나는 노모스이며, 듣고 실천하는 사람들에게는 호크마의 생산자이기도 하다"(F. Foresti, 30).

제7장 예언과 지혜의 차이와 상호 관계

1. 예언과 지혜

고대 이스라엘 종교의 두드러진 특징 가운데 하나이며 성서 신앙에 가장 뚜렷한 영향을 끼친 것은 예언이라고 해도 과언이 아닐 것이다. 히브리어 성서가 예언자나 예언에 대해 명확한 정의를 제공하지는 않지만(클레멘츠, 290), 모세와 엘리야, 아모스와 미카, 이사야와 예레미야와 에제키엘 등의 활약은 구약성서의 종교 안에 생생하게 살아 있다. 예언자들은 하느님께서 당신이 살아 계신 하느님임을 보여주시고 당신 백성에게 말씀을 선포하도록 자신들을 선택하셨다고 주장한다. 하느님은 이스라엘이 역사적 체험을 하는 동안 줄곧 놀라운 일을 보여 주셨고, 예언자들을 파견하시어 앞으로 있을 일을 예고하셨다. 예언자들은 인간 역사를 하느님의 활동 무대로 제시하며, 우주적 차원에서부터 일상 삶의 정치·역사적 차원에 이르기까지 활동하시는 하느님의 관점을 해설하고 전하는 것이 자신들의 사명이라 여겼다. 예언자들은 이스라엘의 종교를 역사화시킨 인물이다.

1) 고대의 예언 현상

신으로부터 메시지를 받아 사람들에게 전하는 예언자의 활동은 비단 이스라엘에만 국한된 현상은 아니었다. 고대 근동의 예언 문헌에서 볼 수 있듯이(*ANET Supp.*, 187-189; *ABD*, vol. 5, 477-481), 이스라엘 주변 국가들에서도 이런 일들이 있었고, 이스라엘의 예언자들은 주변 문화권으로부터 예언의 양식과 기교를 받아들였다(P.D. Hanson, 12). 그러나 주변 나라의 예언들은 자신들의 종교에 이스라엘의 예언이 한 만큼 큰 영향을 끼치지 못하였다.

이스라엘에서 예언은 첫 예언자가 출현하기 훨씬 이전부터 오랜 세기에 걸쳐 조금씩 발전해왔다. 그러다가 기원전 10세기에 야훼 신앙이 새로운 문화와 만나면서 새로운 형태를 취해야 했으므로 야훼 하느님의 대변인으로서의 예언자들은 현실을 긴박한 상황과 변화와 발전으로 이해하고 여기에 대응해야 했다. 엘리야와 엘리사의 이야기에서 볼 수 있듯이, 예언자들은 자신들이 하느님으로부터 파견되어 그분의 말씀을 전한다는 의식을 가지고 있었다. 그들은 기름을 부어 왕을 임명하기도 하고 성전聖戰을 부르짖는 등 이스라엘의 정치·역사에 개입하였다.

그러나 기원전 587년 이후에는 상황이 달라진다. 국가로서의 이스라엘의 정체성이 종국을 고하게 된다. 이제 예언자들이 세상에 대한 하느님의 뜻으로 해석할 수 있었던 국가 차원의 역사적 사건들이 없어진 것이다. 예언자들의 뒤를 잇는 환시가들이 계속해서 환시를 보기는 하지만, 그들은 점차 역사적 사건을 해석하는 예언 직무의 차원을 포기하기 시작하였다. 이때부터 예언 신학 대신 묵시문학적 신학이 시작되고(P.D. Hanson, 16), 예언자들은 역사 무대에서 사라진다.

2) 예언자와 현실 고발

현실을 고발하는 것은 이스라엘의 예언자들이 행한 큰 역할 가운데 하나였다. 예언자들이 현인들을 질책하는 것도 이런 맥락에서 이해할 수 있다. 언뜻 보기에 예언자들과 현인들이 원수지간으로 여겨지며, 그들이 전혀 다른 세계관을 지니고 있는 것으로 보일 정도이다. 성경에서 먼저 예언자들의 말에 귀를 기울여보자.

> 불행하여라, 스스로 지혜롭다 하는 자들,
> 자신을 슬기롭다 여기는 자들!(이사 5,21).

> "나는 이 백성에게 놀라운 일을,
> 놀랍고 기이한 일을 계속 보이리라.
> 그리하여 지혜롭다는 자들의 지혜는 사라지고
> 슬기롭다는 자들의 슬기는 자취를 감추리라"(이사 29,14).

> 그런데도 너희가 어찌 "우리는 지혜롭고 주님의 가르침이
> 우리와 함께 있다"고 말할 수 있단 말이냐?

사실은 서기관들의 거짓 철필이 거짓을 만들어낸 것이다.
지혜롭다는 자들이 수치를 당하고 당황해하며 사로잡히게 되리라.
그들이 주님의 말씀을 배척했으니
이제 그들에게 무슨 지혜가 있겠느냐?(예레 8,8-9).

나는 수다쟁이들의 표징을 부수어버리고
점쟁이들을 바보로 만든다.
나는 현자들을 물리치고
그들의 지식을 어리석은 것으로 만든다(이사 44,25).

그러나 이스라엘에서 예언과 지혜는 매우 복잡한 현상이기 때문에 특정한 지혜서나 예언자를 비교하는 것만으로 쉽게 판단해서는 안 된다. 어떤 예언자들은 현인들이었고 지혜의 영향을 받았다고 주장하는 학자들도 있지만, 이를 입증할 수 있는 명확한 자료는 없다. 그러나 적어도 한 가지는 분명하다. 곧, 예언자들이 지혜 전통과 문학을 알고 있었고 일반적인 지혜 사고를 지니고 있었다는 점이다(R.C. Van Leeuwen, 298). 예언과 지혜는 왕정 시기부터 공존하기 시작하였다(*ABD*, vol. 5, 486). 그러나 예언자들과 현인들은 동일한 사회·정치적 상황 아래 살면서도 각기 고유한 역사를 지니고 있었다. 그들은 같은 공동체 안에 함께 살았지만 각기 추구하는 바가 달랐고, 때로는 서로 분쟁하기도 하였다. 이스라엘의 정신적이고 문화적인 두 흐름이 오랜 세기 동안 이들을 통해 계속되었다. 그들 사이에는 공통점이 많았기 때문에 서로 주고받는 것도 많았다. 구약시대가 거의 끝나갈 무렵, 예언과 지혜는 결국 하나로 통합된다. 이 일을 해낸 인물이 기원전 180년경에 시라(집회서)를 저술한 벤 시라다. 그는 지혜 스승으로 지혜 가르침에 몰두했으나, '이스라엘의 거룩한 역사'와 성전 전례를 지혜 주제로 다룰 뿐 아니라 그 자신이 예언자로서 영감을 받은 사람이라고 표명한다.

> 나는 가르침을 예언처럼 다시 쏟아붓고
> 세세 대대로 그 가르침을 남겨주리라(시라 24,33).

3) 예언과 지혜의 발전 과정

예언과 지혜의 상관관계를 이해하기 위해서는 역사적 상황에서 예언과 지혜가 발전되는 과정을 살펴보고, 어떻게 관련되는지를 검토해야 한다. 그러므로 현인의 개념에 대해 우선 간략히 서술한 뒤에 지혜 전통과 깊이 관련된 예언자들에 중점을 두고 그들의 활동 상황을 살펴봄으로써 예언과 지혜의 상관성을 밝힐 수 있을 것이다. 이 과정에서 우리는 엄밀한 의미에서의 예언자들과 왕실을 중심으로 활동하던 예언자들 혹은 고관들에 대해 검토하게 될 것이다.

구약성서에서 지혜를 가리키는 어근 하캄חכמ은 단순한 지식뿐 아니라, 교활함과 슬기로움, 조언할 능력과 교양 등 매우 복합적인 뜻을 지니고 있다. 지혜를 이스라엘의 세계관 혹은 현실에 접근하는 태도라고 정의한다면, 이 지혜의 특수한 양식과 주제는 고대 이스라엘의 지혜 문학에서 가장 뚜렷이 드러난다.

이스라엘에서 현인들이라는 용어가 처음부터 전문 집단을 가리키는 데 사용되지는 않았다(R.N. Whybray). 그러나 조직적으로 문학 활동을 하던 사람들, 권력자와 부자, 왕실 고관들과 성전 서기관들 등 직무를 효과적으로 수행하기 위한 지식을 가지고 있던 특수한 집단에 속한 사람들도 점차 현인으로 불렸고(L.G. Perdue, 301), '현명한'이라는 형용사가 명사화되어 전문적인 신분을 가리키기도 하였다(예레 18,18; 폰 라트, 32 참조). 예언문학에서 현인들은 예언자들과 적대 관계를 가진 경우가 많았다. 현인들은 정의의 실천과 정치 문제에서 예언자들과 의견을 달리하였다. 예언자들이 현인들을 반대한 이유는 그들이 주님의 메시지를 더럽히고 인간 지혜의 한계를 인정하지 않는다는 것이었다(R.C. Van Leeuwen, 305-306; 그리고 아래 참조).

다윗 왕정 시대에 야훼 하느님의 말씀을 전하는 예언자 가드와 나단이 있었다. 가드는 다윗의 환시가라는 특별한 칭호를 받았는데, 미래를 내다보고 왕에게 조언할 수 있는 개인 조언자였던 것으로 보인다(2사무 24,11; 1사무 22,5). 가드가 수행한 역할은 나비(= 예언자. "나비" 개념에 대해서는 클레멘츠, 290-298; ABD, vol. 5, 487 참조)가 하는 역할과는 달랐다. 나비의 역할은 야훼로부터 파견되어 왕의 윤리·도덕적 잘못을 지적하고 하느님의 심판을 선언하는 것이었다(2사무 12,1-14; 24,10-13). 이와 달리 가드와 나단에게서는 자기들이 공적으로 파견된 인물이라는 의식을 크게 볼 수 없다. 사실 가드와 나단의 이름이 다윗 왕실에서 일하던 관리들의 명단에서 빠져 있는 것을 보면(2사무 8,16 이하), 그들이 왕과 맺고 있던 관계는 공적 관계가 아니었던 것으로 여겨진다.

이상하게도 다윗의 계승권을 둘러싸고 그의 아들들이 분쟁을 일으켰을 때, 예언자가 출현하지 않는다. 단지 싸움이 절정에 이르렀을 때(1열왕 1장), 나단이 다시 나타나 다윗에게 솔로몬의 어머니 밧 세바에게 한 약속을 지킬 것을 종용한다. 다윗 왕에게 말하는 나단은 주님이 파견하신 사람의 자격이라기보다 개인 자격으로 말하는 것처럼 보인다. 왜 그랬을까? 여러 가설이 있지만, 가장 신빙성이 있는 이유는 유배 이후에 계승 역사를 쓴 사람들이 지혜 전통에 소속된 사람들이었고, 예언 현상이 사라진 마당에 굳이 예언자들의 역할을 강조할 이유가 없었기 때문일 것이다.

왕정 역사에서 결정적 역할을 한 것으로 보이는 사람들은 왕실 조언자였던 후사이와 아히토벨이다. 그들의 엇갈린 조언으로 압살롬은 실패하였다. 그들의 역할에 견주어보면, 예언과 지혜를 대표하는 사람들이 완전히 다른 집단에 속하는 사람들이라고 할 수는 없다.

왕실 조언자들 외에도 그 시대에 이미 다른 식으로 지혜가 등장한다. 요압은 트코아의 지혜롭기로 유명한 여인을 시켜 피신해 있던 압살롬을 데려오게 한다(2사무 14,1-23). 또 다른 지혜로운 여인은 요압 자신을 설득시켜 그가 성읍을 멸망시키는 대신 비크리의 아들 세바의 머리를 자르는 것으로 일을 마무리한다(2사무 20,15-22).

솔로몬의 왕성 말기에 예언자 아히야가 예로보암에게 북쪽 지파들을 다스리라고 야훼의 이름으로 말할 때까지, 그의 치세 중에 예언자들에 대한 언급은 없다(1열왕 11,29-31). 사실 왕정에 대한 성서의 이야기는 연대기적으로 쓰인 것이 아니라 논제에 따른 것이다. 성전 건축과 봉헌에 가장 큰 지면을 할애하는 이유도 여기에 있다. 솔로몬의 권력과 영예, 그의 지혜에 대한 명성 등은 비교적 간략하게 서술된다. 예언자들이 활약하는 대신, 하느님이 꿈에 솔로몬에게 직접 나타나 두 번에 걸쳐 말씀하신다.

그러나 이 시기에는 문학 활동이 매우 활발하였던 것으로 보인다. 수많은 잠언과 노래들을 지은 것은 솔로몬 개인이라고 보도하지만, 이 사실은 당시에 활발했던 문학 활동을 충분히 짐작하게 하고도 남는다.

계승 역사는 하느님의 특별한 섭리 없이 솔로몬에게 왕정 전통이 전수되는 것으로 기록하고 있다. 이 기사를 쓴 저자는 관찰 가능한 사건들을 창조적으로 바라보고 기술하면서 종교와 도덕을 가르치는 현인의 기법을 드러낸다. 이러한 관찰은 야훼계 문헌과 크게 다르다. 야훼계 문헌이 다루는 주제는 야훼 하느님의 뜻에 의해 국가로 세워진 민족 역사에 관한 것이다. 하느님은 구체적 역사 안에서 계속해서 당신 자신을 계시하시고, 당신의 뜻과 능력을 드러내시면서 몸소 이 민족의 역사에 개입하신다. '국가가 세워지고' 성전이 건축된 결정적 순간에 국가 역사는 '거룩한 역사'가 된다. 이 이야기에는 지혜적 면모가 들어 있으나, 일차적 주제와 신학은 본질적으로 예언의 성격을 띤다. 왜냐하면 거룩한 역사에서 다루는 주제는 야훼 하느님이 당신 자신을 계시하시고, 역사의 무대에 등장시킨 백성에게 올바른 삶을 요구하는 것이기 때문이다.

솔로몬의 왕실에는 현인들로 구성된 집단이 있어 그들이 조언하는 역할을 맡았고 옛 잠언들을 수집하기도 하였다(잠언 25,1 참조). 솔로몬은 그 사람들로 구성된 지혜 학교를 장려했던 것으로 보인다. 고대 지혜 전통과 함께 다른 나라에서 들어온 지혜가 솔로몬 시대의 지혜 발전에 큰 영향을 끼쳤다. 솔로몬이 짧은 기간 동안 왕정을 정비할 수 있었던 것은, 그의 부인이 이집트 여자여서 이집트의 왕실 조직과 행정에서 영향을 받았기 때문일 것이다. 만약 솔로몬이 이집트의 모델을 따랐다면, 왕에게 조언하던 고문들은 지혜 학교나 기관에서 고등교육을 받은 사람들이었을 것이다. 왕실에서 일하는 사람들은 쓰고 계산하며 자료를 보존할 지적 능력을 갖추었을 것이다. 그들 중에는 외국어와 문학에 정통한 사람들도 있었을 것이다. 실제로 솔로몬 치하의 예언자들의 활동에 대해 침묵을 지키는 이유는 정치·사회적으로 자리 잡은 지혜를 대표하는 전문인들이 왕실을 장악하고 있었기 때문일 것이다.

아모스에서 예레미야에 이르기까지 고전 예언자들의 시기(기원전 750-587년경) 동안 예언자들은 한결같이 왕과 백성의 배교와 위선, 도덕적 타락을 고발한다. 그들은 두 가지 점에서 나탄이나 아히야와 같은 이전의 예언자들과 달랐다. 왜냐하면 신탁을 처음으로 글로 남긴 이 예언자들의 메시지는 왕뿐만 아니라, 사제들이나 부자와 권력자들, 혹은 국가 전체를 위해서 주어졌기 때문이다. 그들의 메시지는 주로 고발이었으며 어두운 분위기였다. 그들은 이미 재앙을 경험하면서 변화된 상황 아래 새로운 희망을 예고한 에제키엘이나 제2이사야와는 달랐다.

아모스와 이사야, 그리고 예레미야에 관한 기록에는 백성과 몇몇 현인이 예언자들을 반대했다는 사실이 드러난다. 그들은 어떤 사람들이었으며, 왜 예언자들을 반대하였을까? 유다의 외교 정책을 비판한 문제로 이사야가 지배 계급과 갈등을 빚었음은 명백한 사실이다. 정치적 상황을 해결하기 위하여 왕실은 야훼 하느님의 도움에 의존하는 대신에 이집트의 군사력, 곧 인간적이고 정치적인 지혜에 의존하였다. 예언자는 왕실 사람들이 그토록 존경하던 이집트의 슬기롭다는 고관들을 경멸한다(이사 19,11-12; 30,1-2; 31,1-2). 그가 고발한 사람들, 곧 야훼의 더 큰 지혜를 증거해 보일 것을 요구하는 '제 눈에 현명한 사람들'도 이와 같은 부류에 속했을 것이다. 그릇된 종교 지도자들은 예언자가 문하생에게 하듯이 자기들을 '가르치려 든다'고 생각하며, "저자가 누구에게 가르침을 베풀며 누구에게 계시를 설명하려는가? 겨우 젖뗀 아이들에게나, 고작 어미젖에서 떨어진 것들에게나 하려는가?"(이사 28,9)라고 말하며 빈정거린다.

예레미야도 권력 구조에서 현인과 권력자와 부자 등 지배계급에 속하는 사람들로 알려진 현인들과 부딪쳐야 했다. 그들은 왕 밑에서 고문단을 형성하고 있던 싸림סרים, 곧 유다 고관들과 세속적으로 힘있는 사람들이었으며, 사제들 및 성전 예언자들과 더불어 종교의 근간을 형성하고 있던 현인들(아마 지혜 스승!)이었다. 또한 그들은 글로 기록된 야훼의 법(예레 8,8-9; 2열왕 22,8-23,3 참조)을 맡아 가르치던 성전 서기관들이었다. 성전 서기관들은 예언 말씀을 듣기보다 야훼의 법을 따라야 한다고 생각하였다. 그러나 왕궁에 있던 유다의 고관들 중에는 예레미야를 두둔하는 사람들도 있었다. 그들은 "이 사람은 사형당할 만한 죄목이 없습니다. 그는 우리에게 주 우리 하느님의 이름으로 말하였습니다"(예레 26,16)라고 말하며 예레미야를 죽이려던 사제들과 예언자들을 반대하고 예레미야를 두둔하면서 예언 말씀을 우위에 두었다. 그렇지만 그들 역시 예루살렘이 마지막으로 포위당했을 때에는 예레미야를 탄압하였다(예레 36,4-26; 37,11-15; 38,1-6).

이 시기에 정치에 적용되던 사회적 지혜가 무르익고 학교를 통해서도 지혜가 점차적으로 확장됨으로써 지혜 활동이 활발했음을 보여 주는 표시들이 있다. 잠언 25,1의 제목에서 "이것도 솔로몬의 잠언으로서 유다 임금 히즈키야의 신하들이 수집한 것"이라고 언급함으로써 왕실 내부에 문학 활동이 조직적으로 이루어지고 있었음을 시사한다. 또한 개인의 옳고 그른 행위로 인해 받게 될 결과에 대해 가르치는 옛 지혜의 가르침은 신명기의 계약 신학에 스며들어 하느님의 약속과 저주라는 말로 그 지혜의 가르침이 강화되었다. 이것은 다시 욥과 담론을 펼치는 친구들의 주장을 통해 부각되었고, 이때 누구나 반드시 치러야 하는 보상 원칙이 강화되었다.

기원전 597년에 여호야킨 왕이 정부 관리들과 지도 계급에 속하는 백성과 함께 바빌론으로 끌려감으로써 유다 왕조는 사실상 종말을 고했다. 10-15년 후에는 새로운 유배자들이 있었고 이집트로 피신 간 유다인들도 있었다. 그러나 많은 서민은 유다에 그대로 남아 있었다.

왜냐하면 아시리아가 사마리아를 몰락시킨 뒤에 그랬던 것처럼 예루살렘을 새로운 사람들로 대체하지 않았기 때문이다. 그러나 문학과 역사와 신학 등에 정통한 유다의 지성인들 대부분이 바빌론으로 끌려가 두 세대 혹은 그보다 더 오랜 기간 동안 그곳에 머물렀다. 또한 강제로 인종 혼합 정책을 쓴 아시리아와 달리, 신바빌론은 각 인종별로 자치 생활을 허용하였으므로 유다인들은 자기들의 고유 신앙과 구두 전승을 보존할 수 있었다. 그러나 문화의 혼합 현상은 피하지 못하였고, 일상 언어도 히브리어에서 아람어로 바뀌고, 개인의 이름과 달력을 사용할 때 바빌론식이 채용되었다(이용결, 《성서연대표》, 58).

대예언자들 가운데 에제키엘과 제2이사야는 유배 시기의 인물이다. 에제키엘은 사제이면서 예언자였다. 그의 메시지는 티로 왕의 거만한 지혜에 대해 신탁을 발설하면서 지혜 주제를 다룬다. 제2이사야는 유배 중인 사람들에게 야훼의 창조적 능력에 대한 새로운 희망을 예언하기 시작하였다. 그는 절망 상태에 빠진 유배 공동체를 구할 수 있는 신앙을 형성하였다. 이스라엘은 온 우주를 창조하고 다스리시는 하느님을 다시 생각하게 되었다. 역사 안에서 활동하시지만 하느님은 여전히 "그분께서는 땅 위 궁창에 좌정하여 계시고 땅의 주민들은 메뚜기 떼와 같다. 그분께서는 하늘을 엷은 휘장처럼 펴시고 거기에 사시려고 천막처럼 쳐놓으셨다. 그분께서는 지배자들을 없애버리시고 세상의 통치자들을 허수아비처럼 만들어버리신다"(이사 40,22-23). 하느님이 "새 일을 하려" 하시기 때문에(이사 43,16-21 참조), 바빌론이 하느님의 계획에 어떤 영향을 줄 수는 없었다(Hanson, 23). 유배자들이 시온으로 돌아가게 될 때 그가 선포한 희망이 실현되었음을 그대로 볼 수 있다. 이러한 희망과는 대조적으로, 이사야는 바빌론 종교의 지혜로 알려졌던 '점'과 '마술'의 무능함을 경멸한다. 어떤 인간이나 신神도 야훼 하느님의 지혜와 견줄 수 없기 때문에, 이스라엘의 구원을 계획하고 승리로 이끄시는 분은 하느님뿐이다(에제 28,2-6.12.17; 이사 44,25; 47,9-13).

에제키엘이나 제2이사야는 이스라엘의 현인들에게 관심도 없었고, 현인들의 영향을 받지도 않았다. 이 시기에 율법학자들과 스승들은 독립적 존재가 된다. 뿌리가 잘려 나갔고 더 이상 땅을 소유한 국가가 아니었기 때문에, 이스라엘은 국가적이고 종교적인 문학 유산을 강화하기 시작하였다. 신명기의 계약 신학에 근거해서 가나안 땅을 점령한 뒤부터 유배를 떠나기까지의 사회 전통들은, 이스라엘이 야훼 하느님의 인도를 받고 그분의 능력으로 구원받았지만 계약에 줄곧 불충실함으로써 망해버린 역사와 계속 긴밀하게 연결되었다. 이렇게 역사를 신학적으로 이해하게 되면서 여호수아기에서 열왕기 하권까지를 조망하는 설교와 더불어 새로운 역사적 서론이 신명 1-4장에 첨가되었다. 여기에 실린 설교는 의미 깊은 신학적 사고를 담고 있다. 계약의 법전은 사회에서의 인간 삶에 관한 하느님의 지혜를 포함하고 있는데, 다른 백성들은 이 지혜가 본질적으로 더욱 우세하다는 것을 알게 될 것이다(신명 4,5-8; 참조 시라 24,1-12.23-29).

유배 이후 시기에 하까이, 즈카르야, 그리고 말라키와 더불어 예언의 마지막 불씨도 사라지고 만다(그러나 묵시록 형태로 남게 된 예언도 있다). 이 예언자들은 전기, 곧 유배 시기 이전의 예언자들의 그늘에 가려져 있던 사람들이었다(즈카 1,4; 7,7). 탈무드 전통에 따르면, "성전이 파괴된 날부터 예언의 선물이 예언자들에게 주어지지 않고 현인들에게 주어졌다"(바빌로니아 탈무드, 바바 바트라 *Baba bathma* 12a). 여기에서 지칭하는 현인들은 에즈라 전통에서 언급하는 서기관들과 율법학자들이며 신약성서에서 지칭하는 율법학자들, 그리고 미쉬나에서 말하는 라삐 현인들이다.

지혜 전통은 다른 식으로도 표현되었다. 페르시아 시기에 지혜 스승과 신학자들은 학교에서 사용하기 위하여 잠언들과 고대 자료들을 수집하였고, 이렇게 모아진 잠언들에 1-9장을 서론으로 덧붙였다. 여기에는 열 가지 권면적 담화가 들어 있다. 이 담화들은 지혜의 기원과 본성에 관한 신학적 탐구이며 인간에 대한 하느님의 실재이고 살아 있는 지혜 개념들이다. 기원전 2세기 벤 시라는 주로 잠언을 모델로 삼아 시라(집회서)를 썼다. 익명의 한 저자는 코헬렛을 남겨놓았다. 그는 철학적 인식 불가능성과 결정론적 입장을 견지함으로써 매우 다른 관점을 보이고 있다. 기원전 1세기 알렉산드리아, 곧 이스라엘 밖의 다른 환경에서 살고 있던 유다인들의 신앙을 견실하게 하고 헬레니즘 사고와 부딪쳐야 했던 유다의 지혜 개념을 표명하기 위해 지혜서가 쓰였다. 그리고 믿음 깊은 영웅에게 계시된 지혜에 관해 미드라쉬적으로 표현한 다니엘서 1-6장이 생겨났다. 다니엘은 바빌론인들의 비교祕敎적 지혜를 능가할 수 있었다(R.B.Y. Scott, 101-113).

결론적으로 말해, 이스라엘 안에서 예언과 지혜는 각기 독립적으로 존재해왔으나, 사회·정치적 상황과 관련되면서 왕실의 서기관들을 중심으로 예언 말씀이 정리되었다. 그리하여 이스라엘에서 예언자들이 사라진 뒤에는 지혜 전통의 현인들이 예언자들의 역할을 떠맡아 야훼 하느님을 경외할 것을 가르침으로써 예언 전통의 맥을 이어갔고, 나중에는 현인들의 가르침이 예언 및 율법과 동일시되기까지 하였다.

2. 예언과 지혜의 차이

이스라엘의 예언자들은 당신 백성을 선택하시고 그 백성을 이끌어가시는 하느님의 활동과 뜻을 사람들에게 전하면서 역사적 사건의 의미를 종교적 차원에서 해석하였다. 그들은 과거와 현재를 회상하고 바라봄으로써 하느님의 뜻에 맞는 미래를 예견하였다. 이와 달리, 현인들은 더욱 바람직한 이상적 미래의 삶을 위하여 현실을 관찰하고 성찰하면서 모두에게 적용될 수 있는 행복한 삶의 규범을 제시하였다. 현실을 어떻게 성공적으로 영위해나갈 것인지가 현인들의 주된 관심사였다.

예언과 지혜가 지닌 이와 같은 기본 관심사는 성서 안에서 다양한 문학 형태로 표현되었다. 그 차이점을 다음과 같이 네 가지로 나누어 생각해볼 수 있다.

① 예언과 지혜가 전제하는 가설과 접근 방법이 다르다.
② 신학이 다르다.

③ 사고방식이 다르다.
④ 문학 양식이 다르다.

1) 가설과 접근 방법

넓은 의미에서 예언자는 계시의 관점에서 말하며, 현인은 경험하고 관찰한 자료를 근거로 이성의 관점에서 말한다. 예언자는 하느님의 말씀을 당대인들에게 선포해야 할 의무와 책임을 느낀다. 그는 메시지와 함께 하느님으로부터 파견된 사람, 선택된 사자使者다. 예레미야서와 아모스서에서 그 예를 볼 수 있다.

> 주님의 말씀이 나에게 내렸다.
> "모태에서 너를 빚기 전에 나는 너를 알았다.
> 태중에서 나오기 전에 내가 너를 성별하였다.
> 민족들의 예언자로 내가 너를 세웠다"(예레 1,4-5).
>
> 그러자 아모스가 아마츠야에게 대답하였다.
> "나는 예언자도 아니고 예언자의 제자도 아니다.
> 나는 그저 가축을 키우고 돌무화과나무를 가꾸는 사람이다.
> 그런데 주님께서 양 떼를 몰고 가는 나를 붙잡으셨다.
> 그리고 나서 나에게 '가서 내 백성 이스라엘에게 예언하여라'
> 하고 말씀하셨다"(아모 7,14-15; 참조 이사 6,1-8).

그렇다고 해서 모두에게 반드시 새로운 계시 체험이 있은 뒤에 "주님의 말씀이 나에게 내렸다"로 시작되는 개별 신탁이 주어진다는 것은 아니다. 오히려 예언자는 부르심을 받을 때부터 하느님이 의도하시는 바에 밀접히 연결되어 있고, 기회가 있을 때마다 그것을 선언한다. 그러나 예언자는 인간들에게 하느님의 말씀을 듣고 순종할 것을 요구한다. 예언자를 통해 발설되는 하느님의 말씀을 듣는 인간은 그것을 행동으로 옮겨야 한다.

이와 달리 현인들은 규칙적으로 움직이는 창조 질서처럼 인간의 삶 역시 일정한 규칙에 따라 영위될 수 있음을 전제하며, 전통적 지혜의 가르침에 귀를 기울일 것을 호소한다. 현인들은 특정한 정보를 제공하며 이에 대해 사람들을 이해시키고 배우게 한다. 현인들은 요구하지 않으며, 설득시키고 교육시키려 한다. 현인들이 생각하는 도덕적 가치조차도 이성과 관습, 그리고 올바른 사람들이 검증하고 동의하는 것을 근거로 말한다. 그래서 현인들에게는 전통이 매우 중요하다.

잘 알려진 코헬렛(= 전도서)을 예외로 친다면(어느 정도는 욥의 경우도 마찬가지다), 지혜 책들은 저자의 개인 경험이나 사고에 근거해서 말하지 않는다. 지혜 책들은 공동체가 지니고 있는 도덕 기준과 신념들을 요약하고 정리해서 말한다. 그러나 그들이 권하는 훌륭한 삶은 누구에게나 좋은 것으로 보여야 한다. 그들의 권위는 사회와 개인이 오랫동안 경험한 데에서 오는 권위이며 잘 닦인 식별에서 오는 권위이다. 현인들이 때로는 전통적 가르침과는 반대되는 의견을 내놓기도 하지만, 그때에도 그들이 의도하는 근본 목적은 역시 동일하다. 곧, 현인들이 의도하는 바는 사람들로 하여금 인생을 정복함으로써 모든 이가 행복한 삶을 누리도록 준비시키려는 것이다. 현대의 사고를 빌린다면, 모두가 자아를 실현함으로써 개인과 사회 전체의 안녕과 행복을 실현하려는 것이다. 전통적인 인과응보의 가르침을 주장할 때나(예컨대 욥과 담론을 펼치는 친구들), 또는 상선벌악이 정확하게 지켜지지 않는 현실을 고려하고 이를 마음 아프게 생각할 때(욥과 코헬렛의 경우), 인간이 원하는 것은 상황에 대한 더욱 만족스러운 이해이고, 지혜문학은 이에 대한 답을 제시하려고 한다.

2) 신학 전망

예언과 지혜의 신학 전망은 서로 다르다. 예언자의 하느님은 역사 안에 살아 계신 하느님, 활동적이고 개인적인 하느님이며, 예언자들을 부르시고 그들과 만나시는 하느님이다. 그분의 이름은 야훼YHWH이며 다른 신들과 뚜렷이 구분된다. 예언 종교와 이스라엘의 거룩한 역사에서 야훼 하느님은 유일무이하며 배타적인 신이다. 야훼를 숭배하는 자들은 다른 신들을 숭배할 수 없다. 다른 어떤 신도 야훼와 같지 않기 때문이다. 이 야훼는 당신 백성의 역사에 직접 개입하셨고 또 계속해서 개입하실 것이다.

"나는 이 백성에게 놀라운 일을, 놀랍고 기이한 일을 계속 보이리라. 그리하여 지혜롭다는 자들의 지혜는 사라지고 슬기롭다는 자들의 슬기는 자취를 감추리라"(이사 29,14).

예언자의 신학은 하느님으로부터 인간에게 내려오는 신학이기 때문에 일종의 수직적 신학이며 계시의 신학이다. 그것은 구원의 신학이며 시간과 역사 안에서 이루어지는 심판의 신학이기도 하다. 예언자들에 따르면, 시간은 과거와 현재와 미래를 거의 즉각적으로 침투해 들어가는 것으로 경험된다. 야훼께서는 당신의 목적을 실현하기 위하여 언제나 한결같이 행동하신다. 동시에 야훼의 모든 행위는 새로운 것이기도 하다.

그러나 이사야 시대에 주도면밀한 정치인들은 그의 예언적 통찰을 빈정거리기도 하였다. 그들은 현실적인 대변인이 수긍할 수 있는 증거를 요구하였다.

"우리가 볼 수 있게
그분께서 당신 일을 빨리 서둘러 해보시라지.
우리가 알 수 있게
이스라엘의 거룩하신 분의 뜻이 드러나
이루어져 보라지" 하고 말하는 자들!(이사 5,19).

예언자들과 달리, 세속적이고 현실적인 다양성을 성찰 대상으로 삼는 현인들은 신학적 관심을 가지지 않는다. 그들은 이 세상에서 매일 경험할 수 있는 실천적이고 실질적인 문제들, 인간과 관련된 문제에 관심을 가졌다. 사실 잠언집, 특히 10장 이하에 실린 권면 중에는 특별히 종교적인 것이라고 말할 수 있는 것이 거의 없다. 예를 들어 "꿀을 발견하더라도 적당히 먹어라. 질려서 뱉어버리게 된다"라고 권하는 잠언에서 종교적 색채는 찾아볼 수 없다.

그러나 현인들의 종교 집단이 가정과 학교에서 제시한 도덕적 가르침은 신학적 기반을 지니고 있었다고 보아야 한다. 이는 이집트에서처럼 이스라엘에서도 하느님이 설정하신 현실의 질서와 구조가 존재하며, 이들은 궁극적으로 좋은 것이라는 확신을 근거로 한다. 인간의 안녕과 행복은 신의 질서에 순응하느냐 하지 않느냐에 달려 있다. 창세기 첫 장에 이와 같은 개념이 있으며 인간 창조에서 그 절정에 이른다.

하느님 중심의 예언 신학과 달리, 지혜 신학은 적어도 그 기원에 있어서는 인간 중심적이다. 그래서 지혜 신학이 관심을 두는 영역은 하느님과 인간 모두이며, 야훼와 그분의 특별한 백성 이스라엘이 아니다. 지혜의 관점에서 인간은 '야훼께서 이집트 땅으로부터 구해내신 전체 가족'이라기보다는 인류의 개별 구성원으로 이해된다. 하느님은 한 처음에 세상의 질서를 세운 창조주이시며 당신 섭리로 세상의 질서를 계속해서 유지하시는 분으로 여겨진다. 그러나 창조주로서의 하느님은 인간의 지성이나 감성으로, 혹은 육안으로 파악되고 느껴지고 확인되는 하느님이 아니기 때문에, 많은 경우 하느님은 숨어 계신 하느님 또는 감추어진 하느님으로 이해된다. 이렇게 이해된 하느님과 인간의 관점에서 볼 때, 지혜 신학은 수평적 신학이라고 말할 수 있다. 시간 혹은 때는 많은 시간 혹은 순간들로 구성되어 있기는 하지만, 영구히 변함없는 현재이며 지평선을 넘어 과거와 미래의 세대에까지 미친다. 이러한 사고는 다음과 같이 말하는 코헬 1장에 잘 표현되어 있다.

> 한 세대가 가고 한 세대가 오지만
> 땅은 영원히 그대로다.
> 태양은 뜨고 태양은 진다.
> 다시 떠오를 그곳으로 서둘러 간다.
> 남쪽으로 가다가 북쪽으로 돌아오는 바람은
> 돌고 돌며 가지만 제자리로 되돌아온다.
> 강물이 모두 바다로 흘러드는데
> 바다는 결코 가득 차지 않는다.
> 강물은 흘러가는 그곳을 향해 계속 흘러든다.
> 있던 것은 다시 있을 것이고
> 이루어진 것은 다시 이루어질 것이니
> 태양 아래 새로운 것이란 없다(코헬 1,4-7.9: 사역).

잠언과 욥도 역사적 시간에는 관심이 없었다. 역사적 인물들에게서 나타난 하느님의 영광을 노래하는 시라의 경우가 좀 달랐다고 말한다면, 그것은 기원전 2세기에 예언적 사고와 지혜 사고의 흐름이 하나로 융합되었기 때문이다. 벤 시라는 다음과 같이 증언한다. "(율법학자 혹은 현인)은 모든 조상의 지혜를 찾고 예언을 공부하는 데에 몰두한다"(시라 39,1).

지혜 학교가 신학 문제들을 지성적으로 탐구할 때 구원·역사 신학에는 큰 관심을 두지 않는다. 우리는 이 사실을 코헬렛에게서 명확히 확인할 수 있다. 그는 지혜 책들의 다른 저자들과 마찬가지로 하느님과 임금과 백성을 가리키는 용어를 사용하면서도 구원 역사에서 역동적 관련을 맺는 세 실체를 가리키는 개념이 아니라, 어느 민족, 어느 사회에서나 있을 수 있는 신과 임금과 백성의 개념으로 사용한다. 그러나 코헬렛이 내리는 운명적이고 인식 불가능한 결론들이 전형적인 것은 아니다.

히브리적 사고는 본디 추상을 별로 좋아하지 않는다. 그러나 잠언 8장의 시를 쓴 저자는 지혜를 인격화시켰다. 지혜는 자신의 목소리를 듣도록 사람들에게 호소하는 것으로 묘사된다. 지혜는 자신의 본질을 진실과 올바름, 그리고 식별 능력으로 규정하면서 인간이 참으로 성공하려면 지혜를 필요로 한다고 주장한다. 그리고 매우 깊은 신학을 다루는 결정적 구절에서 지혜는 자신을 세상의 질서를 만들 때 드러난 하느님의 지혜와 동일시하며, 특히 인간을 창조할 때 그러하였다고 주장한다(《성서와함께》, 1998년 8-11월호 참조).

욥기는 인간 실존과 고통의 수수께끼는 전통적 지혜를 가지고 이성적으로 따지는 것으로 해결되지 않으며, 이들을 더욱 폭넓은 우주적 맥락 안에 올바로 놓는 하느님의 자기 계시를 통해서만 해결될 수 있다고 주장한다. 하느님은 당신이 선택하신 지도자들과 예언자들에게 당신 자신을 드러내 보이시는데, 종교 전통에서 현저하게 드러나는 이와 같은 신현神顯은 역사 안에서 당신의 목적에 합치한 활동들을 촉진

하기 위해서였다. 욥기에서 하느님이 욥에게 나타나신 것은 피조물인 인간에 대한 창조주의 응답이며, 인간 이해의 한계에 부딪친 욥에게 모든 것을 포괄하는 신적 지혜를 드러낸 것이었다.

3) 사고방식

예언자들의 실천적 관심과 목적은 현인들의 그것과 다르다. 예언자들은 야훼의 말씀과 의지를 증거하면서 사람들에게 믿고 응답할 것을 요구한다. 계약이라는 단어의 사용 유무와 상관없이 예언자들 모두가 생각했던 것은 이스라엘이 야훼와 유일한 관계를 맺고 있으며, 그분만을 섬겨야 할 절대적 의무를 지니고 있다는 것이었다.

예언자들이 고발하고 권면한 일차적 표적은 사회 안에서 권력을 쥔 사람들, 왕과 대신들, 사제들, 직업 예언자들, 부와 명성을 가지고 있는 사람들이었다. 이들은 사회가 관습적으로 운영되어야 한다는 규칙을 결정하는 사람들이었다. 계약 윤리에 기본이 되는 정의와 인간성의 원칙들을 부정함으로써 정치계의 도덕적 붕괴를 가져온 것은 그들의 부패였다. 그래서 예언자들의 음조는 강력하고 명령적이었다. 인간 지혜의 한계를 인정하고 야훼께서 보내신 사람들(= 예언자들)의 말을 더럽히지 말 것을 역설하며, 역사적 사건들의 질풍노도 중에 당신 백성을 보호하고 이끄시는 주 하느님의 능력을 믿을 것을 요구한 것도 마찬가지 이유에서였다(R.C. Van Leeuwen).

지혜 학자들과 스승들의 담화는 이것과 다른 흐름에 속했다. 그들은 전통에 근거해서 자신들의 의견을 개별 인간에게 제시하면서도 그들의 사회적 경험과 세상의 성격, 그리고 인간을 위한 훌륭한 삶이 무엇인가에 대한 성찰을 그 기저에 깔고 있었다. 그들이 가르친 바는 모든 사회에서 인간관계에 적용될 수 있는 것이다. 이 사실은 성서 지혜가 다른 민족들의 지혜 가르침과 크게 유사하다는 점에서도 분명히 드러난다.

지혜에는 국가적이거나 종교·문화적 경계가 없다. 지혜의 관심은 지식과 자기 인식이며 개인의 안녕과 사회질서에 기여하는 삶의 방식이다. 지혜가 제공하는 의견은 고려되고 그 가치가 평가되어야 하며, 청중이 그것을 좋은 의견으로 판단하면 받아들여질 수 있다. 현인의 역할은 관찰 가능한 현실의 여러 가능성을 비판적으로 제시하며 독자나 청중으로 하여금 좋고 바람직한 길을 선택하도록 한다. 지혜 스승은 젊은이로 하여금 인생의 가치를 이해하고 도덕적 식별 능력을 키울 수 있도록 교육하며, 스스로 현명한 판단을 내릴 수 있도록 장려한다. 만일 욥과 코헬렛에서처럼 신학 문제들이 제기된다면, 독자 스스로가 표면 뒤에 숨어 있는 진리를 식별하기 위하여 노력해야 한다.

4) 문학 양식의 차이

발설된 말의 문학적, 수사적 양식에 대해 말하는 경우, 예언자들과 현인들은 일반적으로 다른 문학 양식을 사용한다는 것을 알 수 있다. 예언 양식은 신탁이며 야훼를 대신해서 내놓은 메시지이거나 하느님의 말씀 자체를 인용하는 것이다. 린트블룸이 지적하는 바와 같이, 예언자의 말이 힘을 갖는 것은 그것이 야훼 자신의 입에서 나오는 말씀이기 때문이다. 이와 관련하여 성서에서는 다양하게 표현한다.

> 주님께서 야곱을 거슬러 말씀을 보내시니
> 이스라엘 위로 떨어졌다(이사 9,7: 사역).

> 그래서 나는 예언자들을 통하여 그들을 찍어 넘어뜨리고
> 내 입에서 나가는 말로 그들을 죽여
> 나의 심판이 빛처럼 솟아오르게 하였다(호세 6,5).

> 이처럼 내 입에서 나가는 나의 말도 나에게 헛되이 돌아오지 않고
> 반드시 내가 뜻하는 바를 이루며
> 내가 내린 사명을 완수하고야 만다(이사 55,11).

유배 이전 예언자들의 신탁들에서 중요하게 대두되는 것은 하느님의 심판에 관한 것이다. 그것은 대개 심판을 불러일으키는 죄나 범죄를 설명하는 고발을 동반한다. 많은 신탁이 우리가 잘 알고 있는 법조문의 형태를 따르고 불평하는 내용을 듣도록 피고인이 소환되며, 그의 잘못이 상세하게 나열되고 판결문이 선언된다. 미카 예언서에서 그 예를 볼 수 있다.

⁹올바른 것을 역겨워하고

올곧은 것마다 왜곡하는 야곱 집안의 우두머리들아,

이스라엘 집안의 지도자들아,

이 말을 들어라.

¹⁰너희는 피로 시온을, 불의로 예루살렘을 세운다.

¹¹그 우두머리들은 뇌물을 받아 판결을 내리고

사제들은 값을 받아 가르치며

예언자들은 돈을 받고 점을 친다.

그러면서도 그들은 주님을 의지하여

"주님께서 우리 가운데에 계시지 않느냐?

우리에게는 재앙이 닥칠 리 없다" 하고 말한다.

¹²그러므로 너희 때문에 시온은 갈아엎어져 밭이 되고

예루살렘은 폐허 더미가 되며

주님의 집이 서 있는 산은 수풀 언덕이 되리라(미카 3,9-12).

예언자들의 신탁은 "야훼께서 이렇게 말씀하신다"라는 메시지 형태로 시작되는 경우가 많다. 그러나 그 메시지를 하느님의 말씀으로 인정하게 하는 것은 형식적 면에서 보여지는 것이 아니라, 메시지가 지니고 있는 본질적 내용과 영감 때문이다. 메시지를 표현하는 언어 자체는 예언자들이 공헌하는 바다. 왜냐하면 예언자는 특정한 청중에게 맞도록 메시지를 준비하기 때문이다.

유배 이전의 예언자들 사이에서는 메시지에 해당하는 약속이나 구원 신탁이 드물었다. 그에 대한 대부분의 예들은 그들의 제자들에게서 유래한다. 오늘의 성서 본문을 기록한 제자들이 하느님께서 "그렇게" 말씀하신 것으로 밝히며 예언 말씀을 전할 때에는 스승들이 예언한 운명이 이미 실현되었으나, 당신 백성에 대한 야훼의 변함없는 사랑 때문에 재건이 확실하게 기대되는 때였다. 그러므로 "그때에", "나중에", "당시에"라는 부사로 시작하는 말은 그 신탁이 나중에 기록된 것임을 드러낸다(아모 9,11-15; 미카 4,1-4; 스바 3,19-20 참조).

지혜 책들에서 가장 널리 사용되는 문학 양식은 잠언 혹은 경구이며, 각 책의 집필 의도와 내용의 표현 수단으로 수수께끼와 비유, 알레고리와 담화, 토론과 자서전 문체 등이 주로 사용된다. 사실 성서의 지혜 책들의 내용과 형태가 서로 일치하지 않을 수 있음을 잠언과 욥과 코헬렛에서 확인할 수 있다.

잠언은 보수적이고 부분적으로 세속적인 지혜의 개념과 방법, 그리고 기능들을 가르치기 위한 자료들을 싣고 있다. 여기에 편집한 지혜 스승은 권고하는 도덕적, 종교적 내용을 여기에 서론으로 덧붙이며 하느님을 경외할 것을 강조하였다.

욥은 매우 깊이 있는 신학적·종교적 탐구서이며, 지혜 학교 두 곳이 벌이는 논쟁 양식으로 이루어졌다.

코헬렛은 더욱 현실적이고 실제적 의미에서 인간의 인식 불가능성을 표현하며 대부분의 경우 개인 경험으로 이를 제시한다. 코헬렛은 한편으로는 지혜만 가지고 있으면 완전히 포괄적인 인생의 기술을 획득할 수 있다고 믿고 가르쳤던 전통적 지혜에 정면으로 반대하면서,

다른 한편으로는 하느님께서 오늘 나에게 내려주시는 선물을 즐기고 인간의 계산으로 하느님께서 하시는 일을 따지려들지 않는 것이 바로 참된 지혜라고 가르친다.

　이 세 권의 지혜문학은 공통적으로 지식과 이성적 이해를 강조한다. 이 책들은 한결같이 초자연적 사건을 통한 계시 종교와 거룩한 역사, 경배 예절을 지키는 것에 무관심하며, 현명한 사람과 어리석은 사람이라는 두 가지 삶의 방식을 대비하여 강조한다. 이 점에서 초자연적 세계의 메시지를 신탁 형태로 전달하는 예언서들과는 본질적으로 다르다. 그렇다고 해서 예언과 지혜가 서로 모순되는 것은 아니다. 예언과 지혜가 모두 인간 조건에 대해 말하지만, 그 접근법이 다를 뿐이다. 자신의 정신적, 영적 딜레마를 경험하였던 욥은 하느님과 인간과 세상에 대해 더욱 심원한 지식과 이해를 갖게 되었다. 그와 같은 지식과 이해는 예언자들이 "하느님께서 이렇게 말씀하셨다"라는 문구를 통해 표출했던 권위 못지 않게 설득력을 가졌다. 문제는 발설된 말이 인간의 삶을 위한 하느님의 진리가 되느냐, 되지 않느냐 하는 점이다.

3. 예언과 지혜의 상호 관계

이스라엘에서 예언과 지혜는 명확히 구분되는 문화, 종교 현상이며, 각기 고유한 역사를 지니고 있다. 예언과 지혜가 동일한 역사, 문화적 상황에서 성장하고 발전했으므로 이들 사이에는 공통점도 많으며 서로 영향을 주고받았으나, 때로는 갈등을 빚기도 하였다.

예언과 지혜의 개념에 대해 큰 이견 없이 일반적으로 인정되는 관점을 요약하면 다음과 같다.

예언은 기원전 8세기에서 기원전 6세기, 곧 기원전 587년의 예루살렘 함락 직전과 유배 시기에 가장 크게 성행하였다. 예언자들은 개인적으로 살아 계신 하느님으로부터 파견되었다는 의식과 카리스마를 지니고 있었다. 그들은 역사뿐 아니라 우주적 차원과 일상사에 이르기까지 관여하시는 하느님의 활동을 드러내고 전달하는 것을 자신들의 임무라 여겼다. 예언자들은 긴박한 현실 상황과 변화를 지켜보면서, 그 안에서 하느님과 당신 백성의 관계를 새롭게 조명하고 이스라엘의 종교를 역사의 토대 위에 굳건히 세웠다. 예언자들은 다른 종교 전문가들, 특히 사제들과는 구분된다. 왜냐하면 맡은 바 직무를 수행하는 사제들과 달리 예언자들은 특별한 소명으로 불린 사람들이기 때문이다(J. Blenkinsopp, 116).

지혜는 이스라엘의 세계관 혹은 현실에 접근하는 방식의 하나이며, 그 특수한 양식과 주제가 고대 이스라엘의 몇몇 문학작품에 가장 잘 표현되어 있다. 지혜 전통의 흐름은 매우 지속적 현상이며 오랜 역사를 지니고 있다. 인간의 기초 집단에서 시작되는 지혜는 이스라엘의 초기 왕정 때부터 발전하기 시작하여 바빌론 유배 이후에 예언이 약화되면서 새로운 발전을 거듭하였다. 이스라엘의 현인들은 구체적 역사 안에서 자신의 삶을 이끌어가는 인간 문제에 초점을 맞추며, 한 개인의 행복한 삶은 물론 더욱 인간적인 사회 건설에도 관심을 가졌다. 현인들이 중요하게 여겼던 과제는 젊은이들의 의식을 일깨움으로써 그들로 하여금 인간 삶의 도덕적 질서와 관계 안에서 어리석고 악한 길을 멀리하고 슬기롭고 선한 길을 걷게 하려는 것이었다.

예언과 지혜의 기본 개념을 이렇게 정의해보면 이스라엘의 역사와 삶에서 이 둘이 뚜렷이 구별되는 실재임이 드러난다. 그러나 흑백을 가리듯 예언과 지혜의 선을 명확히 그을 수 없는 경우도 많다. 사실 구약성서 시대 말기에는 이 둘이 거의 하나의 실체로 여겨지게 되었다.

독자들이 예언과 예언자들에 대해 어느 정도 친숙해 있는 것과 달리, 성서 지혜에 대해서는 크게 익숙해 있지 못한 점을 염두에 두면서 이 자리에서는 구약성서의 예언과 지혜의 상관성에 대해 살펴봄으로써 독자들의 전체적 이해를 돕고자 한다.

1) 공통 요소들과 상호 작용

엄밀한 의미에서 예언과 지혜는 모두 특정한 사회 계층 안에서 이루어진 지성 활동이었다. 예언과 지혜가 기본 도구로 사용한 것은 막강한 힘을 지닌 언어였다. 물론 그들이 속한 전승은 달랐다. 예언자들은 카리스마를 받은 웅변가들의 구두 전승 안에서 활동하였으나, 현인들은 글을 쓰는 문인이요 스승으로서의 전통 안에 살며 그 맥을 이어갔기 때문이다.

예언과 지혜는 오랜 세기 동안 이스라엘의 문화와 영성적 삶에서 큰 역할을 하였다. 그 둘의 관심과 외적 형태의 차이에도 불구하고 이스라엘 백성의 공통 유산을 지니고 있었고, 사회 경험을 공유하였다. 예언과 지혜는 동일한 공동체 안에서 서로 융합됨으로써 서로에게 영향을 끼쳤다.

예컨대 유배 이후에 편집자가 종교적 색채를 띤 잠언 1-9장을 첨가함으로써 잠언집 전체는 예언문학에서 가르치는 신학과 크게 다르지 않게 되었다. 최종 편집자는 세속적 내용의 잠언을 종교적 내용의 잠언과 나란히 배열함으로써 원래 세속적인 것을 종교적인 것으로 바꾸었다. 그 대표적 예를 잠언 15,16-17에서 볼 수 있다.

주님을 경외하며 가진 적은 것이
불안 속의 많은 보화보다 낫다.
사랑 어린 푸성귀 음식이
미움 섞인 살진 황소 고기보다 낫다.

예언자들이 강조한 도덕적 가르침의 내용은 강한 자가 그보다 약한 자를 억압하지 말 것과 고아와 과부 등 힘없고 약한 자를 정의에 입각해서 보살펴야 한다는 것이었다. 이 점은 이스라엘의 현인들이 반복해서 가르친 내용이기도 할 뿐 아니라, 고대 근동 문화에 공통되는 윤리·도덕적 사상이기도 하였다. 또한 이웃과의 경계를 치우지 말라고 가르치는 것도 예언자들과 성서 지혜 및 아멘엠오페에서 공통되는 내용이다. 성경을 중심으로 몇 구절을 인용한다.

이자들은 힘없는 이들의 소송을 기각시키고
내 백성 가운데 가난한 이들의 권리를 박탈하며
과부들을 약탈하고 고아들을 강탈한다(이사 10,2; 참조 야고 1,27).

사람들은 경계선을 밀어내고 가축 떼를 빼앗아 기르며
고아들의 나귀를 끌어가고 과부의 소를 담보로 잡는데.
가난한 이들을 길에서 내쫓으니
이 땅의 가련한 이들은 죄다 숨을 수밖에(욥 24,2-4).

네 선조들이 만들어놓은 옛 경계선을 밀어내지 마라(잠언 22,28).

옛 경계선을 밀어내지 말고
고아들의 밭을 침범하지 마라(잠언 23,10).

유다의 대신들은 경계를 무너뜨리는 자들이 되어버렸으니
내가 그들 위로 나의 분노를
물처럼 쏟아부으리라(호세 5,10; 참조 탈출 22,22; 신명 27,17).

경작지의 경계선을 치우지 마라.
과부의 경계를 넘어가지도 마라(아멘엠오페, 6장, *ANET*, 422).

야훼를 숭배하며 제물을 바치는 문제에 대해서도 가르침의 본질에서는 예언과 지혜가 서로 의견을 같이하였다. 물론 일반적 관점에서 본다면, 이스라엘의 현인들은 이 문제들에 큰 관심을 갖지 않았다고 해야 한다. 예외가 있다면, 율법과 제사를 거의 동일시하며("율법을 지키는 것이 제물을 많이 바치는 것이고 계명에 충실한 것이 구원의 제사를 바치는 것이다": 시라 35,1) 역사적 인물들을 기억할 때에도(시라 44-50장) 대사제 시몬에게 가장 많은 지면을 할애하여 그를 극찬한 벤 시라이다.

현인들이 제물 봉헌에 대해 언급하면서 제물 자체보다 마음 자세가 더욱 중요함을 강조할 때에는 예언자들과 뜻을 같이한다. 현인들처럼, 예언자들 역시 야훼의 관점에서 볼 때 하느님께 제물을 바치는 것이 도덕적 순종에 비해 이차적인 것이라고 주장한다.

"나는 너희의 축제들을 싫어한다. 배척한다.
너희의 그 거룩한 집회를 반길 수 없다.
너희가 나에게 번제물과 곡식 제물을 바친다 하여도 받지 않고
살진 짐승들을 바치는 너희의 그 친교 제물도
거들떠보지 않으리라.
너희의 시끄러운 노래를 내 앞에서 집어치워라.
너희의 수금 소리도 나는 듣지 못하겠다.
다만 공정을 물처럼 흐르게 하고
정의를 강물처럼 흐르게 하여라"(아모 5,21-24).

이와 같은 예언자의 관점이 잠언에 매우 잘 요약되어 있다.

> 정의와 공정을 실천함이 주님께는 제물보다 낫다(잠언 21,3).

> 자애와 진실로 죄가 덮이고
> 주님을 경외함으로
> 악이 멀어진다(잠언 16,6; 참조 시편 51,18-19).

물론 이런 경구들은 나중 세대의 현인들에게 예언이 미친 영향일 수 있다. 예언과 지혜 사이에서 볼 수 있는 유사성은 예언자들 중에도 특히 이사야와 아모스가 전형적인 지혜문학 양식을 사용하는 데에서 여실히 드러난다.

2) 이사야와 지혜

다른 모든 예언자들과 비교해서 이사야서에 '알다', '이해하다', '가르치다', '비난하다', '계획하다', '조언하다', '침묵하다', '지혜', '식별', '조롱', '빈정대다', '제 눈에 현명하다' 등 지혜문학의 독특한 용어들이 비교적 빈번하게 나타나는 것이 특기할 만하다. 이사야는 수수께끼와 비유, 잠언적 경구 등 명확히 지혜 양식을 사용한다. 이사야 예언자는 주님의 메시지를 전하도록 사명을 받을 때 수수께끼 유형에 속하는 문체를 사용해서 다음과 같이 권한다.

"너는 가서 저 백성에게 말하여라.
'너희는 듣고 또 들어라. 그러나 깨닫지는 마라.
너희는 보고 또 보아라. 그러나 깨치지는 마라'"(이사 6,9).

이에 대한 아이로니컬한 설명이 그 다음 절에 제시된다.

"너는 저 백성의 마음을 무디게 하고
그 귀를 어둡게 하며 그 눈을 들어붙게 하여라.
그들이 눈으로 보고 귀로 듣고 마음으로 깨닫고서는
돌아와 치유되는 일이 없게 하여라"(이사 6,10).

주님의 말씀으로 기록된 이 구절들에서 '듣다'와 '깨닫다', 그리고 '보다'와 '알다' 동사들이 둘씩 짝을 지어 표현된 명령형은 평범한 예언 설교에서는 보기 어려운 문체이며, 지혜가 담화를 시작하는 전형적인 어휘들이다. 특히 이사 1,2에서 "하늘아, 들어라! 땅아, 귀를 기울여라!"라는 문장에 사용된 "귀를 기울이다"라는 표현은 지혜문학에서 빈번하게 사용된다. 성경에서 몇 가지 예를 들어보자.

아들들아, 아버지의 교훈을 들어라.
귀를 기울여 예지를 얻어라(잠언 4,1).

내 아들아, 들어라. 내 말을 받아들여라.

그것이 네게 수명을 더해주리라(잠언 4,10).

이제 나의 논증을 듣고
내 입술이 하는 변론에 유의하게나(욥 13,6).

현인들이여, 제 말을 들으십시오.
유식한 이들이여, 저에게 귀를 기울이십시오(욥 34,2).

이사 5,1-7의 포도밭의 노래(잠언 24,30-34 참조)에는 지혜문학의 다양한 문학 양식이 한데 섞여 있다. 해당 본문을 읽어보자.

¹내 친구를 위하여 나는 노래하리라, 내 애인이 자기 포도밭을 두고 부른 노래를. 내 친구에게는 기름진 산등성이에 포도밭이 하나 있었네.
²땅을 일구고 돌을 골라내어 좋은 포도나무를 심었네. 그 가운데에 탑을 세우고 포도 확도 만들었네. 그러고는 좋은 포도가 맺기를 바랐는데 들포도를 맺었다네.
³자 이제, 예루살렘 주민들아 유다 사람들아, 나와 내 포도밭 사이에 시비를 가려다오!
⁴내 포도밭을 위하여 내가 무엇을 더 해야 했더란 말이냐? 내가 해주지 않은 것이 무엇이란 말이냐? 나는 좋은 포도가 맺기를 바랐는데 어찌하여 들포도를 맺었느냐?

⁵이제 내가 내 포도밭에 무슨 일을 하려는지 너희에게 알려주리라. 울타리를 걷어치워 뜯어 먹히게 하고 담을 허물어 짓밟히게 하리라.
⁶그것을 황폐하게 내버려두어 가지치기도 못 하고 김매기도 못하게 하여 가시덤불과 엉겅퀴가 올라오게 하리라. 또 구름에게 명령하여 그 위에 비를 내리지 못하게 하리라.
⁷만군의 주님의 포도밭은 이스라엘 집안이요 유다 사람들은 그분께서 좋아하시는 나무라네. 그분께서는 공정을 바라셨는데 피 흘림이 웬 말이냐? 정의를 바라셨는데 울부짖음이 웬 말이냐?

이 노래에는 은유와 그에 대한 해석뿐 아니라, 공정과 정의 등 전형적인 지혜 어휘는 물론, 잠언에서 흔히 사용되는 단어 유희, 반의적 대구법, 그리고 논쟁에서 사용되는 수사학 질문이 함께 사용되고 있다.

이 밖에도 야훼 하느님의 지혜가 세상 창조에 내포되어 있다는 주제는 욥 28,24-27과 잠언 8,22-31에서 볼 수 있는데, 세상의 자연 질서와 역사에서 드러나는 하느님의 지혜에 관한 이러한 사고는 제2이사야에서도 분명한 사실로 드러난다.

누가 손바닥으로 바닷물을 되었고
장뼘으로 하늘을 재었으며 되로 땅의 먼지를 되었느냐?
누가 산들을 저울로 달고 언덕들을 천칭으로 달았느냐?

누가 주님의 영을 지도하였으며

누가 그분의 조언자가 되어 그분을 가르쳤느냐?

그분께서 누구와 의논하시어 깨우침을 받으셨고

누가 그분께 올바른 길을 가르쳐드렸느냐?

누가 그분께 지식을 가르쳤으며

슬기의 길을 깨치시게 하였느냐?(이사 40,12-14).

이 구절이 지혜문학의 내용과 유사하다는 것은 예언과 지혜가 서로 영향을 주고받았음을 입증한다.

3) 아모스와 지혜

예언자 아모스는 사고와 문학 양식에서 지혜 전통에 친숙해 있었다. '올바른 행위'에 대한 보상은 주변 민족들에게만 배타적으로 적용되는 것이 아니라, 이스라엘에게도 적용되며, 이방 민족들의 그릇된 행위에 적용된 죄는 이스라엘에게도 동일하게 적용된다는 것이 아모스의 독특한 관점 가운데 하나이다. 사마리아 사람들은 "옳게(נכחה 너코하) 행동할 줄을 모르기" 때문에 벌을 면할 길이 없다고 예언자는 선언한다 (아모 3,10 이하 참조). 여기에 사용된 '너코하'라는 단어는 계약 전승이나 계약의 법에는 전혀 나타나지 않고 이사 30,10과 잠언에서 볼 수 있다. 잠언 8,9은 시사하는 바가 많다: "그 모든 말이 깨닫는 이에게는 옳다 (נכחים 너코힘)."

또한 아모스가 "너희는 악을 미워하고 선을 사랑하며 성문에서 공정을 세워라"(아모 5,15)라고 경고할 때, "선"이 지칭하는 것은 물질적 안녕이 아니라, 잠언 18,5의 "재판에서 의인을 억누르려고 악인을 두둔하는 것은 좋지 않다"에서처럼 정의를 받든다는 것을 뜻한다.

또 다른 특기할 사항은 아모스 5장에서 "나를 찾아라. 그러면 살리라"(4,6절), "악이 아니라 선을 찾아라. 그래야 살리라!"(14절)라는 언명이 잠언의 권면과 상호 관련되어 있다는 점이다. 예컨대 잠언 9,6에서는 "어리석음을 버리고 살아라. 예지의 길을 걸어라"라고 말한다(잠언 4,4; 7,2; 11,19; 12,28 참조).

문학 양식의 측면에서도 아모스서의 독자는 첫 두 장의 신탁에서 '셋, 아니 넷'이라는 점진적 형태로 된 숫자 잠언을 사용하고 있음에 놀라게 된다. 예를 들어, 아모스는 "…의 세 가지 죄 때문에, 네 가지 죄 때문에 나는 철회하지 않으리라"라는 표현을 반복해서 사용한다(1,3.6.9.11.13; 2,6). 이 숫자 잠언(박요한 영식, 《잠언》, 44-45 참조)은 구약성서에서 주로 지혜문학에서 볼 수 있는 양식이다. 예를 들어 잠언에서 다음과 같이 말한다.

나에게 너무 이상한 것이 셋,
내가 이해하지 못하는 것이 넷 있으니(30,18).

이 셋 밑에서 땅이 몸서리치고
이 넷 밑에서 땅이 견디어내지 못하니(30,21).

이 밖에도 아모 3,3-8에서 인과응보에 관해 언급하면서 수사적 질문으로 끝내는 문체, 5,5과 8,1의 단어 유희, 4,4-5의 빈정거리는 명령형, 6,12의 수수께끼, 5,13에서 신중한 이는 침묵을 지킨다는 표현, 6,2의 "이것보다 저것이 더 낫다"는 잠언 양식, 빈번하게 사용되는 반의적 대구법, 이 모든 것은 지혜 문체에 속한다. 쌍으로 표현된 올바름-정의(아모 5,7.24; 6,12)라는 표현은 잠언 16,8에서처럼 여기에서는 인간이 지켜야 할 의무로 여겨지지만, 다른 곳에서는 야훼의 행위에 적용된다. 지금까지 살펴본 바에 따르면, 이사야와 마찬가지로 아모스도 어떤 식으로든 지혜와 관련되어 있었을 것이라는 사실을 명확히 보여준다.

4) 그 밖의 예언자들과 지혜

이사야나 아모스보다 강도는 약하지만, 다른 예언자들 역시 어느 정도는 지혜의 영향을 받은 것으로 보인다. 호세아는 적어도 두 번에 걸쳐 대화 형태의 잠언을 사용하여 "백성은 사제를 닮기 마련"(4,9: 사역), "바람을 심어 회리바람을 거둘 것들"(8,7: 사역)이라고 표현한다. 일상 경험으로부터 추론되는 원인과 결과의 모습도 호세아서에서 뚜렷이 드러난다.

>　너희는 악을 갈아서 불의를 거두어들이고
>　거짓의 열매를 먹었다.
>　너희가 병거와 수많은 전사들을

믿었기 때문이다(호세 10,13; 참조 2,21-25; 14,5-6).

아모스처럼, 미카 예언자도 야훼의 눈에 올바른 행위를 '선한' 것이라고 말한다(3,2; 6,8). "불의를 꾀하고 잠자리에서 악을 꾸미는 자들!(미카 2,1)"은 잠언에서 언급하는 '사악한 짓을 꾸미는 눈짓하는 사람'(16,30)과 같은 족속이다.

예레미야가 즐겨 쓰는 단어가 훈계 또는 교훈מוסר인데(2,30; 5,3; 7,28), 이는 잠언에서도 자주 사용된다(잠언 1,3; 8,10; 19,20; 24,32).

그들은 훈계를 받아들이지 않았다(예레 2,30).

그들은 훈계를 받아들이길 마다하였습니다(예레 5,3).

"이 민족은 주 그들의 하느님의 말씀을 듣지 않고
훈계를 받아들이지 않은 민족이다"(예레 7,28).

현철한 교훈과 정의와 공정과 정직을 얻게 하려는 것이다(잠언 1,3).

너희는 은이 아니라 내 교훈을 받고
순수한 금이 아니라 지식을 받아라(잠언 8,10).

그러나 잠언에서 교훈이 지혜 혹은 스승의 예지를 가리키는 것과는 달리, 예레미야에서는 야훼가 스승이고 훈계는 반복되는 징벌이며, 이러한 징벌에도 불구하고 목덜미가 뻣뻣한 이스라엘은 교훈을 배울 줄 모른다는 것을 뜻한다.

제2이사야가 언급하는 현인들은 바빌론의 꿈 해석자들이다. 우상을 숭배하는 자들은 조언을 받지만 소용 없다. 야훼만이 효과적 계획 עצה을 가지고 계시고, 그분의 뜻חפץ만이 이루어질 수 있다: "내 계획은 성사되고 나는 내 뜻을 모두 이룬다"(이사 46,10). 사람들은 "이것이 주님께서 손수 이루신 일, 이스라엘의 거룩하신 분이 이루신 일이라는 것을 그들에게 깨우쳐 알려주시려고 이 모든 일을 똑똑히 보여주신 것"(이사 41,20: 사역; 참조 44,25; 45,21; 46,10)임을 알게 될 것이다. 지혜 언어와 가장 현저한 병행 구절은 이사 40장 12-17절과 21-26절의 야훼의 창조 능력에 관한 수사적 질문과 폭풍 속에서 하느님의 목소리가 욥에게 요구하는 것(욥 38,4 이하)에서 드러난다.

결론적으로 말해, 예언과 지혜는 기본적인 사고와 문체에서 공유점이 많다. 예언과 지혜가 전혀 다른 문학 유형에 속함에도 불구하고 공통 요소들을 지니고 있는 까닭은 그들이 고유한 사회, 역사 및 종교 상황에 속해 있었기 때문이라고 말할 수 있을 것이다.

제3부

성서의 지혜문학서

제8장 다섯 권의 지혜문학서

구약성서에서 잠언, 욥기, 코헬렛, 지혜서, 시라(집회서)는 엄밀한 의미에서 지혜문학서로 분류된다. 이 가운데 첫 세 권, 곧 잠언, 욥기, 코헬렛은 히브리어 성경에 들어 있으며 나머지 두 권, 곧 지혜서와 시라는 유다 경전의 그리스어 번역본인 칠십인역에 들어 있다(박요한 영식, 《성문서 입문》, 41-96 참조). "칠십인역에 의하여 전수된 이 두 책을 경전으로 받아들인 구약성경은 독자에게 히브리 성경의 한계를 넘어서는 새로운 지평을 열어준다. 히브리 성경은 잠언으로 첫 번째 지혜문학집을 이루었고, 욥기와 코헬렛을 통하여 한 번 확장되었다. 집회서와 지혜서로 칠십인역은 두 번째 확장을 이루고, 독자를 그리스도교 시대의 문턱에 이르게 한다"(질베, 《하늘의 지혜》, 17).

구약성서의 사고 세계에서 이 지혜문학서들은 대단히 중요한 위치를 차지한다. 지혜문학서에는 상이한 요소들이 많이 함께 섞여 있으나, 본질적인 면에서는 공통된 것들이 있다. 그것은 곧 일정한 법칙과 합리성에 따라 삼라만상을 다스리고 지탱해나가는 신적이고 우주적인 지혜가 존재한다는 믿음이다. 달리 말해 지혜문학은 일상의 삶에서 일정한 법칙을 찾아내고 그 법칙에 따라 사는 사람은 현명한 사람이며, 반대로 이와 같은 사실에 관심을 기울이지도 않을 뿐더러 우주 질서를 무시하는 사람은 어리석은 사람이라고 가르친다. 자연에 질서가 있듯이 인간은 누구나 자기가 행한 바에 따라 그 대가를 받는다. 그렇기 때문에 현인은 지혜를 얻고 지혜와 더불어 행복하고 평온한 삶을 일구어나갈 것이며, 어리석은 자는 괴롭고 답답한 인생을 살아갈 수밖에 없다는 것이다.

사실 "오경, 역사서, 예언서가 본질적으로 이스라엘의 하느님께서 당신이 선택하신 백성의 역사에서 보여주신 계시와 그 계시의 수용을 내용으로 한다면, 이스라엘의 현인들은 역사적 전망을 넘어 주로 인간 삶의 일상 현실에 관심을 갖는 보편적 전망을 보인다. 이들은 계약에 대한 충실성이 아니라 인간 본성 안에 있는 덕성의 완전한 성숙을 권고한다. 그들의 메시지의 기반은 계약의 신학이라기보다 창조의 신학, 피조물의 신학이라고 말할 수 있다. 실상 고대 이스라엘을 포함하여 모든 인간의 삶에는 수많은 구체적 사실과 일상적 현실, 해야 할 선택과 결정, 지녀야 할 태도 등, 계약 신학으로 해결되지 않는 수수께끼들이 있게 마련이다. 성경의 다른 부분들이 다루지 않는, 흔하고 일상적인 이 많은 구체적 체험을 현인들이 규명하려 한 것이다"(질베, 《하늘의 지혜》, 18 참조).

이처럼 지혜문학의 지혜는 역사적 사실과 무관하기에 시간과 공간의 제약을 받지 않는다. 인간이면 누구나 어느 시대, 어느 사회에서나 신적이고 우주적인 지혜를 어떻게 해서든 찾아 얻어야 하며, 지혜에 따라 살아야 한다는 요청을 받는다. 그러므로 지혜문학서는 율법서나 예언서에서 말하는 이스라엘의 구원 역사, 곧 하느님과 당신 백성 사이의 계약 관계와 역사 안에서 힘 있게 활동하시는 야훼 하느님에 관한 내용을 거의 다루지 않는다. 하느님에 관해 언급할 때에도 구원하시는 주 하느님이 아니라 창조하신 하느님, 우주 질서를 유지하여야 할 하느님에 대해 생각하며, 예언자들이 그러하듯이 종교와 사회, 그리고 정치에 대해 비판적 입장을 갖는 경우도 간혹 있다.

인간이 질서를 존중하며 일정한 법칙에 따라 살아야 한다는 것은 고대 근동의 사고 세계에서도 볼 수 있다. 예를 들어, 이집트에서는 질서 또는 정의를 뜻하는 마아트에 따라 사는 사람이 인생의 성공을 보장받는다고 가르쳤다. 반대로 마아트를 무시하는 사람은 결국 인생의 실패를 맛보게 된다는 것이다(아래 제4부 "고대 근동의 지혜문학" 참조). 마찬가지로 성서의 지혜문학 안에도 현인과 어리석은 자가 있을 뿐이다. 하느님은 지혜를 따라 사는 사람에게는 행복을 보증하시지만, 어리석은 자는 반드시 멸망한다고 가르친다.

성서의 지혜문학서들은 어휘와 문체가 성서의 다른 부분들과 크게 다르며, 자체의 특수한 문학 양식을 가지고 있다. 일상에서 경험한 바를 대개 한 줄 또는 두 줄로 이루어진 짧막한 경구로 표현함으로써 주어진 상황을 정확하게 규정한다. 욥기와 코헬렛에서 볼 수 있듯이, 지혜의 가르침이 때로는 논쟁 형식이나 대화, 또는 개인 성찰 형태로 표현되기도 한다. 가르침이나 경구를 듣고 읽는 청중이나 독자는 이를 실행활에 적용함으로써 조화로운 삶, 행복하고 평안한 삶을 보장받는다. 이러한 가르침들이 대대로 전해지면서 특수한 전통의 한 흐름을 형성하게 되었고, 이 경험들이 응집되어 성서의 지혜문학서들을 이루었다. 그러나 성서의 지혜문학은 지혜 자체가 근본적으로 하느님으로부터 유래하며(욥 9,4; 12,13; 28,23) "주님을 경외함은 지식의 근원"(잠언 1,7 이하 참조)이라고 가르친다는 점에서 메소포타미아와 이집트의 자연신학에 근거한 지혜의 가르침과는 분명히 구분된다.

1. 잠언

히브리어 성서 안에는 지혜의 가르침을 짧은 문장으로 집약하여 실제 생활에 유용하도록 도움을 줄 수 있는 문학 유형들이 있다. 비록 이들의 형태가 서로 같지는 않다고 하더라도, 이들은 '탁월한 경구' 또는 '힘을 지닌 말'로서 실생활에 도움을 주는 실천적 조언들이다. 이러한 형태의 금언이나 잠언들을 한곳에 수집한 것이 이스라엘 지혜문학의 대표작이라 할 수 있는 '잠언'이다. 이 책은 마치 젊은이들을 가르치기 위한 윤리 교과서인 것처럼 생각되기도 했다.

유다 전통은 이 책을 "이스라엘 임금 다윗의 아들 솔로몬의 잠언"이라고 이름지었으나(잠언 1,1; 참조 1열왕 5,12), 실제로 솔로몬이 이 책을 썼다고 말하기는 어렵다. 물론 솔로몬이 잠언의 일부 또는 핵심 부분을 직접 저술 또는 편집했다는 사실을 완전히 부정할 수는 없을 것이다. 그러나 그가 잠언 전체는 물론 "솔로몬의 잠언"이라는 표제 아래 실린 모든 잠언에 대해서도 실질적 저자 또는 편집자라고 말할 수는 없다.

칠십인역은 히브리어 성서의 잠언 제목을 번역하면서 "솔로몬의 비교들παροιμίαι Σαλωμῶντος"로 옮김으로써 "잠언"을 뜻하는 히브리어 머샬림משלים을 "비교"(비유)로 번역하였다. 칠십인역과 마찬가지로 라틴어 불가타 성서는 이 책을 "솔로몬의 비유들Parabolae Salomonis"로 옮겼다.

잠언은 언제, 어떤 절차를 거쳐 편집되었는가? 무엇보다 먼저 히즈키야 시대에 핵심 부분 25-29장이 완성되어 있었을 것이다. 사실 이 모음집에 들어 있는 잠언들 가운데에는 솔로몬의 시기까지 거슬러 올라갈 수 있는 것들도 있다. 여기에 두 개의 부록, 곧 30장과 31,1-9이 첨가되었다. 그리고 유배 이후의 시기에 솔로몬으로부터 유래하는 것으로 소개된 잠언들이 첨가되었다(10-24장). 마지막 단계에 이르러 나머지 모음집들에 대한 서론으로 1-9장이 첨부되었다. 때는 기원전 4세기 무렵이었다.

잠언의 현재 형태는 유배 이후 작성된 긴 서문(1-9장) 다음에, 10,1부터 31,9 사이에 잠언 모음집 7개가 삽입되었다. 이어서 결문 격으로 훌륭한 여인에 대한 묘사(31,10-31)가 자리하는데, 이것 역시 유배 이후 편집자들에 의하여 작성되었다(질베, 《하늘의 지혜》, 27).

잠언 1-9장과 10-31장은 분명히 서로 다른 유형의 문체와 내용으로 되어 있다. 잠언 1-9장은 지혜의 기원과 지혜가 가져다 주는 결과 등 지혜의 주제를 계속해서 발전시키고 있으나, 잠언 10-31장에 수집된 경구들은 대부분 단일 문장의 잠언들로 일정한 질서 없이 배열되어 있다. 여러 금언이 하나의 공통된 주제를 중심으로 모이는 경우는 비교적 드물지만, 간혹 발음이 비슷하다는 이유로 결합되기도 한다. 따라서 대부분의 금언은 내용이 같다든가 하는 뚜렷한 이유 없이 서로 연결되어 있다.

잠언의 기본 구조와 짜임은 다음과 같다. 곧, 표제와 지혜의 가르침에 관한 잠언 1-9장(= A)과 훌륭한 여인에 대해 묘사하는 잠언 31,10-31(= A')을 외부 틀로 일곱 개의 모음집이 배열되어 있다.

- A. 1-9장　　　　　　표제와 지혜의 가르침
- 1. 10,1-22,16　　　　솔로몬의 잠언
- 2. 22,17-24,22　　　 현인의 말
- 3. 24,23-34　　　　　이 또한 현인의 말
- 4. 25-29장　　　　　 솔로몬의 잠언
- 5. 30,1-14　　　　　 아구르의 말
- 6. 30,15-33　　　　　숫자 잠언
- 7. 31,1-9　　　　　　르무엘의 말
- A'. 31,10-31　　　　 훌륭한 여인에 대한 묘사

잠언이 본질적으로 실천적 내용을 다루는지, 혹은 종교적 내용을 다루는지에 대해 의문이 제기되기도 한다. 그러나 이스라엘의 경구들이 세속적 성격에서부터 신앙적 성격이 매우 강한 것으로 점차 발전해나갔다는 생각은 경계해야 한다. 우리가 개개의 잠언을 들여다보면, 〈잠언〉에 나오는 단일문들이 가르치는 윤리는 일상 삶의 길을 가르치는

것으로 보인다. 하느님은 이따금 언급될 뿐이며, 올바른 행동이 종교적 의무로 간주되는 곳은 거의 없다. 그러나 만약 우리가 이 단일문들을 1-9장의 관점에서 바라본다면, 10-31에서 제공하는 조언은 하느님의 선물로 이해될 수 있다.

이 자리에서는 뚜렷한 신학 관점 아래 쓰인 서문 1-9장과 "훌륭한 아내"를 찬양하는 결문 31,10-31에 대해서만 간략하게 언급하겠다.

1) 잠언 1-9장

바빌론 유배 이후에 편집자들에 의해 마지막에 작성된 잠언 1-9장의 기본 골격은 표제(1,1)와 머리글(1,2-7), 그리고 지혜의 가르침과 담화를 담고 있는 지혜시로 구성되어 있다. 그러나 서문의 구조는 아직 명확히 밝혀지지 않았다(질베, 《하늘의 지혜》, 55-57 참조).

표제와 머리글에서는 이 책의 저자를 소개하며 금언들을 수집하게 된 목적을 밝힌다. 윤리·도덕적 면에서는 실천적 가르침을 제시하고(3-5절), 지성적 면에서는 진리(6절)를 제시하려는 것이 그 목적이다. 그러나 계속해서 "주님을 경외함"(1,7; 참조 31,30)이 모든 지혜의 근원이라고 밝힘으로써 이 책이 전체적으로 신앙에 바탕을 두고 있음을 분명히 밝힌다.

서문은 두 가지 유형의 담론으로 되어 있다. 첫째 유형의 담론은 인격화된 지혜의 담론이며, 둘째 유형의 담론은 독자를 "내 아들", 또는 "아들들"이라고 부르는 한 가정의 아버지 또는 어머니에 의하여 발설된다.

잠언 모음집들의 도입 역할을 하는 서문을 끝맺는 잠언 9장에서는 두 장면이 뚜렷한 대조를 이룬다. 곧, '지혜'라는 여인의 초대(9,1-6)와 자신의 집에 초대하는 '우둔함'이라는 여자의 초대(9,13-18)가 좋은 대조를 이룬다. 지혜와 우둔함이라는 여자는 이전의 여러 장에서 지혜의 두 담론(1,20-33; 8장)과 행실 나쁜 여자에 관한 경고를 통하여 준비된 것이다. 행실 나쁜 여자에 대한 경고는 자주 나왔고 서문 후반부에서 길게 전개되었다(질베, 《하늘의 지혜》, 56-57 참조).

결국 서문의 저자는 지혜로운 사람과 어리석고 우둔한 사람을 대비시켜 생명에 이르는 길과 죽음에 이르는 길을 제시하려고 한다. 어리석음을 버리고 지혜의 초청을 받아들이면 생명을 얻을 것이지만, 어리석음을 따르는 사람에게는 죽음이라는 대가가 있을 뿐이다. 지혜를 멀리하는 어리석은 자는 세상의 쾌락을 맛보고 있는 사이에 이미 죽은 혼백이 머무는 저승 세계에 있는 것과 다름이 없다.

2) 잠언 31,10-31

잠언에는 여자에 대한 언급, 특히 남자에게 해로운 여자에 대한 언급이 많다. 그것은 여자 그 자체에 문제가 있어서라기보다 남자, 특히 젊은 청년들이 창녀로 대표되는 그런 여자의 올가미에 쉽게 빠져들 수 있기 때문에, 이를 경계시키기 위해서다. 그래서 잠언의 현인은 구약성서의 다른 현인들과 마찬가지로, 만약 젊은이가 "조심하지 않으면", 언제 목숨을 잃을지 모른다(잠언 5,4-5; 7,22-23 참조)고 가르치며 희생 제물이 되지 않도록 경고한다.

여자에 대한 이와 같은 부정적 측면과 달리, 마지막 장에서는 '힘 있는 여인', 곧 "훌륭한 아내"를 매우 아름다운 말로 칭송한다.

이 찬가는 익명의 한 여인에게 바쳐진 긴 시詩이다. 또한 이 단락은 알파벳 시이기도 하다. 각 절의 첫 글자는 알파벳 순서대로 시작한다. 히브리어 본문에서 첫 절은 알렙א으로, 마지막 절은 타우ת로 시작한다. 이것은 시에서 특징적으로 쓰이는 문학 장치로, 목적은 전체성을 강조하는 데 있다. 알파벳 시는 찬양(시편 111-112편)이거나 기도(시편 9-10편), 또는 묵상(시편 37; 119편)이나 예언 신탁(나훔 1,2-8; 애가 1-4장), 크나큰 고통의 울부짖음일 수 있다. 이 장치 자체는 지혜문학적인 것이 아니지만, 잠언 31장에서는 여인의 특출한 자질을 강조하기 위하여 사용되었다.

이 찬가에서 칭송하는 여인은 남편의 자랑거리이며 부지런하여 집안일을 두루 보살피고, 현명하며 친절하고, 베풀 줄 알고 남편과 자식을 성공하게 만든다. 또한 그녀는 무엇보다도 주님을 경외할 줄 아는 신앙인이다(30절). 이와 같은 훌륭한 아내는 고대 이스라엘에서 행복한 남자의 아내가 떠맡았던 수준 높은 역할을 보여주고 있다는 점에서 대단히 흥미로운 시이다(룻 3,11 참조).

잠언의 신학적 의미를 다음과 같이 간추릴 수 있다.
① 잠언은 유일신 사상을 당연한 것으로 받아들인다.

② 하느님은 지혜와 능력과 신성에 있어 최고의 절대신으로 여겨지고 있으나, 잠언은 천사나 악마 등의 초자연적 존재에 대해 언급하지 않는다.
③ 메시아 또는 국가적 차원의 구원자에 대해 언급하지 않는다.
④ 현인들은 자기들의 말에 권위를 부여하기 위하여 신의 이름으로 말을 하거나, 혹은 권위 있는 어떤 책을 가리키지 않는다. 그들은 자신들의 이름에 권위를 부여하여 말한다.
⑤ 구약성서의 대부분에서 볼 수 있는 것처럼, 종말론에 대해 단순하고 초보적 개념을 드러낸다.
⑥ 잠언이 올바르게 사는 이를 칭찬하고 하느님이 세상을 지혜롭게 다스리신다는 사고를 드러내고 있는 것은, 잠언이 일반적으로 종교서라는 것을 의미한다. 현인들은 독립된 사상가들이었으나, 지혜가 궁극적으로 하느님께 달려 있음을 의심하지 않았다(잠언 1,7; 9,10; 15,33 참조).

2. 욥기

욥기의 큰 주제는 비교적 단순하다. 욥은 의인으로 제시되고 하느님이 사탄의 제안을 받아들여 그를 시험할 것을 허락하신다. 세 친구가 욥을 찾아와 욥이 죄를 지었기 때문에 고통받는 것이라며 설득한다. 그러나 욥은 안간힘을 다해 친구들의 충고를 거부한다. 네 번째로 한 젊은이가 나타나 고통이 갖는 교육적 의미를 지적하며 욥의 문제를 해결하려고 시도한다. 끝으로 주님이 출현하시고 자연의 장엄한 광경이 묘사된다. 하느님의 모든 말씀이 끝나고 마침내 욥은 회복되어 처음의 행복한 삶을 다시 누린다. 의인 욥이 시련을 견뎌내고 더 크고 새로운 복을 받음으로써 욥의 이야기는 행복하게 끝난다.

다른 한편, 욥기는 여러 가지 이유로 수수께끼와 같은 책이다. 무엇보다도 욥기의 언어가 명확하지 않다. 히브리어로 쓰여 있으나 구약성경 전체에 단 한 번 나오는 단어(hapax legomena)가 많으며 아람어와 아랍어를 반영하는 단어도 많다. 또한, 이 긴 책은 여러 사람에 의해 쓰인 것으로 보인다. 더 나아가 역사적 지명에도 문제가 있다. 욥은 우츠 지방의 사람이라고 말하는데(1,1), 이곳을 에돔(아랍 북쪽)이라 주장하는 학자들이 있는가 하면, 하란(시리아쪽)으로 보는 사람들도 있다. 설령 주인공 욥이 히브리인이나 유다인이 아니라 하더라도 저자는 분명히 이스라엘의 신앙을 가진 사람이다. 욥기에 이스라엘의 땅이나 문화에 대한 언급이 없다는 사실은 그리 놀라운 일이 아니다. 왜냐하면, 욥기는 성조 시대를 반영하고 있으며 욥기에 나오는 인물들이 딱히 유다인이 아니기 때문이다. 욥기의 내면에 흐르고 있는 본래의 전승은 비이스라엘의 이야기에 근거할 수 있으나, 저자는 이스라엘 신앙에 따라 욥기를 쓰기 위해 이런 전승을 받아들일 수도 있었다.

끝으로, 욥기는 역사적 사실을 언급하지 않기 때문에 이 책의 내용이 어느 역사적 상황을 배경으로 하는지 알 수 없다. 그런가 하면 욥은 실제 인물이 아니라 문학적 허구의 인물이라고 주장하는 학자들도 있다. 이와 같은 점들이 애매하기 때문에 욥기는 수수께끼 같은 책으로 여겨진다(박요한 영식, 《욥의 외로운 기도》, 18-19).

1) 문학 구조

욥기의 본문은 산문으로 된 머리말(1,1-2,13)과 맺음말(42,7-17), 그리고 운문으로 된 몸체 부분의 대화(3,1-42,6)로 구분할 수 있다. 머리말과 맺음말은 대화의 앞과 뒤에서 일종의 테두리를 이룬다. 대화는 욥이 친구들과 나누는 대화(3,1-37,24)와 하느님과의 대화(38,1-42,6)로 형성되어 있다(박요한 영식, 《욥의 외로운 기도》, 37-39 참조).

욥기의 머리말은 욥을 소개한 뒤에 다섯 가지 장면을 제시한다. 욥은 경건하고 부유한 인물로서 한순간에 설명할 길 없는 재난에 휩싸이지만, 끝까지 주님에 대한 신뢰심을 잃지 않는다.

대화 부분은 욥의 독백(3장)으로 시작하여 세 친구가 번갈아 가며 욥과 담론을 편다(4-27(28)장). 이어서 욥의 독백(29-31장)과 엘리후의 담론(32-37장)이 소개되고, 마지막으로 하느님의 말씀과 욥의 답변이 소개된다(38,1-42,6).

끝으로, 맺음말은 주님이 세 친구를 심판하시는 부분(42,7-9)과 욥이 본래 상태보다 더 좋게 회복되는 부분으로 구성되어 있다.

욥기의 내용에는 본질적 차이가 있다. 머리말에 따르면, 욥은 경건하고 정직한 사람으로서 주님이 주시는 나쁜 것까지 받아들일 준비가 되어 있다(1,21; 2,10 참조). 그는 갑자기 밀어닥친 엄청난 재앙을 개탄하기보다 영웅과 같은 태도로 받아들이기 때문이다. 저자는 외부 틀을 이용하여 욥이라는 현인, 신심 깊은 성조를 소개한다.

그러나 몸체 부분에서 몸과 마음의 고통을 극심하게 겪고 있는 욥은 반항적 인물로 묘사되고, 불의한 현재 상태를 인정하지 않으며 하느님에 대한 신뢰를 잃는 듯하다. 욥은 친구들이나 하느님에게 자신이 의롭다는 것을 주장하기 위하여 애쓴다. 하느님의 지혜는 우주 질서를 보증해야 하지만 사실은 그렇지 않다는 것이 욥의 주장이다. "하느님께서는 나를 악당에게 넘기시고 마침내 악인의 손에 내맡기셨구나"(16,11: 사역)라는 욥의 말은 서문에 표현된 욥의 생각과 크게 다르다.

여러 가지 면에서 고통받는 욥은 주어진 고통을 감수하기는 하지만, '지존하신 분께서 언젠가 반드시 정의를 회복시켜 주시리라는 확실한 믿음을 가지고 있다. 그러나 욥의 친구들은 욥이 그토록 심하게 벌을 받고 있다면, 그가 틀림없이 어떤 잘못을 저질렀을 것이라고 주장한다. 만약 욥이 아무런 잘못도 하지 않았다면, 욥은 불의한 하느님을 고발하며 저주를 퍼부어야 할 것이고, 삼라만상이 일정한 질서에 따라 조화롭게 움직인다는 믿음을 부정해야 할 것이다. 자기에게 잘못이 없다고 확신하는 욥은 하느님께 자신이 고통받은 이유를 설명해야 한다고 주장한다.

2) 중심 주제

이에 대해서는 질베 신부의 의견을 소개한다(질베, 《하늘의 지혜》, 84-85

참조).

모든 것이 미소를 지을 때에 흠 없고 올바르게 사는 것은 덕을 남김없이 드러내는 것이 아닐 수도 있다. 순금을 정련하는 도가니처럼, 의인의 참모습을 보여주는 것은 시련이다. 특히 설명할 수 없는 시련, 아무 이유가 없는 시련이 그러하다. 왜 갑자기, 때로는 연달아서, 성공을 거두었던 의인에게 시련이 닥치는가? 정직하게 얻은 행복이 왜 하룻밤 사이에 사라지는가?

자신의 무죄함을 알고 있는 진실한 신앙인 욥에게 이것은 전혀 이해할 수 없는 주님의 길이었다. 무죄한 사람의 고통은 신비로 남는다. 주님께서 원하시는 것은 무엇인가? 왜 그분의 얼굴은 더 이상 은혜로 빛나지 않는가? 왜 그분은 고통보다 더 견디기 힘든 무거운 침묵 뒤에 숨으시는가? 그분의 호의는 공격적 악의로 변한 것인가? 이 순간 나에게 하느님은 누구이신가? 몰락의 순간에 욥의 진정한 문제는 그와 하느님의 관계였다. 그는 알아볼 수 없게 된 얼굴을, 그의 하느님의 얼굴을 신앙을 부인하지 않으면서 겪어낸 절절한 시련 속에서 다시 읽어내야 할 것이고, 자기 자신을 새롭게 이해해야 할 것이고, 그가 누구인지를, 온갖 고귀함을 지니고 있으나 또한 한계도 지니고 있는 인간으로서 자신의 크기를 새롭게 깨달아야 할 것이다.

이와 같은 드라마에서 위로자는 무엇을 할 수 있는가? 고통받는 사람 곁에서, 그들의 침묵은 가장 형제적 도움일 수 있을 것이다(욥 2,13). 말을 하고 대화를 시작하는 것은 견딜 수 없는 긴장으로 끝날 위험이 크다. 고통받는 것은 욥이지 그의 친구들이 아니기 때문이다. 그래서 대화는 흐지부지 끝날 것이다. 실상 이유 없이 고통받는 의인이 대화하려고 하는 상대는 하느님이고, 하느님과 결판을 내려는 것이다.

3) 짜임과 내용

(1) 머리말(1-2장)

머리말은 욥의 행복과 윤리적 무결성을 묘사하는 도입 문구(1,1-5)로 시작한다. 욥은 에돔 지방에 속하는 우츠라는 곳에서 행복하게 살던 인물이다. 곧, 욥은 이스라엘 사람이 아니라고 말한다. 이것은 아마 욥기에서 다루는 내용이 보편적 성격을 지닌 것임을 가리키기 위한 것일 수도 있다.

  욥은 재산과 자식을 많이 두었을 뿐 아니라, "흠 없고 올곧은" 사람으로서 현인의 본보기로 제시된다. 그의 아들들이 큰 잔치를 벌이고 나면, 그들이 혹시나 죄를 짓고, 마음속으로 하느님을 욕하였을지도(히브리어 단어를 직역하면 "축복하였을지도"이다. 이 단어는 아마 완곡어법으로 사용되었을 것으로 이해하고 "욕하였을지도/저주하였을지도"라고 옮길 수 있다) 모른다고 생각하였기 때문에, 욥은 그들을 불러다가 정결하게 하였으며 아침 일찍 일어나 그들 하나하나를 위하여 번제물을 바쳤다(1,1-5).

이와 같은 서론적 묘사가 있은 후, 하늘(1,6-12; 2,1-6)과 땅(1,13-22; 2,7-10)에서 각각 두 차례 전개되는 이야기는 욥의 응답으로 마무리된다(1,20-21; 2,10).

첫 번째 이야기는 주님께서 "하느님의 아들들"에 둘러싸여 계신 천상 어전에서 전개된다. 사탄도 그들과 함께 있다. 사탄은 오늘 우리가 이해하는 악마(마귀)가 아니라, 주님의 명령을 수행하고 주님의 참사로 활약하는 천상 어전의 회원이다. 사탄은 그의 직무를 가리키는 것으로 일종의 지방 감찰관과 같은 인물이다. 사탄의 이러한 직무와 더불어 첫 번째 장면이 시작된다. 그는 욥이 "흠 없고 올곧으며 하느님을 경외하고 악을 멀리하는 사람"(1,8)처럼 보이지만, 그를 시험하면 그의 진면목을 알 수 있을 것이라고 말하며 하느님과 내기를 한다. 그러나 욥은 재난을 당하고 지금까지 누리던 모든 재산(1,3 참조)과 자식들을 모두 잃고 난 후에도 죄를 짓지 않고 오히려 하느님을 찬양한다(1,21).

그러자 사탄은 다시 천상 어전으로 돌아가 하느님께 새로운 내기를 제안한다. 그렇지만 욥은 그 모든 일을 당하고도 입술로 죄를 짓지 않았다.

이어서 욥의 세 친구들이 도착하여 적어도 외적으로는 욥을 위로한다. 그들은 목 놓아 통곡하며 욥의 상태가 너무 처참해서 입을 다무는 것이 최선의 반응이라고 생각하는 듯하다. 친구들의 도착과 더불어 욥기의 몸체 부분에서 대화가 시작된다.

(2) 대화(3,1-42,6)

몸체 부분의 대화는 욥의 독백(3장)으로 시작하여 세 친구가 번갈아 가며 욥과 담론을 펴는 것으로 전개된다(4-28장). 이어서 욥의 독백(29-31장)과 엘리후의 담론(32-37장)이 소개되고, 끝으로 하느님의 말씀과 욥의 답변이 소개된다(38,1-42,6).

① 첫 번째 연사군(3-14장)
욥의 독백(3장) - 욥이 자신의 생일에 대해서 말하는 첫 번째 저주(3장)는 간접적이기는 하지만, 하느님의 지혜와 선하심을 문제삼는다. 욥은 달력에서 자기 생일을 지우고 싶어 하면서 마술에 재능을 가진 자들을 부러워한다. 왜냐하면 만에 하나 마술 능력을 가지고 있다면 자신이 태어난 그 운명적인 날의 모든 기억을 지울 수 있을 것이기 때문이다. 또한 그는 자신이 죽어서 세상에 나왔더라면 좋았을 것이라고 생각한다. 욥은 지독한 고통을 참을 수 없어 차라리 죽는 게 낫겠다고 생각한다. 그것은 무엇보다도 하느님이 자기의 대적자가 된 것으로 여겨지기 때문이다.

엘리파즈의 첫째 담론(4-5장) - 첫 번째 친구 엘리파즈가 세 친구 가운데에서 가장 부드럽고 이해하는 마음으로 욥의 말을 받는다. 문제는 개인적이면서도 교의적 성격, 달리 말해 욥을 설득시키고 욥에게 교훈을 주려는 문제이다. 엘리파즈는 인간은 본디 죄로 물들어 있고, 하느님 앞에서 깨끗한 사람은 아무도 없다고 주장하면서 다음과 같이 말한다. "인간이 하느님보다 의로울 수 있으랴? 사람이 제 창조주보다 결백할 수 있으랴? 그분께서는 당신 종들도 믿지 않으시고 당신 천사들의 잘못조차 꾸짖으시는데 하물며 토담집에 사는 자들, 먼지에 그 바탕을 둔 자들이야! 그들은 좀벌레처럼 으스러져 버린다"(4,17-19). 바로 이런 까닭에 그는 욥이 하느님을 찾음으로써(5,8) 하느님께서 자신을 고쳐주시기를 청해야 한다(5,17)고 주장한다.

욥의 첫째 담론(6-7장) - 욥은 자신의 몸을 가리키며 대답하면서 더 이상 의지할 곳 없이 살아날 길이 아득하다고 말한다(6,1-13). "하느님의 거룩한 말씀"을 어긴 적이 없음에도 불구하고 견딜 수 없는 괴로움을 당하느니 차라리 하느님께서 손을 들어 죽여주신다면 오히려 기뻐하겠다고 말한다. 그러나 이러한 고통에도 불구하고 죽지 못하는 것을 한탄한다. 그래서 욥은 친구들에게 친구와 함께 괴로워하지 않는 자들이라고 지적하며(6,14-23), 나무라기만 하는 그들의 잘못을 고발한다(6,24-30). 친구들의 잘못은 욥이 하느님을 직접 만나기까지 계속된다. 이어서 욥은 지혜 문제로 자신의 처지를 묘사한다(7장).

빌닷의 첫째 담론(8장) - 빌닷은 하느님의 보상 원칙에 관해 설명하며 이제라도 하느님을 찾고 전능하신 분께 은총을 빌라고 말한다(8,3-5 참조).

욥의 둘째 담론(9-10장) - 하느님이 자연(9,1-10)과 인간(9,11-20)에 대해 지니신 능력을 찬미가 형태로 묘사하는데, 이는 지혜적 내용이다. 욥은 하느님의 능력은 "내가 의롭다 하여도 내 입이 나를 단죄하고 내가 흠 없다 하여도 나를 그릇되다 할"(9,20)만큼 인위적일 수도 있으며(9,20-22) 하느님께서 "나의 부르짖음을 들으신다고 믿을 수도 없다"(9,14-16)고 말한다. 욥은 하느님과 동등하지 않기 때문에 함께 재판정에 나갈 수 없다(9,32-33). 이어서 욥의 긴 탄원기도가 이어진다(10장).

초파르의 첫째 담론(11장) - 나아마 사람 초파르 역시 욥이 하느님께 용서를 청해야 한다고 주장하면서 보상 원칙에 대한 이론을 가르치려고 한다. 초파르의 담론으로 첫 번째 담론이 막을 내린다.

욥의 셋째 담론(12-14장) - 초파르는 욥을 "말을 많이 하는 사람"으로 취급하였다(11,2). 사실 욥은 초파르보다 훨씬 더 길게 말하며(3장에 걸쳐!) 달변을 토해낸다. 욥은 여기서 초파르뿐 아니라 세 친구 모두를 향해 말한다.

② 두 번째 연사군(15-21장)
엘리파즈의 둘째 담론(15장) - 엘리파즈는 욥에게 "자네야말로 경외심을 깨뜨리고 하느님 앞에서 묵상을 방해하는구려"(15,4)라고 말하며, 믿음이 부족하다고 신랄하게 비난한다. 엘리파즈는 잔혹하리만치 욥을 비난한 다음(15,2-16) 악인들의 운명에 대해 여러 가지로 사설을 늘

어놓는다(15,17-35).

욥의 넷째 담론(16-17장) – 욥의 절망적 외침이 이어진다(16,1-10). 욥을 잔인하게 대하시는 분은 하늘에 계신 하느님이시지만(16,11-17), 욥이 결국 죄 없는 사람이라는 것을 증언하는 보증인도 되신다(16,18-21). 욥은 계속해서 하느님을 향해 "진정 제 둘레에는 비웃음만 있으니 제 눈은 그들의 적대 행위를 지켜볼 뿐"이므로 제발 자기를 위하여 당신 곁에 보증을 세워주시기를 청한다(17,1-5). 욥은 "백성의 이야깃거리로 내세워져 사람들이 얼굴에 침 뱉는 신세가 되었음"을 한탄한다(17,6-16).

빌닷의 둘째 담론(18장) – 빌닷의 둘째 담론 역시 악인의 운명이 참으로 비참하다고 묘사한다. 그는 "악인의 빛은 결국 꺼지고 그의 불꽃은 빛을 잃고 말 것"(18,5)이며 "빛에서 어둠으로 내몰리고 세상에서 내쫓긴다"(18,18)고 지적하며 욥을 비난한다.

욥의 다섯째 담론(19장) – 여기서 욥의 설화는 그 절정에 이른다. 욥은 자신을 학대하시는 분은 바로 하느님이시라고 말한다(19,5-6). 욥은 하느님의 손이 자기를 쳤기 때문에 지금 이토록 큰 괴로움을 겪고 있다고 확신하지만, 결국 하느님은 자기를 위한 변호인이 되어주실 것을 의심하지 않는다(19,25-27).

초파르의 둘째 담론(20장) – 초파르는 계속해서 악인의 운명에 대해 말하지만, 거의 독백에 가깝다. 그는 "악인들의 환성은 얼마 가지 못하고 불경한 자의 기쁨은 한순간뿐임을"(20,5) 강조하며 "악한 사람이 하느님에게서 받을 운명"을 길게 나열한다.

욥의 여섯째 담론(21장) – 욥은 씁쓸한 마음으로 악한 사람들이 이 세상에서 성공하며 살고 있다는 것(21,7-16)과 그들이 사악할 뿐 아니라 하느님을 완전히 무시함에도 불구하고 여전히 벌받지 않고 복을 누리며 잘산다(21,17-34)는 문제를 지적하며 전통적 주제를 언급한다. 그러면서 욥은 "악한 자들이 오래 살며 늙을수록 점점 더 건강하니 어찌 된 일인가?"를 묻는다(21,7-15).

③ 세 번째 연사군(22-28장)
지금까지의 두 연사군과 달리 세 번째 연사군은 여러 가지 문제점을 야기한다. 특히 대화의 흐름이 유연하지 않다. 그것은 특정 본문이 분실되었거나 제 위치에 놓이지 않았기 때문일 수도 있다. 그래서 본문을 재구성하는 학자들도 있다. 이 자리에서는 성경에 실려 있는 그대로의 본문을 따른다.

엘리파즈의 셋째 담론(22장) – 엘리파즈는 여기에서 법정(22,4)이라는 단어를 사용하여 잘못이 없는 욥을 하느님께서 꾸짖으시고 재판에 붙이실 리가 없으니 하느님과 화해하라고 주장한다. 그러면서 엘리파즈는 "자네의 악이 크지 않은가? 자네의 죄악에 끝이 없지 않은가?"라고 다

그친다(22,4-5). 엘리파즈는 자신이 결백하다고 주장하는 욥에게 잘못이 있음을 인정해야 한다고 말한다. 엘리파즈의 말투는 예언자가 백성의 잘못을 꾸짖는 듯한 말투다.

욥의 일곱째 담론(23-24장) – 욥은 하느님을 직접 만나 자신의 결백함을 털어놓고야 말겠다고 주장한다. 그러나 그는 하느님은 "동녘으로 가도 그분께서는 계시지 않고 서녘으로 가도 그분을 찾아낼 수가 없구려. 북녘에서 일하시나 하건만 눈에 뜨이지 않으시고 남녘으로 방향을 바꾸셨나 하건만 뵈올 수가 없구려"(23,8-9)라고 말한다. 욥은 계속해서 자신이 결백하다는 것을 주장하면서(23,10-12) 하느님과 그분의 절대적 능력을 찬양한다(23,13-17). 24장은 전체가 악인과 악인들이 받아야 할 운명을 묘사한다. 이 담론은 친구들 가운데 한 사람이 발언했을 법한 내용이다.

빌닷의 셋째 담론(25장) – 단 여섯 구절로 구성된 담론이며 토론의 여지가 없는 하느님의 능력과 하찮은 인간을 묘사한다.

욥의 여덟째 담론(26-27장) – 여기에는 하느님의 초월성(26,5-14)과 악인의 운명(27,11-23) 등 여러 주제가 혼합되어 있어 이들을 단일 주제로 묶기가 쉽지 않다. 그러나 여기에는 욥기를 이해하는 데에 대단히 중요한 요소가 있음을 볼 수 있다. 욥은 "맹세코 내 입술은 허위를 말하지 않고 내 혀는 거짓을 이야기하지 않으리라. 나는 결단코 자네들이 정당하다고 인정할 수 없네. 죽기까지 나의 흠 없음을 포기하지 않겠네"(27,4-5)라고 역설한다. 만일 욥이 친구들의 말을 옳다고 인정한다면, 그가 겪는 모든 인간적 상황은 전혀 해결되지 않은 채 남게 될 것이며, 결국 전통적 가르침이 옳은 것이 된다. 욥은 친구들의 말에 동의할 수 없다.

지혜시(28장) - 이어서 지혜의 기원에 대한 심원한 성찰이 나온다. 이 지혜시는 박진감 있는 욥기의 흐름을 방해하는 듯하며, 장면을 바꾸는 역할을 하는 것 같다.

④ 욥의 독백(29-31장)
욥은 자신은 불의의 희생자가 되었건만 하느님은 여전히 아무 말씀이 없으시다고 절규한다. 욥은 자신의 과거에 대해 묘사하는 일종의 자서전적 내용으로 예전의 행복(29장)과 지금의 불행(30장)에 대한 토로와 무고 선언(31,1-34)을 하면서 마지막 도전(31,35-40)을 염원한다.

⑤ 엘리후의 담론(32-37장)
욥의 네 번째 친구로 등장한 엘리후가 욥과 세 친구들을 대단히 못마땅하게 생각하며 그들에게 화를 낸다(32,2-5). 그리하여 엘리후가 입을 열어 자신의 소견을 발표한다. 엘리후는 친구들과 동일한 이론을 내세우나, 세 친구들이 충분히 말하지 못한 내용을 더욱 발전시키며, 한편으로는 무죄하다고 주장하는 욥을 비웃고(33-34장), 다른 한편으로는

하느님의 피조물인 인간으로서의 논리를 편다(36-37장)(스쁘레아피꼬, 《욥기의 희망 수업》, 189-225 참조).

욥은 시종일관 하느님께 당신의 모습을 드러내시라고 요구해왔다. 따라서 욥의 말이 끝난 시점에 네 번째로 등장한 엘리후의 담론은 전체 문맥에 잘 맞지도 않을 뿐더러 지금까지 여러 담론을 청취해온 독자들이 예상했던 것도 아니다. 그래서 많은 학자들이 엘리후의 연설을 후대에 삽입된 대목으로 생각한다(박요한 영식, 《욥의 외로운 기도》, 317-327 참조). 그러나 후대의 편집자는 하느님의 개입이 있기 전에 엘리후의 담론을 이 자리에 배치함으로써 친구들의 입장보다는 더욱 세련된 논제를 들려주려고 하였을 것이다.

⑥ 주님의 첫째 말씀(38,1-40,2)과 욥의 첫째 답변(40,3-5)

폭풍 속에서 말씀하시는 하느님의 출현은 욥에게는 이미 하나의 대답이다. 사실 욥은 하느님께 자기를 심판해달라고 청했기 때문에 하느님은 유일하고 참된 이스라엘의 하느님의 이름, 곧 거룩한 이름인 야훼(탈출 19장에 따르면 야훼는 시나이산에서 당신을 계시하신 바로 그 하느님이시다)라는 이름으로 나타나신다.

하느님은 욥이 잊어서는 안 될 세 가지 한계점, 곧 인간 수명의 한계, 지식의 한계, 능력의 한계를 지적한다. 하느님이 세상을 창조하실 때 아직 존재조차 하지 않았던 인간은 죽어야 할 피조물이다(38,4.21). 인간 수명에 한계가 있다는 말은 인간은 영원히 존재하시는 하느님에 대해 결코 다 알 수 없다는 것이다. 그래서 하느님은 욥에게 집요하게 질문을 던지며 욥이 "아는 것"이 별로 없음을 일깨워주신다. 더 나아가 하느님이 던지시는 수사학적 질문은 욥으로 하여금 "해본 일"도 "할 수 있는 일"도 없음을 깨닫게 한다.

⑦ 주님의 둘째 말씀(40,6-41,26)과 욥의 둘째 답변(42,1-6)
하느님은 욥에게 당신이 하시는 일을 알 만한 지식과 능력을 가지고 있음을 강조하신다.

그동안 자신은 무죄하므로 분명히 하느님께 잘못이 있으리라고 주장할 만큼 욥은 흑백논리에 갇혀 있었다. 그러나 이제 욥은 깨우침의 순간에 이르렀다. 욥은 세상의 실재를 새로 발견하고 사물을 다르게 보기 시작한다. 이제 욥은 인과응보의 원칙에 따라 창조계의 장관을 설명할 수는 없지만 거기에는 하느님의 계획이 있음을 안다. 이 순간 욥은 하느님을 체험한다. 이제 욥은 새로 태어난 사람과 같다(박요한 영식,《욥의 외로운 기도》, 336-338 참조).

(3) 맺음말(42,7-17)

이 마지막 대목은 욥기의 몸체 부분과 독자의 정신적, 영적 평화를 마감하는 부분이며 친구들에게 내리는 심판(42,7-9)과 욥의 회복을 언급한다.

하느님은 욥이 옳고 친구들이 잘못이라고 심판하시며 친구들에게 잘못을 보상하기 위하여 제사를 바치고 욥에게 자신들을 위해 빌어

달라고 청할 것을 명하신다. 친구들은 욥의 마음이 완고하다고 비난하였으나(22,6-9), 이제 그들을 위해 중재에 나설 인물이 욥이다. 친구들은 욥에게 스스로를 위해 탄원하도록 조언하였으나(5,8; 8,5; 11,13; 22,27), 이제는 오히려 욥이 그들을 위한 탄원자가 된다. 그들은 욥의 말을 "바람"처럼 여겼으나(8,2; 15,2), 욥의 말은 이제 용서를 얻기 위한 말이 될 것이다. 이때의 욥은 "뭇 민족에게 바른 인생길을 펴줄(이사 42; 49장 참조) "야훼 하느님의 종" 주제의 하나이다.

욥은 친구들을 위해 기도드리고 "늘그막까지 수를 다하고 죽었다"(42,17). 욥기는 여기서 막을 내린다.

3. 코헬렛(전도서)

코헬렛은 한 유다인이 기원전 4세기 중엽부터 기원전 3세기 초에 이르는 시기에 예루살렘에서 썼을 것이다.

전통적으로 이 책의 저자는 히브리어로 코헬렛קהלת이라 불린다. 이 이름은 1,1의 진술로 소급되며 1,2.12; 7,27; 12,8.9.10에 나타난다. 코헬렛이라는 어휘는 사람을 가리킨다기보다 학생들을 모아 가르치던 선생의 직무 혹은 여러 자료를 한데 모아 이 책을 구성한 편집자를 가리킨다.

전통적으로 이 책의 저자가 솔로몬이라고 생각해온 것은 그가 다윗의 아들(1,1)로 기술되어 있기 때문이다. 그러나 사실은 이 책의 저자가 솔로몬의 권위를 빌려 차명으로 지혜의 가르침을 전개하고 있다.

흔히 코헬렛을 인식론적 회의론자, 혹은 극단적 비관주의자 내지 쾌락주의자로 이해해왔다. 그 까닭은 무엇보다도 "헛되고 헛되다, 모든 것이 헛되다"라고 말하는 구절이 자주 되풀이되기 때문이다. 그러나 최근의 연구 결과 코헬렛을 이와 같은 종래의 범주에 묶어둘 수 없다는 목소리가 높아가고 있다. 그의 끊임없는 성찰은 과학적 연구 방법에 그 기반을 두고 있으며, 모든 것에 의문을 제기하면서 새로운 가치 매김을 시도한다. 그의 사고 대상은 순수한 사변으로 그치지 않고 경험에 바탕을 두었으며 언제나 인간의 일이었기에 인간 중심주의적이었다. 또한 모든 것을 있는 그대로 간파했다는 점에서 그는 참으로 현실주의적 사고를 가진 사람으로 보인다. 그러나 그는 가슴속 깊은 한편에 하느님께 자리를 마련해드리고 있었기에 그의 가르침은 진정한 의미에서 신학적인 것이기도 했다고 이해해야 할 것이다. 그가 가르치는 메시지는 인간은 인간으로 머물러야 하며 결코 하느님의 자리를 뺏으려 하지 말고 하느님을 최상의 자리에 두어야 한다는 것이다. 하느님은 하늘에 계시고 인간은 땅 위에 있다는 사실을 기억해야 한다(5,1 참조). 이 사실을 깊이 인식할 때, 당신 자유에 따라 행동하시는 하느님을 현인들이 주장하는 질서의 틀에 반응하시는 분으로 생각하게 되는 일체의 위험을 배제할 수 있을 것이다.

1) 문학 구조

이 책의 구조에 대해서는 학자들의 일치된 견해가 없다. 학자들마다 의견이 서로 다르기 때문이다. 일반적으로 수긍하는 바에 따르면, 서언(1,1-11)과 결언(12,9-14)은 몸체 부분의 저자와 다른 저자에 의해 쓰였다. 1,2의 문장이 12,8의 문장에서 되풀이되는 것을 고려할 때, 이 책의 몸체 부분은 1,3-12,7이라고 조심스럽게 말할 수 있다. 몸체 부분의 본문은 다시 여러 개의 단편적 경구로 구분되거나 일정한 주제에 따라 함께 묶이기도 한다. 이와 같은 특성들로 인해 코헬렛에는 사고의 논리적 발전이 없는 것처럼 보이기도 한다. 그래서 코헬렛을 작은 단위의 본문으로 나누면서 서로 독립된 단락들이 수집되어 한 권의 책으로 묶였거나, 여러 사람의 손을 거쳐 한 권의 책으로 완성되었다고 주장하는 학자들도 있다. 그러나 이러한 주장과 달리 이 책에는 전체를 한데 묶어주는 주제가 있으며, 이 주제에 따라 논리적으로 발전된 형태를 이루고 있다는 목소리도 결코 적지 않다(A.G. Wright, N. Lohfink, F. Rousseau). 그러므로 코헬렛을 일정한 논리에 따라 쓰인 책으로 볼 것인가의 여부에 따라 전체적 틀을 재형성할 수 있는 가능성도 결정된다.

결론적으로 말해, 몇 가지 어려운 점이 있기는 하지만, 우선 중요한 것은 코헬렛을 단일한 성서 책으로 간주하는 일이다. 이는 저자 자신 안에 여러 생각이 함께 있을 수 있음을 인정하는 것이며, 지금 우리가 가지고 있는 대로의 성서를 이해하고 설명하려고 노력하는 올바른 자세기기도 하다. 사실 그리스도교 역사는 오늘 우리가 가지고 있는 이 책 전체를 하느님의 말씀으로 이해하고 그 안에서 하느님의 뜻을 읽어 왔다는 것을 기억해야 한다.

2) 내용

이 책의 저자가 코헬렛이라고 밝히는 제목 다음에, 모든 것이 무상하다는 말로 시작하여(1,2) 만물이 돌고 돈다는 개념이 발전된다. 모든 것이 계속 되풀이되기 때문에 하늘 아래 존재하는 것치고 어느 하나 새로운 것이란 없다고 말한다(1,3-11).

코헬렛은 1,12-18에서 이 세상에서 이루어지는 일을 깨치고 싶었다. 그러나 "구부러진 것은 똑바로 될 수 없고 없는 것은 헤아려질 수 없다"(1,15)는 사실을 깊이 인식한 인간이 하는 모든 일은 결국 바람 잡는 것과 같다고 말한다.

인간의 노고와 지혜에 대해 성찰한 코헬렛은 자신이 역사상의 솔로몬이 누렸던 것과 같은 부귀영화를 누렸다는 사실을 밝힌다(2,1-11). 그는 많은 재산을 모으기 위하여 스스로 노력했고 지혜와 더불어 수고한 결과로 얻은 것을 마음껏 즐겼다고 말하면서, 그것이 곧 자신의 고유한 몫이라고 말한다. 그는 인간적 차원의 즐거운 인생에 대해 언급한다.

인간은 모름지기 인생을 즐겁게 살아야 한다는 것을 강조하기 위하여 코헬렛은 먼저 지혜와 우둔함, 그리고 어리석음을 조사하기 위하여

눈길을 돌린다(2,12-26). 그는 성공하기 위하여 밤잠을 설쳐가며 애썼고 근심걱정 또한 대단했으나, 힘들여 애쓰고 또 지혜로 이룩한 결과를 자기 뒤에 오는 사람에게 넘겨주지 않으면 안 되는 것이 현실임을 직시한다. 인간의 수고가 가져올 수 있는 그 어떤 것도 영원하지 않으니, 애써 얻은 그 모든 것이 결국 무상한 것에 지나지 않는다는 결론에 이른다. 그럼에도 불구하고 그는 기쁨을 누리는 것은 자신의 고유한 몫이며 살아 있는 인간이 누릴 수 있는 특권임을 관찰한다. 그러나 코헬렛은 기쁨의 원천이 하느님께 있음을 분명히 밝힌다. 인생의 기쁨이란 하느님의 손에서 연유한다는 것이다. 이렇게 하여 기쁨이 신학적 차원을 갖는다는 것을 강조한다.

이어서 코헬렛은 모든 것에 때와 시기가 있다는 아름다운 시를 소개한다(3,1-8). 그런 다음 그는 인간의 일과 하느님의 행위에 관해 성찰하면서 '태양 아래서 애쓰는 인간에게 과연 어떤 이득이 있을 수 있는가?'라는 문제에 초점을 맞춘다. 그러면서 그는 먹고 마실 것을 권한다(3,12-13). 코헬렛은 계속해서 불의한 현실에 대해 성찰하는 가운데 하느님의 개입이 있기까지 이 세상에서 인간의 사악한 행위는 계속된다고 관찰하며 '좋은 어떤 것', 곧 즐거운 인생을 살 것을 권면한다(3,22).

저자는 잠언적 경구들을 소개하는데, 이들은 전통적 지혜 가르침을 담고 있다(4장). 또한 코헬렛은 억울한 일을 당하는 자들의 뼈아픈 현실을 소개하며 그들의 말에 귀를 기울이는 사람이 아무도 없음을 한탄한다. 욥과 마찬가지로, 코헬렛은 인간은 차라리 태어나지 않은 것이 더 낫다고 말한다(4,2-3). 이어서 코헬렛은 종교적 내용(4,17-5,6)과 일련의 잠언적 표현을 소개한다(5,7-11).

코헬렛은 세상에서 볼 수 있는 두 가지 나쁜 상황을 고찰하며(5,12-14; 5,15-16), 불행을 겪어 모든 재산을 날려버렸기 때문에 자신의 노고에 대해 아무런 이득도 끌어올리지 못한 비참한 상황을 관찰한다. 그 결과 인간의 몫으로 확실한 것을 누릴 것을 권면하면서 하느님은 '사람의 마음의 기쁨 속에서 당신을 드러내신다'고 결론을 내린다(5,17-19). 코헬렛은 다시 잠언적 가르침을 언급하며 지나치게 지혜롭지도 말고, 너무 악하게 살지도 말 것을 권한다(7,16-17).

그런 다음 코헬렛은 '참으로 지혜로운 사람이 어떤 사람인가'의 문제를 발전시키며 "하느님 앞에서 임금에게 충성을 맹세했거든 임금의 명령을 준수하여라"(8,2: 사역) 하고 권한다. 하늘 아래서 벌어지는 온갖 일을 다 알아보려고 애쓴 코헬렛은 "악한 행동에 대한 판결이 곧바로 집행되지 않기 때문에 인간의 아들들의 마음은 악을 저지를 생각으로 가득 차 있다"(8,11)고 관찰한다(8,10-14). 그래서 그는 "태양 아래에서 먹고 마시고 즐기는 것보다 인간에게 더 좋은 것은 없다"는 말을 되풀이하며 다시 한번 하늘 아래서 하느님께서 부여하신 짧은 생애 동안 즐겨야 한다고 강조한다(8,15).

코헬렛은 자신의 과거를 돌이켜 보며 지혜와 세상에서 사람들이 애쓰는 수고에 대해 알려고 했으나 결국 인간은 알 수 없다는 결론에 이른다. 그 이유는 모든 인간이 하느님의 손에 달려 있고 또 죽어야 할 존재이기 때문이다. 그렇지만 죽은 자들과 달리, 살아 있는 이들은 그래도 무엇인가를 희망할 수 있다. 그 가운데 하나가 아내와 함께 인생을 즐기는 것이라고 말한다(8,16-9,10).

이어서 코헬렛은 죽은 파리 한 마리가 향유 제조자의 기름을 악취 풍기며 썩게 하는 것처럼 작은 어리석음이 지혜와 명예보다 더 무겁다는 점을 지적하면서 '권력과 사회질서의 혼란'과 '인간 활동의 위험', 그리고 '어리석은 자의 수다'를 꼬집는다. 그런 다음 "어린아이가 임금이 되어 다스리고 고관들이 아침부터 잔치를 벌이는 나라는 불행하다"(10,16)는 말로 임금과 권력에 대해 언급한다(10장).

코헬렛은 다음 11장에서 일련의 잠언을 다시 소개하지만, 서서히 이 책의 결론 부분을 준비한다. 여기에 언급된 빛, 눈, 태양, 젊은 시절의 표상은 인간 실존의 한계성을 묘사함과 동시에 청춘을 즐겁게 보내야 한다는 것을 지적하기도 한다. 그래서 그는 "네 마음에서 근심을 떨쳐버리고 네 몸에서 고통을 흘려버려라. 젊음도 청춘도 허무일 뿐이다"(11,10)라고 충고한다.

코헬렛은 마지막 장에서 기울어가는 인생을 적나라하게 묘사하며 책의 첫머리에서 표현했던 '모든 것이 허무하다'는 말을 되풀이한다(12,1-8). 마지막 편집자는 코헬렛이 참으로 현인이었다는 것과 "하느님께서는 좋든 나쁘든 감추어진 온갖 것에 대하여 모든 행동을 심판하신다"(12,14)는 사실을 명심하라고 당부한다(12,9-14).

3) 보상 원칙

코헬렛은 전통적으로 당연시되어 온 보상 원칙이 붕괴되었음을 여러 측면에서 지적하며 한탄한다(4,1-3; 7,15; 8,5-11). 인간 삶의 상황과 현실을 관찰할 때, 현인들이 제공하는 지혜를 따르는 사람이 반드시 축복을 받는 것도, 인생의 성공을 보장받을 수 있는 것도 아니라는 것이다. 세상에는 착하게 사는데도 끊임없이 고통을 받는 사람이 있는가 하면, 악한 짓만 골라 하고 남들 보기에 경건한 신앙인으로 행세하며 하느님을 찾아 기도하지만 계속 평안하게 사는 사람이 있다는 것이다(7,15; 8,11-14). 더 나아가, 만일 하느님이 정의로우신 분이라면 당연히 착한 사람에게 복을 주시고, 악한 사람을 벌하셔야 하지만, 현실은 그렇지 않은 것처럼 보인다. 그래서 악한 행동을 처벌하지 않고 숨어 계시는 하느님 혹은 감추어진 하느님을 코헬렛은 안타까운 하느님으로 이해한 것 같다.

그러나 전통적 지혜의 한계를 지적하는 코헬렛은 옛 스승들의 가르침을 문자 그대로 전수하지 않고 비평적으로 그 가치를 따져 옳다고 생각되는 것을 젊은이들에게 가르치고자 하였다(12,9-11). 그의 논리는 명확하다. 곧 그는 "하느님이 모든 것을 제때에 적절하게 창조하셨고"(3,11: 사역), "사람을 올바르게 만드셨다"(7,29: 사역)는 것을 당연한 사실로 받아들인다. 그러나 피조물로서의 인간 지혜는 한계가 있기 때문에, 그는 하느님이 하시는 일을 다 이해할 수 없다는 사실도 그대로 인정한다. 그분께서 구부리신 것을 누가 똑바로 할 수 있는가?(7,13). 인간은 모든 것을 하시는 하느님의 일을 알 수 없다(11,5). 그러므로 인간은 정해진 때가 오면 하느님이 모든 것을 질서 있게 만들어주실 것을 믿어야 한다고 가르친다. 인간이 모든 것을 다 알 수 없다는 것이 가슴

아픈 일이기는 하지만, 하느님의 손에 달려 있는 인간(9,1)은 그분이 마련하신 정해진 시간을 겸손되이 받아들여야 한다고 그는 강조한다.

코헬렛이 강조하는 바는 아무리 많은 지혜를 습득한 인간이라 해도 자신의 인생이 자기 손에 달려 있다고 생각하는 것은 대단히 위험하다는 것이다. 인간은 오히려 하느님이 오늘 나에게 내려주시는 선물이 무엇인지를 알고 그 선물을 즐기며 감사해야 한다는 것이다.

4. 시라(집회서)

이 책은 기원전 180년경 팔레스티나에서 히브리어로 기록되었다. 그 후 저자의 손자는 기원전 132년 아마도 이집트의 알렉산드리아에서, 이 책을 그리스어로 옮겼다. 손자는 이 사실을 서문에서 잘 기록하여 전하고 있다. 시라는 지혜서와 마찬가지로 막강한 위력으로 밀려드는 헬레니즘의 영향으로부터 조상들의 전통에 충실하면서도 이러한 이국 문화를 폭넓게 받아들이려는 노력을 보여준다. 사실 벤 시라의 시대에는 새로운 헬레니즘 문화가 이스라엘에 유입되어 이스라엘의 전통적이고 국가적인 신앙과 만나게 되었다. 이러한 만남에서 그는 전통을 고수하면서도 개혁의 물결을 외면하지 않고 그 균형을 유지하였다. 그의 매력은 자기 백성에게 계시된 하느님의 율법만으로 이스라엘이 살아가는 데에 넉넉하다는 것을 잊지 않으면서도 이 율법이 새로운 시대적, 역사적 상황과 만날 수 있으며 또 그런 만남을 통해 율법이 오히려 더욱 내면화되고 충실히 준수될 수 있다고 생각했다는 데에 있다. 한마디로 그는 전통주의자인 동시에 개혁주의자라고 말할 수 있다.

지성적인 면에서 균형을 유지했던 벤 시라는 일상 삶에서도 균형을 잃지 않았다. 그는 근원적인 면에서 용의주도하고 사려 깊은 사람이었으며, 동시에 종교적인 면에서는 매우 지혜롭고 신앙에 철저한 사람이었다. 그는 희비극으로 가득 찬 인간의 삶을 주의 깊게 관찰하면서 자기 몫의 삶을 살려고 노력했던 사람이다. 어떤 면에서 보면, 다른 사람들에 대한 그의 태도가 지나치게 조심스럽고 신중했던 것처럼 보이지만, 실은 열성을 다해 이웃에게 문을 열고 살았던 현인이었다. "형제나 친구를 위해 돈을 내주어 그 돈이 돌 밑에서 녹슬지 않게 하여라. 네 보화를 지극히 높으신 분의 계명에 따라 내놓아라. 그러면 그것이 순금보다 훨씬 이득이 되리라"(시라 29,10)고 충고하는 한마디 말에서 그의 인간 됨됨이를 충분히 짐작하고도 남는다.

이 책의 제목은 히브리어로는 전해지지 않는다. 그러나 그리스어 전통에 따르면 본래 제목은 "시라의 아들 예수의 지혜"이다. 이 표현에서 "시라의 아들"은 히브리어로 "벤 시라"이다. 흔히 사용되는 다른 제목은 Ecclesiasticus인데, 이는 많은 라틴어 불가타 수사본에서 기인한다. 우리말로 이를 '집회서'라 옮겼으나, 오늘날에는 전 세계적으로 저자의 이름을 따서 '시라' 혹은 '시라의 지혜', 또는 단순하게 '벤 시라'라고 부르는 경향이 커지고 있다.

앞에서 밝힌 것처럼, 이 책의 원본은 본디 히브리어로 쓰였다. 그러나 초대 교회 때부터 오늘에 이르기까지 그리스어로 번역된 성서만이 완전한 성서로 남아 있다. 그리스어 본문이 '완전하다'고 하는 이유는 19세기 말부터 발견되기 시작한 히브리어 본문은 전체 51장 중 4분의 3 정도밖에 남아 있지 않기 때문이다.

그러나 그리스어 전통은 그리스어로 기록된 시라 역시 서로 다른 두 개의 사본을 남겨놓았다. 한 사본은 짧고 다른 한 사본은 길다. 긴 본문의 그리스어 사본을 연구한 결과, 히브리어 사본과 일치하는 구절이 많이 있음이 드러났다. 결국 히브리어 사본에도 긴 본문과 짧은 본문이 존재한다는 결론에 이르게 되었다.

당시 사회의 현인 집단에 속하던 벤 시라는 이스라엘의 오랜 전통을 그대로 보존하면서도 그리스 철학이 지니고 있는 면모들을 수용하는 데에 인색하지 않았다. 그리하여 그는 문학적이고 개념적인 면에서 독창성을 보이며 새로운 것을 창출하였다. 그 가운데 지혜의 인격화 주제를 빼놓을 수 없다. 그는 24장에서 지혜의 개념을 발전시키면서 철저하게 유다 사상('지혜는 곧 토라'라는 사상)에 머물면서도 헬레니즘의 요소들에서 새로운 개념을 형성하여 토착화하는 데에 앞장섰던 현인이다.

벤 시라가 당시의 유다 문학 안에 머물렀다는 또 하나의 증거는 이스라엘 역사에서 빼놓을 수 없는 핵심 인물들을 크게 평가하고 있다는 점이다(44-50장의 조상들에 대한 칭송). 이러한 칭송을 통해서도 그의 사고를 넉넉히 알 수 있다. 그는 대사제 아론에 심취되어 있으면서도 자기 시대의 마지막 대사제 시몬 2세를 기억함으로써 사제 직분에 대한 그의 존경심을 유감없이 드러냈다.

1) 문학 구조

51개의 장으로 구성된 이 책의 구조를 밝히려는 노력들은 결국 성공하지 못하였다. 사실 학자들은 시라가 단일 작품인가 아닌가에 대해서조차 의견을 달리한다. 여러 차례에 걸친 편집 작업의 결과로 오늘과 같은 책이 존재하게 되었다고 주장하는 학자들도 있다. 물론 단락들 사이의 연결점을 보여주는 부분도 없지 않으나 일관성 있는 주제가 발전되고 있음을 인정하기는 어렵다.

학자들이 제안하는 이 책의 구조에는 한결같이 주관적 요인들이 끼어 있어서, 그 어떤 주장도 모두의 동의를 얻지는 못하고 있다. 일반적으로 인정되는 것은 51장이 이 책의 첨가 부분 혹은 부록이라는 점이다. 나머지 부분에는 지혜, 율법, 하느님을 경외함, 전례, 기도, 하느님의 정의 문제, 우정, 가난과 부 등 다양한 주제가 한데 묶여 있다. 이런 이유 때문에 이 책의 내용이나 메시지를 몇 마디로 요약할 수는 없다. 이 책을 처음부터 읽든지, 아니면 다양한 논제를 주제별로 모아 함께 읽는 것이 도움이 될 것이다.

시라에서 되풀이되는 중요한 주제 혹은 개념을 제시하는 구절들은 다음과 같다.

겸손: 3,17-24; 7,16-17; 10,28

기도: 22,27-23,6; 36,1-17; 50,22.24; 51,1-12

법: 9,15; 11,1; 17,11; 19,20; 24,23; 32,14-33,3; 35,1; 39,1

부모와 자녀: 3,1-16; 7,23-25; 16,1-4; 30,1-12; 41,5-10

사회 정의: 4,1-10; 34,21-27; 35,14-26

선조 칭송: 44,1-49,16(50,24)

여자(아내, 딸): 9,1-9; 23,22-26; 25,13-26,18; 36,21-27; 42,9-14

재산: 11,10-21; 13,1-14; 14,11-19; 31,1-11

죄와 우둔함: 16,5-23; 19,18-20,32; 21,1-22,2

지혜: 1,1-24; 4,11-19; 6,18-37; 14,20-15,10; 19,18-21; 20,27-31; 21,11-28; 24,1-32; 32,14-33,6; 37,16-26; 38,24-39,11; 51,13-30

창조: 16,24-18,14; 39,12-35; 42,15-43,33

타인과의 관계와 우정: 6,5-17; 9,10-18; 11,29-12,7; 12,8-13,1; 13,2-24; 22,19-26; 37,1-6; 38,1-15

하느님의 정의: 15,11-18,14; 33,7-19; 39,12-40,17; 41,1-13; 42,15-43,33

혀: 5,9-15; 20,1-8(침묵); 23,7-15; 28,8-26

2) 신학 주제

위의 주제들 가운데 지혜와 하느님 경외와 기도에 관해서만 간단히 살펴보겠다(안또니노 미니쌀레, 《시라》, 53-94 참조).

① 지혜

지혜는 벤 시라의 책을 이해하는 데 열쇠와 같은 역할을 한다. 그는 현인일 뿐 아니라 율법학자이기도 하다. 그래서 그는 지혜와 율법, 그리고 하느님에 대한 경외를 잘 조화시키면서 지혜를 종합하고 정리한다. 벤 시라는 지혜가 하느님의 독점 소유물이며(1,1) 유일한 현인이신 하느님(1,8)에 의해 창조되었다(1,4.9)고 가르친다. 하느님이 삼라만상을 창조하실 때 지혜는 하느님과 함께 있었고, 인간은 이 지혜를 도저히 완벽하게 다 깨달을 수 없다(1,2-3.7). 지혜를 깨닫기 위해서는 하느님의 계시가 있어야 한다. 하느님의 계시는 직접적으로 이스라엘을 그 대상으로 한다(1,8.12-13). 사실 지혜는 시나이에서의 계시와 동일시된다(17,9-12). 그러나 지혜는 예루살렘에서 시작하여 이스라엘 전체로 확산되기 때문에(24,11-14) 모든 백성과 모든 국가가 지혜에 속하게 된다(24,6). 그러므로 모든 백성과 나라와 인간이 공통적으로 가질 수 있는 것이 곧 지혜이기도 하다.

그러나 인간은 스스로 이 지혜를 찾아 나서야 한다. 지혜는 사랑받아야 하고(4,12.14) 추구되어야 하며(4,11.12), 소유되어야 하고(4,13) 존경받아야 한다(4,14). 또한 인간은 지혜에 자신을 온전히 내맡겨야 한다(15,4). 지혜와의 사랑에 넘치는 관계는 지혜를 찾는 사람에게 시련을 요구하기도 한다. 그래서 지혜를 추구하는 사람은 험난한 길을 만날 수도 있지만(4,17), 그 모든 시련을 거친 후에는 생명(4,12)과 영광의 예복(15,6), 빛나는 왕관(6,31), 평화로운 삶(4,15)과 영원한 명예(15,6)를 맛볼 수 있게 된다. 이처럼 지혜를 찾으려는 사람은 스스로 지혜의 집으로 나아가야 한다. 지혜는 자신을 찾아오는 사람을 따뜻하게 맞이할 준비를 갖추고 있다. "지혜가 어머니처럼 그를 맞이하고 새색시처럼 그를 맞아들이라. 지혜는 지각의 빵으로 그를 먹이고 이해의 물을 그에게 주리라"(15,2-3).

② 하느님을 경외함

지혜 못지않게 중요한 것은 하느님을 경외하는 마음이다. 벤 시라가 지혜에 대한 가르침을 시작으로(1,1-10) 즉시 하느님을 경외함(1,11-21)에 대해 언급하고 있다는 사실만 보아도 하느님을 경외하는 것이 얼마나 중요한 일인가를 충분히 짐작할 수 있다.

　하느님을 경외한다는 것은 하느님을 무서워한다는 것이 아니라, 무엇보다도 하느님께 자신을 완전히 맡기는 것이며, 하느님을 믿고 존경하며 하느님과 함께 있음으로써 최대의 기쁨을 누리는 것을 뜻한다. 따라서 하느님을 경외하는 사람은 그분의 법(가르침)을 준수하며 기꺼이 지혜를 찾아 나선다.

　벤 시라는 하느님을 경외함으로써 비로소 지혜를 얻을 수 있고, 지혜를 얻음으로써 하느님을 경외하게 된다고 가르친다. 달리 말해, 인간은 하느님을 경외하면 할수록 지혜 안에서 그만큼 더욱 성숙하게 되며, 지혜 안에서 성숙하면 할수록 하느님을 더욱 경외한다는 것이다.

③ 기도

인간은 우주의 질서를 통해 드러나는 하느님의 놀라운 업적들을 관찰하면서 그분의 무한한 위대하심을 즉시 깨닫는다. 그러나 인간 자신은 참으로 보잘것없는 존재라는 것을 스스로 인식하게 되며, 때로는 스스로의 힘으로 어찌해볼 수 없는 장벽에 부딪치기도 한다. 뿐만 아니라 인간은 그 조건으로 인해 끊임없이 죄를 짓고 사는 자신의 모습을 본다. 그래서 벤 시라는 한없이 위대하신 하느님은 참으로 자비로우시어 죄를 뉘우치고 당신께 돌아오는 사람을 용서하신다고 가르치며(17,20.24), 죄를 용서받기 위하여 자선은 물론 기도해야 한다고 강조한다.

물론 그가 기도에 대해 체계적으로 가르치는 것은 아니다. 그러나 그가 가르치는 기도는 매우 개인적인 기도여서 각자 자기의 처지에서 주님께 기도할 수 있고, 또 어떻게 기도해야 하는지를 잘 보여준다. 사실 전례의 경우에서와 마찬가지로 기도에 관한 그의 가르침도 지혜문학적 동기에서 심도 있게 추구된다. 구약성서의 전통에서, 예를 들어 오경에서 볼 수 있는 기도는 이스라엘 백성의 구원 역사와 깊이 연관된 기도이며 백성의 지도자가 바치는 기도이지 개인 기도는 아니다. 그리고 시편이나 예언서에서 볼 수 있는 기도는 전례와 연관되어 있다. 또한 전통적 기도의 자세는 두 손을 높이 쳐들고 하는 것이지만, 시라에서는 이러한 기도의 모습을 볼 수 없다. 이런 점을 고려할 때, 기도에 관한 벤 시라의 태도는 매우 새롭고도 신선하다고 말할 수 있을 것이다.

그는 제자들에게 기도에 관해 가르치면서 그 조건으로 무엇보다도 말을 많이 하지 않도록 충고한다(7,14; 참조 코헬 5,1; 마태 6,7). 여기에 덧붙여, 기도를 하면서 신뢰를 잃지 않아야 한다고 조언한다(7,10). 그러나 더욱 중요한 것은 기도가 윤리적으로 올바른 삶과 병행해야 한다는 것이다. 왜냐하면 죄와 기도, 죄와 찬미는 함께할 수가 없기 때문이다. 그러므로 벤 시라는 "주님께 돌아오고 죄악을 버려라. 그분 앞에서 기도하고 잘못을 줄여라"(17,25)라고 되풀이하여 강조한다. 한마디로 말해, 진정한 기도는 끊임없는 회개를 전제로 한다.

이와 같은 바탕 위에서 벤 시라는 기도에 관해 말한다. 시라 안에서 명백하게 기도 형식으로 쓰인 단락은 정욕을 억제하기 위한 기도(23,1-6)와 이스라엘의 원수들을 물리쳐달라는 기도(36,1-17), 그리고 어려운 처지에서 벗어난 데 대한 감사기도(51,1-12)이다. 이 밖에도 여러 형태의 기도가 있으나 벤 시라 자신은 이들을 문학 형식에 따라 뚜렷하게 구별하여 말하지 않는다. 그렇지만 우리는 벤 시라의 기도들을 청원기도와 탄원기도, 감사기도 혹은 찬미기도 등으로 나누어 생각해볼 수 있을 것이다.

청원기도의 경우, 먼저 이웃을 용서하지 않았으면 주님께 자기 죄에 대한 용서를 청하지 말라고 충고하면서 다음과 같이 말한다: "네 이웃의 불의를 용서하여라. 그러면 네가 간청할 때 네 죄도 없어지리라. 인간이 인간에게 화를 품고서 주님께 치유를 구할 수 있겠느냐? 인간이 같은 인간에게 자비를 품지 않으면서 자기 죄의 용서를 청할 수 있겠느냐?"(28,2-4; 참조: 마태 5,23-24; 6,12; 18,33-35). 그러므로 율법학자 벤 시라가 매일 아침 지혜를 얻기 위하여 기도하며 주님께 자기 죄의 용서를 빌듯이(39,5), 우리도 주님께 기도를 하며 자신의 죄에 대해 용서를 청해야 한다.

또한 병이 났을 때 의사를 찾아가는 것도 물론 중요한 일이지만(38,7), 완전한 치유를 주시는 분은 주님이시므로(38.2.3.9) 치유를 받기 위해서는 먼저 마음에 남아 있는 모든 죄를 깨끗이 씻어버려야 한다(38,9-10.14).

시라에서 가르치는 기도는 우리가 매일의 삶에서 반복해야 할 매우 평범하면서도 개인적인 기도이다. 청원기도 가운데 특별히 우리 마음에 와닿는 것은 '주님께서 친히 나의 생각과 말을 통제하여 주시기를 비는 기도'(22,27-23,6)이다. 이 기도를 통해 하느님을 믿는 사람으로서는 차마 할 수 없는 그릇된 말을 삼갈 수 있도록 도와주시기를 청한다(23,12-15). 사실 우리는 생각과 말로 얼마나 많은 죄를 짓고 사는가! 벤 시라는 올바른 분별력을 가지고 올곧게 살아야 한다고 누누이 충고한 후, "모든 일에 앞서 지극히 높으신 분께 기도하여 그분께서 너의 길을 진실하게 인도하시도록 하여라"(37,15)라고 결론을 내린다.

공동체를 위한 탄원기도는 36,1-17에서 볼 수 있다. 이 기도는 외세의 침입으로 인해 역사적으로 중대한 위기를 맞아 주님의 긴급한 도우심을 부르짖는 기도로서 시작부터 그 상황의 절박함을 드러낸다.

감사기도는 도움을 주신 데 대해 기도하는 51장에서 볼 수 있다. 그 내용으로 미루어 보아, 아마 벤 시라 자신이 다른 사람으로부터 모함을 받아 죽을 고비를 넘겼던 것 같다(51,7). 그렇지만 도움을 주시는 분은 오로지 하느님이시라는 확신에 찬 기도이다(51,7-11).

찬미기도에서는 무엇보다도 죄인의 입에서는 주님의 찬미가 나올 수 없다고 단정적으로 말한다. 그래서 그는 윤리·도덕적으로 올바르게 살지 않는 사람이 '어떻게 주님을 찬미할 수 있는가?'(15,9)라고 반문한다. 사실 "찬미는 지혜에서 나와야 하며 주님께서 그 찬미를 이끌어내실 것이다"(15,10: 사역; 참조 시편 33,1).

결국 하느님에 대한 찬미는 창조의 궁극 목적을 실현시키는 인간의 특별한 능력이며(17,8), 우주의 조화를 명상하면 할수록 저절로 솟아날 수밖에 없는 자연스러운 결과이다(39,12-16). 이렇게 하느님에 대한 찬미는 피조물의 지성과도 연결되기 때문에 현인이야말로 하느님을 특별한 방법으로 찬미하는 사람으로 평가된다(15,1-10; 51,1.11.12.29).

5. 지혜서

구약성서 가운데 가장 늦게 기록된 지혜서는 로마가 이집트를 지배하기 시작할 무렵, 장차 아우구스투스 황제가 될 옥타비아누스가 해전에서 승리를 거둔 기원전 31년 초 직후에 편집되었을 것이다(질베, 《하늘의 지혜》, 297).

이 책의 첫 부분은 저자가 다윗의 아들로서 이스라엘의 왕이었던 솔로몬을 생각하게 한다. "세상의 통치자들아, 정의를 사랑하여라"(1,1)라는 첫마디는 그가 왕으로서 동료 통치자들에게 하는 말투다. 비슷한 느낌을 갖게 하는 구절들을 나머지 장들에서도 찾아볼 수 있다(6,1-11; 7,1-11; 8,10-15; 9,7-8). 그렇기 때문에 고대의 성서 주석학자들은 흔히 이 책의 저자를 솔로몬이라고 믿어왔다. 그러나 솔로몬이 이 책을 직접 썼다는 주장을 의심하는 교회 교부들도 있었다. 기원전 10세기에 살았던 솔로몬이 헬레니즘 문화의 사고와 논쟁 양식으로 가득 차 있는 이 책의 저자일 수 없기 때문이다. 오늘날에는 참된 저자와 문학적 허구로서 그 이름을 빌린 차명 저자를 구분한다. 이 책의 참저자가 누구인지 그 이름은 알려져 있지 않다. 다만 그가 기원전 1세기에 알렉산드리아에서 살았던 뛰어난 학식을 가진 유다인이었으며, 헬레니즘화된 유다이즘 문학에 능통한 사람이었다는 사실 외에는 알 수 있는 것이 없다.

1) 구조와 내용

이 책의 문학 구조와 문학 양식(그리스 수사학의 웅변술 유형)을 분석하면 이 책의 단일성을 확인할 수 있다. 명확한 문학 구조를 가지고 있는 이 책은 서로 연결되어 있는 세 부분으로 구성되어 있다(1,1-6,21; 6,22-9,18; 10,1-19,22). 이들은 세 개의 큰 단락으로 예찬Encomium에 의해 구분된다(질베, 《솔로몬의 지혜 1》; 《솔로몬의 지혜 2》 참조).

그리스와 로마의 독자들에게 예찬은 대단히 학문적인 담화이다. 이러한 담화는 담화를 하는 사람이 예찬하는 바에 대해 담화를 듣는 사람(혹은 독자) 역시 똑같은 식으로 예찬하도록 만들려는 목적을 가지고 있다. 그러므로 담화의 유형은 말하는 사람과 듣는 사람 사이의 직접 접촉을 전제로 한다. 발설된 말은 듣는 사람의 마음속 깊이 스며들어야 하며 그 사람 안에서 반향을 불러일으켜 그에게 말하는 사람이 권하는 바가 구체적으로 실현되어야 한다.

서론 또는 머리말은 저자가 선택한 주제의 중요성과 그 주제가 가져다줄 수 있는 난관들 및 반대 의견들, 그리고 해결해야 할 문제들을 제시하기 위한 것이다(1,1-6,21). 여기에서 저자는 지상의 통치자들을 향해 정의를 사랑하고 주님의 길을 찾을 것을 권한다(1,1). 인간의 뱃속을 꿰뚫어 보시는 하느님(1,6)은 거짓을 말하는 자를 반드시 심판하실 것이다(1,2-12). 그러므로 저자는 '악인들은 행실과 말로 죽음을 불러내고 죽음을 친구로 여겨 그것을 열망하며 죽음과 계약을 맺는 자들'(1,16)이라고 못 박으며, 지각 없이 지껄이는 악인들의 말을 들려준다(2,1-20).

이어서 저자는 의인과 악인을 대비하면서 이 세상에서 덕을 실천하는 사람에게 반드시 행복이 주어지는 것은 아님을 인정한다(3,1-9). 그러나 악인들이 장수하는 것은 그들이 남에게 본보기가 되는 훌륭한 삶을 산 것에 대한 보상이 아니라는 점도 강조한다(4,7-14). 그러므로 저자는 "자식이 없어도 덕이 있는 편이 더 낫다"(4,1)고 평가하며 제 명을 다하지 못하고 죽더라도 안식을 누리는 사람이 바로 의인이라고 설명한다(4,7). 저자는 의인과 악인을 대비함으로써 하느님께서 친히 지휘하실 종말론적 전투는 사악한 자들의 지배에 종지부를 찍게 될 것임을 설득시키고자 한다(5,1-12). 그래서 저자는 긴 서론을 권고로 끝맺으며 권력을 쥔 자들은 심판을 받을 것임을 기억해야 하고, 불멸로 인도하는 지혜를 찾아 나서야 한다는 것을 돋보이게 한다(6,1-21).

그다음에 이어지는 예찬은 현인이 추구한 지혜 예찬이라고 할 수 있다(6,22-9,18). 이 예찬의 이면에 하느님께 지혜를 청하여 지혜의 선물을 받는 솔로몬의 모습이 드러난다. 저자는 기도를 반복하기에 앞서 지혜의 기원과 본질, 그리고 지혜가 행한 업적들을 되새긴다. 머리말 역할을 하는 첫 구절들(6,22-25)에서 저자는 솔로몬 왕의 모습으로 말하며 자신도 "다른 모든 이와 마찬가지로 죽어야 할 인간으로서 흙으로 빚어진 첫 사람의 후손"(7,1)임을 명확히 밝힌다. 그러나 그가 기도를 했을 때, 지혜와 더불어 다른 모든 재물도 덤으로 받았다(7,7-21). 왜냐하면 지혜 속에는 헤아릴 수 없이 많은 재물이 있었기 때문이다(7,12).

이어서 솔로몬은 지혜의 기원과 본성, 그리고 지혜의 활동 상황을 묘사한다(7,22-8,1). 특히 지혜의 속성은 다분히 그리스 철학의 영향을 받은 것이다(7,22-23). 거룩하고 영리하며 순결한 자들과 가장 정묘한 자들을 꿰뚫어 보는 등 지혜의 속성을 묘사한 솔로몬은 계속해서 지혜를 얻는 사람은 정신적, 도덕적으로 좋은 것을 다 얻게 된다고 강조한다(8,2-8). 바로 이런 이유 때문에 그는 성공하는 왕이 되기 위해 지혜를 아내로 맞이하려고 한다(8,9-16). 그러나 솔로몬은 지혜가 하느님의 선물임을 깨닫고 지혜를 얻기 위해 기도한다(8,17-21). 그리하여 예찬은 예찬 그 자체로 끝나지 않고 지혜를 얻기 위하여 기도하는 부분에서 그 절정에 이른다(9장). 여기에서 지혜는 인격화되어 천상에서 하느님 곁에 앉아 있는 여인의 표상으로 소개된다.

세 번째 부분에서는 지혜가 이스라엘의 고대 역사에서 행한 업적들을 상기하며, 이집트인들에게는 징벌을 내림과 동시에 유다인들에게는 축복을 가져다준 이집트 탈출 사건을 다시 읽고 해석한다(10,1-19,22).

아담부터 모세에게 이르기까지 옛 주인공들을 되새기는 것으로 시작하여 그들이 죄를 지은 후에도 지혜 덕분에 구원받게 되었음을 밝힌다(10장). 지혜는 이집트 탈출의 여정도 지도하여 성공적으로 이끌었다(11,1).

이 부분에서 특이한 점은 그리스의 문학 양식인 쉰크리시스(synkrisis, 비교比較 대조)에 의거하여 역사적 상황을 묘사한다는 것이다. 저자는 이집트 탈출 당시에 이스라엘이 받은 은덕을 파라오와 그의 백성을 친 징벌과 일곱 번에 걸쳐 비교한다(11,4-14; 16,1-19.8). 홍해에서 이집트인들을 완전히 멸망시키기까지 이러한 징벌들이 계속해서 생겨난 것은 파라오의 마음이 굳어졌기 때문이다(19,2-3). 그러나 하느님께서는 당신이 창조하신 모든 것을 사랑하시며 회개하기만을 바라시기 때문에 온건하게 벌하셨다(11,15-12,2). 의인은 이것을 본보기로 삼아 모방해야 한다(12,19-22).

제4부

고대 근동의 지혜문학

제9장 고대 근동의 지혜문학

1열왕 5,10에 따르면, "솔로몬의 지혜는 동방 모든 이의 지혜와 이집트의 모든 지혜보다 뛰어났다"고 한다. 이 말은 이스라엘 사람들이 이집트와 고대 근동의 지혜를 잘 인식하고 있었을 뿐 아니라, 오히려 그들보다 나은 지혜를 가지고 있었다는 자부심에 가득 찬 말이 아닐 수 없다.

먼저 우리가 염두에 두어야 할 것은 적어도 성서 지혜에서 볼 수 있는 많은 내용이 이스라엘에만 국한된 것이 아니며, 어느 문화 어느 사회에서나 찾아볼 수 있는 현상이라는 사실이다. 실천적 삶의 문제를 폭넓게 다루는 이스라엘의 지혜는 주변 국가들의 문학작품에서 드러나는 삶의 지혜와 크게 다르지 않다. 일상생활에서 겪는 불의한 일들과 인간의 운명에 대한 성찰을 담고 있는 일련의 작품들은 이집트와 메소포타미아의 문헌들에서도 전승되어 왔다. 성서 자체가 이스라엘의 주변 나라들의 지혜와 현인들을 암시하는 경우가 종종 있다. 성서는 이집트(1열왕 5,10 = 칠십인역 4,30; 이사 19,11.12; 사도 7,22), 에돔과 아라비아(욥 1,3; 예레 49,7; 오바 8절), 바빌론(이사 47,10; 다니 1,4.20)과 페니키아(에제 28,3; 즈카 9,2)의 지혜와 현인들에 관해 언급한다. 특히 이스라엘이 위치한 지리적, 사회적 조건으로 인해 주변 세계인 이집트와 메소포타미아, 그리고 그리스의 지혜문학 등 고대 근동의 문학과도 밀접히 연결되어 있었다.

솔로몬 시대에는 이스라엘의 안팎에서 현인들의 활동이 매우 활발하였다. 팔레스티나에서는 솔로몬의 지혜가 주변 나라들에게까지 널리 알려져 있었고, 많은 외국인이 그의 지혜를 듣기 위하여 몰려왔다(1열왕 10,1-13,24). 주변 국가들은 그들이 지닌 요술과 마술(이사 47,12-13)에 대해 긍지를 가지고 있었다(욥 5,13). 잠언이 이집트의 《아멘엠오페의 가르침》으로부터 뚜렷한 영향을 받은 점(잠언 22,17-23,14), 그리고 코헬렛이 메소포타미아의 길가메시 서사시의 문학 형태를 원용하여 지난날의 지성적 경험을 기술한 것(코헬 8,16-9,10) 등을 고려할 때, 이스라엘은 외국의 지혜를 받아들여 더욱 발전시켰다고 생각할 수 있다.

이렇게 메소포타미아의 지혜와 코헬렛 사이에서 드러나는 놀라운 유사성이나 잠언의 여러 부분과 이집트의 지혜문학 사이에서 관찰할 수 있는 유사성, 그리고 그리스의 문학작품들과 코헬렛이 가지고 있는 공통적인 문학 통념들Topoi을 보면, 성서 지혜를 더 잘 이해하기 위해서는 성서 밖의 지혜문학을 깊이 연구할 필요가 있음을 절실히 깨닫게 된다. 또한 이스라엘의 숫자 잠언은 북쪽의 가나안, 우가리트 문헌들과 연결되어 있음이 입증되었으며, 더욱 최근에는 우가리트에서 지혜문학에 속하는 아카드어 본문이 발견됨으로써 성서 지혜를 올바르게 이해하기 위하여 고대 근동 문학에 대한 지식이 요구된다는 사실이 더욱 명확해졌다. 지식, 하느님의 현존, 인생의 의미, 생존 등을 끊임없이 사색하던 이스라엘 현인들의 노력은 고대 근동에서 지혜를 추구하는 더 큰 맥락에 속한다. 그러므로 이제부터 성서의 지혜문학들과 연관되어 인용되거나 해설되는 문헌들 가운데 중요하다고 여겨지는 본문들을 간단히 소개하고자 한다.

1. 이집트의 지혜문학

지혜문학이라는 용어는 본디 성서와 관련해서 사용되던 말이지만, 교훈적이고 실천적인 지혜의 가르침을 기록한 문헌들을 지혜문학으로 분류한다면, 지혜문학을 처음으로 시작한 이들은 이집트의 서기관들이었다(J.D. Ray, 18).

고대 이집트의 모든 문학작품 가운데 가장 많이 읽혀지는 고전은 역시 지혜문학들이다. 이 지혜문학들은 당시 어린이들도 학교에서 배웠던 것이고, 〈수금 타는 자의 노래〉 첫 구절에서 "나는 모든 사람이 임호텝과 하르데데프(또는 호르데데프)의 격언을 읊조리는 것을 들었다"라고 말할 수 있을 정도로 누구나 다 알고 있는 보편적인 것이었다.

이집트의 파라오는 태양신의 분신이며 나일강 계곡을 비추는 존재로 이해되었다. 그래서 주변 국가들, 특히 팔레스티나는 파라오가 지닌 막강한 영향력을 무시할 수 없었다. 팔레스티나에 통일 왕정이 들어서기 전에 사람들이 가난하게 살 때, 이집트는 비옥한 땅에서 생산되는 많은 소출을 누렸고 문화, 예술적으로나 군사적으로 대단한 힘을 발휘한 통일 왕국을 이루고 있었다. 시나이산에서 이스라엘 백성이 이집트에 대한 향수에 젖은 태도를 보이는 것에서부터 예레미야와 에제키엘이 이집트와의 관계 파기를 선언하는 것에 이르기까지 구약성서 전체에 걸쳐 이집트와의 관계가 언급된다.

이집트는 사회, 정치가 발달할수록 행정 일을 맡아볼 사람들을 교육할 필요성을 느꼈다. 옛 격언들이나 규정들을 기록으로 남기고 교훈적 가르침들을 글로 기록하기 위해서는 특별히 쓰기 교육을 장려해야 했다. 대개 성전과 연결되어 실시되었던 이러한 교육 과정에서 현대 학자들이 지혜문학 유형으로 분류할 수 있는 방대한 행동 규범집이 생겨나게 되었다. 이집트인들은 이 규범집을 통틀어 sb3yt(= sebayit), 즉 '가르침Instruction' 혹은 단순히 '교지敎旨'라고 불렀다. 이 개념은 염세주의적 색채를 강하게 띤 논증 문헌 등 특정한 유형에 속하는 문헌들뿐 아니라, 전통적 도덕률이나 격언, 생활과 밀접히 연결된 교훈 등 방대한 문헌을 포괄한다.

1) 지혜의 가르침과 서기관 전승

지혜의 가르침은 기원전 2800년부터 기원전 100년까지 걸친 긴 역사를 가지고 있으므로 이를 통해 고대 이집트의 종교, 사회적 가치 체계들을 파악할 수 있을 것이다. 가르침의 외적 형식은 이 오랜 기간 동안 놀랍도록 일관성을 유지하고 있다. 궁정에서 일하던 서기관들은 선조들로부터 물려받은 여러 가르침을 필사하는 데 능숙했기 때문에 오늘에 이르기까지 많은 작품이 전해지고 있다.

가르침은 일반적으로 아버지가 아들에게 훈계하는 형식을 취하고 있으나, 시간이 흐르면서 아버지와 아들은 교사와 학생이라는 어휘로 대체된다. 이런 가르침의 긍정적 배경은 그 가르침의 기원을 파라오에게 돌림으로써 한층 강화된다. 그렇지 않은 경우에는 통치자들에게 조언하는 교사의 역할이 강조된다. 예를 들어, 가르침은 일반적으로 귀족 계층을 상대로 한다. 곧 그들을 교육시킴으로써 전문적인 직무를 효과적으로 수행할 수 있도록 준비시키고 성공적인 삶으로 이끌려는 데에 그 목적이 있었다. 그래서 올바른 화술, 여인들과의 정당한 관계, 부하와 상사를 대하는 바른 태도, 올바른 예절, 성실하고 신실한 삶의 자세 등이 '가르침'에서 다루는 대표적 주제들이었다.

그들이 지혜문학을 장려한 취지는 마아트 ma'at를 가르침으로써 젊은이가 행복을 누리고 성공할 수 있는 길을 제시하려는 것이었다. 태양신의 딸로 인격화된 개념인 마아트는 이집트의 교훈적 가르침의 근본 원리이며 '왕의 사랑받는 자'이고, 정의, 질서, 진리 등으로 번역될 수 있는 개념이다. 이와 같은 마아트의 고전적 개념은 "정의는 위대하며 정의의 적합성은 영구적이다. 그것을 만든 자의 시간 이래 중단되어 본 적이 없다. … 정의의 힘은 그것이 영속한다는 것이다"라고 노래하는 〈프타호텝의 가르침〉에서 읽을 수 있다.

또한 한 손에는 생명의 상징인 안크 ankh 기旗를 들고 있으며, 다른 한 손에는 힘의 상징인 홀笏을 잡고 있는 마아트는 생명이며 생명을 주는 자다.

〈화술이 뛰어난 농부*Eloquent Peasant*〉에서 주인공은 마아트를 다음과 같이 기술한다(머피, 《생명의 나무》, 315-316 참조).

> 정의를 위하는 것은 영원을 위하는 것이다.
> 그것은 그 행위자와 함께 묘지에 들어간다.
> 그가 묻히고 땅이 그를 덮을 때
> 그의 이름은 땅으로부터 스러지지 않는다.
> 그는 선성으로 인해 기억되는 것이다.
> 이것이 신의 명령이 지닌 규칙이다(*AEL*, I, 181).

마아트는 신이 세상을 창조할 때 설정한 신적 질서로서 그에 따르면 성공과 행복을 얻을 것이고 거스르면 실패한다. 이 문헌들에서는 세속적 진리와 종교적 진리 사이에 아무런 차이도 존재하지 않는다. 자연 질서와 사회관계, 정치 사건 등으로부터 신의 뜻을 읽어낼 수 있다. 질서의 원리에 충실한 삶은 확실한 복을 약속받는다. 반면에 마아트를 거역하는 행동, 곧 질서를 깨뜨리는 행동은 재난을 불러일으킨다. 따라서 인간은 마아트에 따라 어떤 상황에서도 자제하며 모든 흥분을 피하고 '침묵해야' 한다. 이는 실용주의가 종교의 기초를 이루고 있음을 보여주는 세계관이다. 이로 인해 이 문헌들에서 중심을 이루고 있는 공리주의는 적절한 신앙 응답인 것으로 이해된다. 지혜의 가르침에는 이처럼 순전히 공리주의적 행동 원리들만 있는 것이 아니라, 이들과 병행하여 신의 뜻을 적극적으로 강조하는 내용 및 몇몇 가증스러운 행위에 대한 신의 진노를 강조하는 경고도 내포하고 있다. 우주 질서와 윤리 질서는 불가분의 관계에 있기 때문에 현명한 생각과 말과 행동으로 드러나야 한다.

이 가르침들의 주류는 근본적으로 보수주의이다. 교사는 오랫동안 축적되어 온 지혜 전승을 학생들에게 가르친다. 그의 사상 세계에는 인간의 상상력을 위해 새로운 길을 닦으려고 애쓰는 창의적 사상가를 받아들일 자리가 없다. 이러한 가르침의 목표는 학생들로 하여금 그들의 삶을 지배할 수 있게 하는 데에 있다. 그러므로 이상적인 현인은 '침묵을 지키는 자'로 이해된다. 그 가르침에 따르면 교사들의 가르침에 귀를 기울이는 자들은 자기 억제력을 배울 수 있으나, 경험이 많은 사람의 가르침을 거부하는 자들은 정욕의 노예가 될 수밖에 없다.

고집이 센 아들이나 학생이 아버지나 교사의 가르침을 가볍게 생각할 수 있기 때문에 그 가르침은 될 수 있는 대로 사람들의 마음을 끄는 내용을 가질 수밖에 없었다. 초자연적 계시에 의존하지 않는 현인들은 사람들의 귀를 즐겁게 하면서도 지성적으로 설득력 있는 경구들을 만들어내는 데에 비상한 노력을 기울였다. 또한 그들은 아버지의 권위와 자기중심주의에 호소하기도 했다. 왜냐하면 궁정에서 일하는 관리들의 지위가 매우 높았기 때문이다.

2) 고왕조의 문헌

파피루스에 기록되어 오늘까지 남아 있는 글들은 고왕조(기원전 2300년경)까지 거슬러 올라간다. 그 가운데 가장 오래된 글은 〈하르데데프의 가르침〉으로 알려져 있다. 하르데데프가 원저자는 아니지만, 그는 이집트에서 전통적으로 유명한 현인으로 널리 알려져 있었기 때문에, 그의 이름으로 작품이 남겨진 것으로 여겨진다. 그러나 자세한 내용은 전해지지 않는다.

같은 시대에 쓰인 작품으로 스네페루Sneferu 왕 때 대신의 직무를 맡았던 현인으로 알려진 카젬니Kagemni에게 익명의 저자가 바친 글(〈카젬니를 위한 가르침〉)이 있는데, 이 작품은 세상에서 성공을 하기 위하여 요구되는 여러 지식을 기록한 교본으로 생각된다. 마지막 부분만 보존되어 있는 이 작품에서 우리는 올바른 식탁 예절과 사람들을 즐겁게 하는 지혜로운 가르침의 속성이 다루어지고 있음을 볼 수 있다. 특히 대식가와 식사를 같이할 때에는 식욕을 억제하라는 가르침이 인상적이다.

① 프타호텝의 지혜

고왕조 시대의 작품으로 가장 중요한 글은 〈프타호텝의 지혜〉(Wisdom of Ptahhotep: ANET, 412-414 참조)다. 그러나 오늘날 우리에게 남아 있는 사본은 훨씬 더 후대의 것으로서 신왕조 시대에 수정 보완된 작품이다. 비슷한 종류의 작품에서 흔히 볼 수 있듯이, 이 작품의 내용은 연로한 현인이 자신의 지혜를 아들에게 전수해주는 것으로 되어 있다. 파라오 이제지Izezi 밑에서 일하던 고위 관리 프타호텝은 자기 직위의 계승자로 기대되는 아들에게 충고를 주기에 앞서 파라오를 향해 다음과 같이 입을 연다.

> 저의 주인이신 폐하! 늙음이 찾아왔습니다. 늙은 나이가 내려왔습니다. 연약함에 이르렀고 노망이 들기 시작했습니다. 나날이 심장은 피로에 지쳐 잠들어가고 있습니다. 시력이 떨어지고 귀는 먹고 심장이 약해지니 힘이 점차 사라지고 입은 다물어져 말을 할 수 없습니다. 나이가 드니 뼈마디가 쑤십니다. 좋은 것이 나쁜 것으로 보이고 입맛이 사라진 지도 이미 오래입니다. 사람이 나이가 드니 나쁜 것뿐입니다. 코로 숨을 쉬기조차 어렵습니다. 일어서고 앉는 것마저 어려울 지경입니다….

이어서 아들이 자신의 자리를 대신하게 되기를 희구한 뒤에 아들을 향해 다음과 같이 말한다.

> 네가 지식을 가지고 있다고 해서 거만하게 행동하지 말아라. 네가 현인이라는 것에 기대지 말고 무지한 사람과 현명한 사람 모두의 의견에 귀를 기울여라. 예술에는 끝이 없는 것이어서 완전에 도달한 예술가는 아무도 없다. 훌륭한 담화는 에메랄드보다 더욱 깊숙이 감추어져 있으나 맷돌 가는 하녀들도 그것을 발견할 수 있다(*ANET*, 412).

이와 같이 지혜로운 가르침에 근거해서 왕에게 충성을 다하라는 등 실천적인 여러 지혜를 아들에게 권면한다. 이 가르침에 따르면, 오직 진리만이 시간의 흐름을 이겨낸다. 이와 같은 가르침의 배경에는 마아트 개념이 자리하고 있다.

진리와 영속성 사이에 있는 본질적 관계를 확신하는 프타호텝은 장차 있을 수 있는 잘못을 인정하지 않는다. 사람들이 사기 행각을 통해 일시적으로 많은 재산을 얻을 수 있을지 모르지만, "악행은 결코 올바른 목적지에 도달하지 못한다"는 것이 그의 가르침이다. 따라서 "사람들을 공포에 떨게 해서는 안 된다. 그러면 신이 너를 똑같이 벌할 것"이기 때문이다. 이 밖에도 프타호텝은 웅변술과 침묵을 지켜야 한다는 것, 식탁에서의 올바른 예절, 여자들을 가까이 해서는 안 된다는 것 등을 가르친다.

프타호텝의 가르침은 자신의 조언에 반응할 수 있는 두 가지 태도에 대해 길게 논하는 것으로 끝을 맺는다. 신이 사랑하는 사람들은 아버지의 조언을 주의 깊게 들을 것이다. 그러나 그 조언에 귀를 기울이지 않는 것은 신에게 가증스러운 행위다. 그 조언을 받아들이기를 거부하는 자들은 역설적 실존에 직면하게 된다. 즉 그들은 "살아 있는 것 같으나 날마다 죽는다." 그런 자들은 어리석은 자들이다. 사실 "현명한 사람은 아침 일찍 일어나면서 자신을 가다듬지만, 어리석은 자는 아침 일찍 일어나기는 하지만 안절부절못한다."

3) 중왕조의 문헌

이집트의 중왕조 시대에는 고왕조의 파라오가 지니고 있던 신적 카리스마 외에 사고의 억제와 설득력, 그리고 실제적인 정치 기술이 파라오에게 요구되었고, 이러한 사실이 당시에 쓰인 문헌에 반영되어 있다 (J.D. Ray, 20). 중왕조에 쓰인 문헌들 중에는 메리카레 Merikare 왕을 위한 가르침과 아멘엠헤트 Amenemhet 왕의 가르침이 특히 중요하다.

① 메리카레 왕을 위한 가르침

이 가르침은 한 파라오가 아들 메리카레 왕을 위해 쓴 것이다. 이 가르침은 왕국을 어떻게 유지하고 보존해야 할 것인가를 가르치고, 일상적인 국가 업무에 관한 왕의 처신에 대해 조언하는 정치 교본의 성격을 띠고 있다. 그래서 침묵과 능변을 강조하는 한편 정의를 세워야 할 왕의 책임에 관해 조언한다.

> 달변을 갖도록 힘써라. 그래야 네가 강해진다. 사실 혀는 [인간에게] 칼이요 담화는 어떤 전투보다 더욱 강하다. … 사람들은 지혜를 가진 사람과 싸우지 않으며, 그가 있는 곳에는 불행이 없다. …
> 땅 위에 살아 있는 한 정의를 실천해라. 우는 자들을 달래고 과부를 억압하지 마라.
> 한때 너와 함께 글을 읽으며 품성 좋다고 생각했던 사람을 죽

이지 마라.

그런데 이 가르침 가운데 파라오가 잘못을 저질렀음을 고백하고 이러한 잘못된 행동에 대해 신의 심판을 받을 수 있음을 밝힌다는 점에서 고대 이집트 문학에서는 보기 드문 가르침이기도 하다. 여기에 표현된 지혜는 종말론과도 연결되어 있다(J.D. Ray, 20).

> 나는 내 행위에 대한 대가를 치렀다. 대가를 치르고 나서야 이 사실을 알았다. 보라, 그 대가는 내가 한 행위의 결과다. … 인간들의 세대는 흘러가지만 인간의 성격을 알고 있는 신은 숨어 있다. 그러나 권위의 주主를 버틸 수 있는 사람은 아무도 없다.

그러므로 이 가르침은 "악한 사람이 제물로 바치는 소보다 마음이 올곧은 사람의 성품이 [신에게] 더 잘 받아들여진다"고 평가한다(1사무 15,22; 잠언 15,17 참조).

② 아멘엠헤트 왕의 가르침

이 가르침은 아멘엠헤트 1세가 왕위 계승자인 그의 아들에게 주는 조언이다. 이미 오랫동안 정치 경험을 한 통치자가 제공하는 조언이기 때문에 당대 사회의 이상주의와 염세주의를 잘 반영하고 있는 작품이다. 아멘엠헤트 1세는 기원전 1960년경에 죽었고, 지금 우리에게 남아있는 것은 기원전 1500-1100년경의 문헌이다. 그는 아들에게 다음과 같은 말로 입을 연다.

> 신처럼 나타난 너는 내가 하는 말에 귀를 기울여 이 나라의 왕이 되고 지역 통치자가 되어라. 나는 네가 모든 좋은 것을 넉넉히 얻게 되기를 바란다.

그는 계속해서 아들이 나라의 왕으로서 국가를 어떻게 다스려야 할 것인지를 조언한다. 그가 후궁 사이에서 발생한 모반에 의해 죽은 까닭에, 그의 조언은 매우 염세주의적이다. 사실 그는 평소에 신뢰하던 신하들에게 모반을 당했기 때문에, 아들에게 가까이 있는 사람들을 절대로 신뢰해서는 안 된다고 가르치며 다음과 같이 조언한다.

> 네 밑에 있는 사람들을 경계하여라. 그렇지 않으면 네가 주의를 기울이지 않은 때에 모반을 당하게 될 것이다. 네가 혼자 있을 때 그들을 가까이 하지 말아라. 형제에게도 마음을 주지 말고 친구를 사귀지도 말아라(*ANET*, 418).

4) 신왕조의 문헌

이집트의 신왕조에서는 과거의 지혜 문헌들을 계속해서 편집 혹은 재편집하면서도 자체의 문헌들을 썼다. 그 가운데 종교적 색채를 띤 〈아니의 가르침〉과 〈아멘엠오페〉가 특히 돋보인다.

① 아니의 가르침

직급이 낮은 서기관 아니Ani가 아들에게 조언하는 글이다. 이 글의 사본이 많이 남아 있어 이 작품이 의도하는 바를 더욱 정확하게 알 수 있다. 본질적인 면에서 이 가르침은 아버지를 존경할 것과 종교적 경건성, 신의를 지키지 않는 여인을 멀리할 것, 상거래에서의 정직성과 잘 알지 못하는 사람 앞에서 입을 조심할 것 등 전통적인 주제들을 다룬다.

이 가르침은 마치 이제 막 신혼 생활을 시작하는 젊은이를 위해 기록된 것인 양, 결혼 준비나 아내의 올바른 처신에 대해 상당한 관심을 기울인다.

> 네가 젊을 때 아내를 얻어 너를 위해 아들을 낳게 하여라. 네가 (아직) 젊을 때 너를 위해 아들을 갖도록 하여라. 그가 남자가 되도록 가르쳐라. … 너의 신을 위한 축제를 지내고 철따라 반복해라. 신은 자신을 경멸하는 자에게 분노를 터뜨린다.
> 자기 땅에서 알려지지 않은 외국 여자를 조심해라. 그녀가 지나갈 때 그녀를 쳐다보지 마라. 그녀를 몸으로 알아서는 안 된다. 그녀는 깊은 물과 같아서 그 꼬부라진 물길을 사람들이 알지 못한다. 그녀는 남편에게서 멀리 떨어져 있는 여인이다. 그녀는 매일 같이 너에게 "저는 말쑥한 여인이랍니다" 하고 말할 것이다. 그녀는 아무도 보지 않는 데서 너를 옭아매려고 기다리고 있다. 누가 이 사실을 알게 되면 그것은 사형을 당해야

할 큰 죄다(*ANET*, 420).

이 가르침에는 "말을 너무 많이 하지 말고 침묵을 지켜라. 그래야 행복을 누릴 것이다", 혹은 "너보다 나이가 더 든 사람이나 지위가 높은 사람이 서 있을 때, 자리에 앉아 있어서는 안 된다"(*ANET*, 420) 등 오늘날에도 그대로 통용되는 경구들이 들어 있다.

아니는 "네가 젊어서 아내를 얻고 네 집을 마련하게 되면, 네 어머니가 어떻게 너를 낳아 기르셨는지를 생각하라"라고 충고한 다음, 계속해서 아내를 어떻게 대해야 할지에 대해 다음과 같이 훈계한다.

> 네 아내가 유능한 여자라는 것을 알면서도 (자기) 집에 있는 네 아내를 (너무 지나치게) 감독해서는 안 된다. "그것이 어디에 있니? (그것을) 가져와라!"라고 말하지 마라. 그녀는 (그것을 가장) 좋은 곳에 두었을 것이다. 네가 침묵 중에 있을 때에도 아내의 능력을 알아볼 수 있도록 아내에게서 눈을 떼지 마라! 네 손이 아내와 함께 있을 때 얼마나 행복한가! 남자가 가정에서 분쟁을 일으켜서는 안 된다는 것을 모르는 사람이 주위에 많다. … 가정을 꾸민 남자라면 누구든지 성급한 성질을 단단히 묶어두어야 한다. [다른] 여자를 쫓아다녀서는 안 된다. 그녀가 네 마음을 훔쳐가지 않도록 해야 한다(*ANET*, 421).

② 아멘엠오페의 가르침

지성적 전통으로 유명한 아크밈*Akhmim* 시市에서 일하던 관료가 쓴 작품이다. 현재 여러 개의 사본으로 보존되어 있는 이 가르침은 오랫동안 고대 근동 문학의 최고 걸작품으로 여겨져 왔다. 이 작품은 라메시드 시대(*Ramesside*: 기원전 1250-1100년경)의 것으로 추정되는데, 시적 생생함과 더불어 매우 깊은 사고를 반영하고 있으며, 모두 30장으로 구성되어 있다. 30이라는 숫자는 고대 이집트에서 정의를 상징한다(J.D. Ray, 23).

아멘엠오페의 철학을 밑받침하는 것은 신왕조가 큰 관심을 기울였던 운명에 관한 문제와 도덕적 책임의 개념이다. 이 개념들 사이의 관계는 매우 당혹스럽다. 아멘엠오페가 이 문제에 기여한 공헌은 인간의 행위에 두 가지 형태가 있다고 분류한 것이다. 첫째는 '침묵을 지키는 사람'이며 그는 신의 뜻을 알고 그 뜻에 순종한다. 그렇게 함으로써 그는 이 세상의 삶에서 함정에 걸려들지 않고 신들의 사랑을 받는다. 둘째 형태는 성급한 사람 혹은 다혈질의 사람으로 주어진 외적 조건들과 분쟁을 일으킬 뿐 아니라, 결국 자기 자신과도 분쟁을 일으킨다. 물론 이와 같은 대조가 더 이전의 작품, 특히 프타호텝의 지혜에도 이미 암암리에 표현되어 있었으나, 아멘엠오페의 가르침에서는 중심적인 위치를 차지하고 있다. 네 번째 장에서 이와 같은 구분이 일상적 윤리를 넘어 이집트의 종교 사고에서 잘 개발된 신정론과 종말론의 영역에까지 확대된다.

성전에서 성급한 사람은 광야에서 자라는 나무와 같다.
잠시 잎이 자라지만, 결국 목재 헛간에서 끝난다.
그는 본래 장소에서 멀리 떨어진 곳에서 표류한다.
그리고 불꽃이 그 수의가 된다.
참으로 침묵하는 자는 자신을 지킨다.
그는 정원에서 자라는 나무와 같다.
그는 푸르고 소출을 배로 낸다.
그것은 주인 앞에 [서 있고]
열매는 달고 그 그늘은 기분 좋다.
그것은 정원에서 끝난다(iv, 1-12: *AEL*, 2, 150-151).

성급한 사람이 금방 시들어버리는 나무와 같다면, 조용한 성품의 사람은 정원에서 자라는 나무와도 같아 좋은 열매를 맺고 시원한 그늘을 만든다는 교훈적인 말이다(시편 1편과 예레 17,5-8 참조).

아멘엠오페의 가르침은 이스라엘의 지혜와 밀접히 연관되어 있음이 밝혀졌다. 여러 곳에서 두 작품의 유사성을 발견할 수 있으나, 잠언 22,17로 시작하는 '현인의 말씀'(잠언 22,17-24,22)에서 가장 뚜렷한 연결점을 볼 수 있다. 두 작품은 시작부터 유사성을 드러낸다. 잠언과 마찬가지로 아멘엠오페의 가르침은 일련의 부정사를 사용하여 도입부에서 가르침의 목적을 명시한다.

생명의 가르침의 시작.

번영을 위한 증언, 원로들을 만나기 위한 모든 규정,
궁정 관리들을 위한 규칙들,
어떻게 대답해야 하는지,
어떻게 보고서를 작성해야 하는지를 알기 위하여,
그를 생명의 길로 인도하기 위하여,
그가 세상에서 번성하도록 하기 위하여,
그의 마음이 성전으로 향하도록 하기 위하여,
그를 악에서 벗어나도록 하기 위하여,
입방아 찧는 사람에게서 구하고
사람들의 입으로 존경받도록 하기 위하여(ANET, 421).

잠언 서두의 내용은 이 가르침과 동일하지는 않으나, 잠언 역시 그 목적을 분명히 밝힌다.

이 잠언은 지혜와 교훈을 터득하고 예지의 말씀을 이해하며
현철한 교훈과 정의와 공정과 정직을 얻게 하려는 것이다.
또한 어수룩한 이들에게 영리함을,
젊은이들에게 지식과 현명함을 베풀려는 것이니
지혜로운 이는 이것을 들어 견문을 더하고
슬기로운 이는 지도력을 얻으라.
그러면 잠언과 비유, 현인들의 말씀과 수수께끼를
이해하게 될 것이다(잠언 1,2-6).

이렇게 시작되는 두 작품에서 병행구로 생각되는 몇 구절을 함께 읽으면, 둘 사이의 유사성을 더욱 명확하게 알 수 있다.

성급한 사람과 사귀지 말며
그를 방문하여 대화를 하지 마라(아멤엠오페 11,13-14).
화를 잘 내는 자와 사귀지 말고
성을 잘 내는 사람과 다니지 마라(잠언 22,24).

제 일에 능숙한 서기관에 대해 말한다면,
그는 궁정인이 될 자격이 있다(아멤엠오페 27,26).
너는 제 일에 능숙한 사람을 보았느냐?
그런 이는 임금들을 섬긴다(잠언 22,29).

군주 앞에서 빵을 먹지 마라.
먼저 네 입에 넣지도 마라(아멤엠오페 23,13).
군주와 식사하는 자리에 앉게 되면
네 앞에 무엇이 있는지 잘 살펴라(잠언 23,1).

재산을 추구하는 데
네 마음을 두지 마라(아멤엠오페 9,10).
부자가 되려고 애쓰지 말고
너의 예지를 포기하지 마라(잠언 23,4).

경작지의 경계선을 제거하지 마라(아멘엠오페 7,12).
옛 경계선을 밀어내지 마라(잠언 23,10).

두 작품 사이에 문학적 연관성이 있다는 것과 아멘엠오페의 가르침이 잠언보다 훨씬 더 고대에 쓰였다는 데 대해서는 반박의 여지가 없는 듯하다. 그러나 성서 저자가 자신이 뜻하는 바를 쓰기 위하여 이집트의 권고문을 자유롭게 받아들였다는 생각을 넘어, 잠언이 아멘엠오페의 가르침에 철저하게 의존해 있다고 지나치게 추정할 필요는 없을 것이다.

이집트의 '가르침' 양식은 기원전 마지막 두 세기의 프톨레마이오스 시기에 이르기까지 매우 오랫동안 민중 사이에 살아남았다. 그 가운데 〈안크셰숀크*Ankhsheshonq*의 가르침〉과 〈파피루스 인싱어*Papyrus Insinger*〉를 언급할 수 있다.

③ 안크셰숀크의 가르침

안크셰숀크의 가르침은 파피루스에 기록된 민중 지혜다. 이 가르침이 담고 있는 지혜는 눈밖에 난 한 현인에 의해 전승된 가르침을 대표한다는 점에서 아람어로 쓰인 〈아키카르의 지혜〉(토빗 1,22; 2,10; 14,10 참조)와 유사하다. 이 작품에는 사제 안크셰숀크의 비참한 상황이 소개되어 있다.

태양신 프레*Pre'*의 사제인 안크셰숀크는 파라오의 주치의인 친구를 방문한다. 그는 친구가 파라오를 죽이려는 음모를 꾸미고 있음을 알게 되지만, 그 친구를 단념시키지 못한다. 그 음모가 폭로되었을 때 안크세숀크는 공범자로 걸려들어 투옥된다. 그가 이 사실을 왕에게 알리지 않았기 때문이다. 그는 감옥에서 "그에게 날아온 혼합주가 담긴 항아리의 표면에"(4,18) 그의 아들을 위한 가르침을 썼다. 여기에 기록된 경구들은 전통적으로 상당히 초기의 것으로 알려진 잠언집과 유사한 단순 격언 형태로 되어 있으며, 엘리트 집단보다는 일반 대중을 대상으로 하고 있다(크렌쇼, 307).

안크세숀크는 국가의 상황에 대한 탄식으로 시작하여 여러 경구를 쓰고 있는데, 엄밀히 말해 이 경구들이 논리적으로 배열되어 있지는 않다. 그러나 이 작품의 저자는 변화무쌍한 세상, 행위와 결과에 대한 주제를 다루기도 한다. 이 경구들은 주로 역설을 통해 표현된다.

"여름이다" 하고 말하지 마라.
왜냐하면 겨울도 있기 때문이다(9,16).

생기를 불어넣어 주기 위한 투옥이 있고,
죽이기 위한 석방이 있다.
구해주고도 덕을 보지 못하는 사람이 있다.
모든 것이 운명과 신의 손에 달려 있다(26,5-8).

남자가 향기를 풍기면
그의 아내는 그 앞에 고양이처럼 행동한다.

> 그러나 남자가 고통 중에 있으면,
> 그의 아내는 그 앞에서 암사자처럼 행동한다(15,11-12).

이 가르침에 실린 많은 경구가 냉소적이다. 이 경구들의 정신세계로 판단할 때, 이 경구들이 존경받던 사제의 작품이라고 보기 어렵다. 오히려 이 경구들은 행위에 따라 그 대가를 치러야 하는 사회를 반영하고 있기 때문에, 자연에만 의존하면서 살아야 하는 근동 지방의 농민 세계를 엿보게 한다. 마아트 개념이 반영되지 않는다는 것도 이 작품이 지닌 특성이다.

④ 파피루스 인싱어
기원후 1세기경 민속적 필치로 쓰인 이 작품은 25개의 행 혹은 가르침으로 되어 있다(첫 다섯 행은 분실되었다). 이는 30개의 장으로 구성된 아멘엠오페의 가르침을 떠올리게 한다. 이 밖에도 이전의 본문들과 유사한 것으로는 인간 행위를 긍정적인 것과 부정적인 것으로 구분한다는 점이다. 그러나 이 작품에서는 차분한 사람 혹은 침묵을 지키는 사람과 성급한 성질을 가진 사람 대신에 성서 본문에서 흔히 볼 수 있는 현인과 어리석은 사람을 대비시킨다.

안크셰숀크의 가르침과 마찬가지로 이 파피루스 인싱어는 대개 한 행으로 된 짧막한 경구로 이루어져 있다. 많은 경우 단락은 비슷한 내용을 담은 후렴으로 끝나는데, 여기에는 신이 인간의 '운명과 행운'을 통제할 수 있다는 내용이 언급된다. 파피루스 인싱어에 나오는 경구를 몇 가지 인용해보자.

> 저축을 하기 위하여 적은 양으로 살아가는 사람이 있으나,
> 그는 여전히 가난하다(7,13).

> 낭비하는 사람이 꼭 가난하게 되는 것도 아니다(7,16).

> 다가오는 운명과 행운, 그것들을 보내는 것은 신이다(7,19).

이 구절들은 인생이 모호함을 지적하는 내용이지만, 이러한 가르침은 "사악한 사람에게 인생이 주어지는 것은 그가 보복을 받도록 하기 위해서다"(30,23)라는 사실을 잊지 않음으로써 인과응보 사상도 기억하고 있다.

파피루스 인싱어는 "만일 누가 재난을 당하면, 재난을 통해 보이는 벌을 두려워해야 한다"라는 것을 가르침으로써 올바르게 살기를 권유한다. "겉으로 번성하는 것으로 보이는 죄인들의 모습은 사람들의 눈을 잠시 속이는 것에 지나지 않는다"라는 가르침은 그 배경에 종교적 기초가 튼튼하게 자리하고 있음을 말해준다.

5) 그 밖의 이집트 문학

오랜 세기를 거쳐오면서 이집트의 '가르침'이 전수된 것은 끊임없이 쓰

기 훈련을 해온 서기관들 덕분이다. 서기관들은 분명히 새로운 가르침을 창작하기도 했겠으나, 옛 글들을 암송하는 한편, 그것들을 계속 필사하면서 쓰기를 배우고 또 그 가르침을 익혔다. 선조들이 남겨준 가르침은 서기관을 올바른 인생길로 인도했고, 수세기에 걸친 전승은 그에게 서기관으로서 전문 직무를 수행할 수 있는 수단을 제공해주었다. 필사하는 방식은 고대 이집트에서 놀랄 만한 방식으로 계승되었고, 서기관직은 다른 모든 직업보다 더 높이 평가되었다. 〈케티*Khety*의 가르침〉에서 이와 같은 사고를 뚜렷이 볼 수 있다. 기원전 2150년에서 기원전 1750년 사이의 비참한 생활상을 반영하고 있는 이 작품에 따르면, 서기관직만이 즐거움을 주는 직업이며, 다른 모든 노동은 인간의 몸과 마음을 쇠약하게 한다. 구약성서에서 벤 시라가 여러 직업을 논하면서 율법학자의 직업을 최고로 평가하듯이(시라 38,24-39,11), 저자는 여기에서 석공, 금은 세공인, 목수, 이발사, 어부 등 여러 직업을 소개하면서 감독관의 미움을 받지 않고 자신에게 부과된 일을 수행할 수 있는 사람은 유일하게 서기관뿐이라고 말한다.

교과서로 사용되던 〈파피루스 란싱*Papyrus Lansing*〉에서도 이와 같은 내용의 구절을 읽을 수 있다.

> 너는 선택된 언어의 사람이며 언어를 말하는 데 능란하다. 네가 말하는 모든 것은 옳고, 너는 거짓을 혐오한다. … 너는 너의 주를 섬기며 네 백성을 부양한다. 네가 무엇을 말하든 그 말은 마음을 기쁘게 한다.

이와 유사한 논조를 〈박식한 서기관을 찬미하며In Praise of Learned Scrivbes〉(이 작품은 Papyrus Chester Beatty IV라고도 불린다)에서도 볼 수 있다. 이 작품에 따르면, 서기관들은 "파피루스 두루마리를 사제로, 서판은 사랑하는 아들로, 지혜(의 책들)는 피라미드로, 갈대 펜은 자녀로, 그리고 석판 뒷면은 아내로 여김으로써"(ANET, 431-432) 지혜의 책들 안에 이름을 남긴다. 그렇기 때문에 다음과 같이 말한다.

"(서기관들의) 무덤을 막은 돌은 먼지로 뒤덮이고 그들의 묘는 잊혀진다. (그러나) 그들이 쓴 책들이 있기 때문에 그들의 이름은 계속 불려진다. 그들이 쓴 훌륭한 책 때문에 그들에 대한 기억은 영원히 (남을 것이다). … 그들이 죽어 그들의 이름은 잊혔으나, 그들이 쓴 작품은 그들을 기억하게 한다"(ANET, 432).

이와 마찬가지로 〈자기 아들을 위한 아버지의 가르침The Instruction of a Man for His Son〉도 서기관은 "벙어리를 말하게 만들며 귀머거리의 귀를 열어준다"라고 할 정도로 서기관직의 특별한 가치를 주장한다.

이 모든 사고 세계는 젊은이들에게 불멸의 이름을 남기는 서기관직이 매우 가치 있는 직업임을 가르치려는 뚜렷한 의도를 반영하고 있다. 그러나 학생들 중에는 배움의 길에 정진하지 않은 이들도 분명히 있었다. 왜냐하면 〈파피루스 셀리어Papyrus Sallier〉는 기록 업무를 소홀히 한 게으른 서기관에 대해 언급하면서 그에게 농업 노동자의 서글픈 운명에 주목할 것을 권하고 있기 때문이다.

〈파피루스 아나스타시*Papyrus Anastasi*〉는 가장 바람직한 일은 토트*Thot* 신에게 기록 업무를 잘 수행할 수 있는 재능을 달라고 기도하는 일이라고 말한다(V, 9,2-10,2).

다른 한편, 이집트의 문학작품 가운데에는 급격한 사회 변화에 대한 반발과 불평, 염세주의적 표현과 쾌락주의적 생활 태도에 이르기까지 다양한 문학 유형에 속하는 문헌들이 있다. 남아 있는 중요한 작품에는 〈네페르티*Neferti*〉, 〈이푸-베르*Ipu-wer*〉, 〈카케페레-손베*Khakheperre-sonbe*〉, 〈자살에 대한 논쟁*Didpute over Suicide*〉 = 〈어떤 사람과 그의 영혼의 대화*The Dispute of a Man with His Soul*〉, 〈화술이 뛰어난 농부의 항의*The Protests of the Eloquent Peasant*〉, 〈수금 타는 자의 노래*The Song of the Harper*〉를 들 수 있다.

〈네페르티〉는 문학 창작물로서 예언에 대해 기록하고, 〈이푸-베르〉는 국가에 내린 재난을 강조하면서 유능한 통치를 하는 왕의 업적을 찬미한다. 이 작품에 따르면, 나라의 형편이 견디기 어려운 상황으로 악화되자 지위 고하를 막론하고 "죽고 싶다"고 외치며, 아이들은 생명을 앗아갈 사람이 있으면 좋겠다고 말한다.

〈카케페레-손베〉는 한 남자가 자신의 자아와 나누는 대화 형태로 되어 있다. 저자는 여기에서 자신이 사용하는 어휘가 점차 효력을 잃어간다는 사실에 대해 불평하면서 다음과 같이 한탄한다.

> 아식 사람들이 알시 못하는 말들을 알고 있나면 얼마나 좋을까! 아직껏 사용된 적이 없는 새로운 언어로 유식한 말을

할 수 있다면! 반복되는 표현에서 자유로워지고 지난날에 우
리 조상들이 사용하던 진부한 표현들로부터 해방될 수만 있다
면!(Simpson, *LAE*, 231).

답답한 현실에 직면한 저자는 새로운 지식이 보태어져 고통을 감내할
수 있는 능력이 배가되기를 갈구하면서 다음과 같이 말한다.

> 사람들은 날마다 고통받기 위해 깨어난다. …
> 사람들은 모두 다 구부러진 길 위에 서 있다.
> 말의 정확함은 포기되고 있다.

이와 비슷한 분위기의 작품이 중왕조 시대의 〈자살에 대한 논쟁*Dispute over Suicide*〉이라고도 불리는 〈어떤 사람과 그의 영혼의 대화〉이다. 이야기의 주인공은 삶에 지치고 권태를 느껴 자살에 대해 깊이 생각하며 다음과 같이 말한다.

> 죽음은 오늘 내 눈앞에 있네.
> 죽음은 병자의 회복과 같고
> 갇혀 있다가 밖으로 나가는 것과도 같다네.
> 죽음은 오늘 내 눈앞에 있네.
> 죽음은 몰약 향기와 같고
> 산들바람이 부는 날에

차일 아래 앉아 있는 것과 같다네.

죽음은 오늘 내 눈앞에 있네.

죽음은 망우수꽃 향내와 같고

술에 취해 둑 위에 앉아 있는 것과 같다네.

죽음은 오늘 내 눈앞에 있네.

죽음은 지나가는 비와 같고

멀리 떠났던 사람이 집으로 돌아오는 것과 같다네.

죽음은 오늘 내 눈앞에 있네.

죽음은 하늘의 푸르름과 같고

예기치 않게 새를 잡으러 가는 사람과 같다네

죽음은 오늘 내 눈앞에 있다네.

죽음은 오랜 세월 동안 감금되어 있던 사람이

자기 집을 (잠시나마) 볼 수 있기를 소망하는 것과 같다네(*ANET*, 407).

그의 '바'(영혼)는 처음에는 자살에 동의하지만 곧이어 자살에 반대한다. 이는 그가 죽으면 그를 위한 장례식이 있을 것 같지 않기 때문이다. 문제의 초점이 자살인지, 아니면 단순히 삶의 난관에 직면하여 죽음을 염원한 것인지는 분명하지 않다. 주인공은 죽음을 자연적인 것으로 생각하지만, '바'는 즐거움을 누려야 하는 삶에 집중하여 함께 머물사는 결론에 이름으로써 자살에 대한 생각을 버리게 한다.

이와 비슷한 분위기를 〈화술이 뛰어난 농부의 항의〉에서도 읽을 수 있다. 여기에는 사회정의를 실천해야 한다는 것을 계속 주장해온 중왕조 시대(기원전 20-18세기)의 주제가 잘 반영되어 있다. 이야기의 줄거리는 어떤 농부의 소지품을 강탈하고 그를 감옥에 가둔 한 부패한 관리가 화술이 뛰어나고 끈질기게 정의를 실현할 것을 요구하는 농부에게 행한 행동을 나중에는 후회한다는 내용이다.

끝으로, 〈수금 타는 자의 노래〉는 일반적으로 살아 있는 동안 인생을 즐겨야 한다는 내용을 담고 있다. 죽으면 저세상으로 아무것도 가지고 가지 못하며 아무도 그곳에서 되돌아오지 못하기 때문에 "지금 여기에서의 삶을 충만하게 살며 죽음을 잊어버리고" "현재를 잡아라 Carpe diem" 하고 권면한다. 그러면서 웅장한 무덤을 마련하는 것도 실상 헛된 일이라고 주장한다.

본디 장례 때 사용되었던 이 노래들은 오늘날 스물네 개가 남아 있다. 그 가운데 가장 잘 알려져 있는 노래는 인텝(Intef. 기원전 2000년경) 왕의 무덤 벽에서 발견된 〈수금 타는 자의 노래〉이다. 이 본문은 과거의 위대한 인물들이 사라졌음을 회고하는 것으로 시작하여 다음과 같이 노래한다.

> 그들의 벽들은 무너졌고
> 그들이 살던 장소는 사라져버렸다.
> 마치 그들이 전혀 존재해본 적이 없었던 것처럼!
> 그곳으로부터 돌아오는 사람은 아무도 없다.
> 그들의 상태를 말해주기 위하여,

그들이 필요로 하는 것을 말해주기 위하여,
우리의 마음을 진정시키기 위하여,
그들이 간 그곳으로 우리가 나아가기까지!
그러니 네 마음을 즐겁게 하여라!
잊어버리는 것이 네게 유익하다.
네가 살아 있는 동안 네 마음을 좇아라!
네 머리에 몰약을 뿌리고 고운 아마포 옷을 입어라. …
보라, 아무도 자신의 소유물을 함께 가져가지 못하나니,
보라, 떠나간 이는 아무도 되돌아오지 못하나니!(*ANET*, 467).

2. 메소포타미아의 지혜문학

티그리스강과 유프라테스강을 중심으로 비셈족 수메르와 셈족 바빌론과 아시리아라는 독립된 두 개의 언어가 차례로 생겨났다. 수메르 문화는 바빌론 문화에 막대한 영향을 끼쳤다. 두 문화는 모두 쐐기문자(흙으로 만든 판에 비스듬히 자른 대나무를 찍어 쓴 글자)를 사용했는데, 아카드어는 다시 바빌론 언어와 아시리아 언어로 표현되었다. 아카드어는 기원전 2000년대에 가나안 지방에서 통용되던 국제어였고, 기원전 1000년대에는 아람어가 국제적 공용어가 되었다. 바로 이런 이유 때문에, 이집트보다 훨씬 더 멀리 떨어져 있는 메소포타미아 지역의 신화와 법조문, 지혜 문헌 중에는 이스라엘의 구약성서에서 볼 수 있는 내

용들과 비슷한 것이 대단히 많다.

수메르어(와 아카드어)는 본래부터 특별한 훈련을 요구했기 때문에 일찍부터 이를 위한 학교가 있었다. 수메르의 에둡바(é-dubba), 혹은 '(점토)판의 집'은 서기관들에게 언어를 훈련시키기 위한 곳이었다. 처음에는 수메르어로 쓰였으나, 나중에는 아카드어와 함께 두 가지 언어로 쓰인 본문도 많이 남아 있다. 두 가지 언어로 기록된 문헌들은 여러 가지 목적을 가지고 있었겠으나, 특별히 언어를 배우도록 하기 위하여, 혹은 조상들로부터 물려받은 전통을 깨우치기 위함이었을 것이다(머피, 《생명의 나무》, 301).

이집트 문화가 본질적으로 낙관적인 것과는 달리, 메소포타미아 문화는 염세주의적 경향을 띠고 있다. 여기에도 금언이나 경구는 많이 보존되어 있다. 지혜를 뜻하는 히브리어 호크마에 정확하게 일치하는 개념은 없으나, 우주 질서를 가리키는 개념으로 '메me'가 있으며 지혜는 일반적으로 주술에 필요한 기능으로 이해된다. 그러므로 수메르-아카드어 문헌들에 나타나는 지혜의 기본 성격은 본질적으로 경신례와 연관된 마술적 기교이며, 학교에서 생겨나 교과서의 성격을 띤 것이 많다. 램버트는 저서 《바빌론의 지혜문학》 머리말에서 다음과 같이 설명한다: "엄밀한 의미에서 지혜라는 어휘를 바빌론 문학에 적용하는 것은 잘못이다. 문학 유형으로서 지혜를 말한다면 지혜라는 용어는 히브리 세계의 욥, 잠언, 코헬렛에 해당하는 것이다. 여기에서 지혜는 공통되는 주제이며 가장 큰 가치를 갖는 것으로 칭송을 받는다. 지혜는 지성 능력을 포괄한다. 그러나 '지혜로운 자는 주님을 경외한다'라는 가르침은 경건한 삶에 더 큰 강조점을 둔다. 이러한 경건성은 법이나 전례와는 전혀 다른 것이며, 히브리어 성서에서 특별한 자리를 차지하고 있다. 바빌론인들은 지혜 *nēmequ*라는 용어를 가지고 있고 현명함을 가리키는 여러 형용사(*enqu, mūdû, ḥassu, etpēšu*)를 사용하고 있으나, 이런 단어들이 윤리·도덕적 문맥에서는 거의 사용되지 않는다. 일반적으로 지혜는 예배와 마술에 필요한 능력을 가리키며 현명한 자는 시작하는 사람이다".

메소포타미아에서는 일찍부터 겸손을 강조했고, 메소포타미아의 현인들은 죄 없이 고통받는 문제, 신들의 불의한 행위, 자살 충동 등에 대한 성찰을 크게 다루고 있다. 동료 인간들에게 정의와 자비심을 갖도록 가르침으로써 이상적인 현인의 모습을 제시하고자 했다. 몇 가지 예를 들어보자.

> 사람은 노력하지 않는 한 아무것도 성취할 수 없다.
> 일을 나쁘게 처리하지 마라.
> 그러면 네 마음이 슬픔에 잠기지 않을 것이다.
> 개는 그를 좋아하는 사람을 알아보고,
> 가난한 사람은 무엇을 먹게 될 것인가에 대한
> 관심으로 꽉 차 있다(*ANET*, 425).

이와 같은 지혜를 가지고 일생을 살아갈 때, 그는 신으로부터 장수와 많은 자손을 선물로 받게 되며 신의 보호를 받는다는 것이다. 그러므로 신으로부터 상을 받으려면, 원수에게조차도 나쁜 일을 해서는 안 된다고 가르친다.

메소포타미아의 문학작품들은 크게 가르침과 잠언, 고유명사록과 기타 작품들로 구분할 수 있다.

1) 가르침

가르침에 속하는 것으로 〈슈루팍의 가르침The Instructions of Shuruppak〉과 〈지혜의 조언The Counsels of Wisdom〉을 지적할 수 있다.

① 슈루팍의 가르침
슈르팍의 가르침은 본디 수메르어로 쓰였다. 이 가르침은 이집트의 왕실에서 볼 수 있는 가르침 유형에 가깝다. 수메르 왕들의 명단과 구약성서 창세기의 대홍수와 같은 이야기를 전하고 있는데, 두 이야기에는 공통점이 있다. 첫째는 대홍수로 인해 모든 인류가 멸망하고, 단 한 사람과 그에게 딸린 가족만이 특수하게 만든 배로 살아 남는다는 것이다. 둘째는 홍수가 있고 난 다음에 주어지는 가르침이다. 창세기에서는 하느님이 홍수에서 살아남은 노아와 그의 아들들에게 "피가 들어 있는 살코기를 먹어서는 안 된다"는 것과 '사람이 같은 사람의 피를 흘려서는 안 된다'(창세 9,4-7)는 계명을 주신다. 수메르인들의 경우, 우바르투투Ubartutu의 아들 〈슈루팍의 가르침〉이라고 불리는 작품이 있는데, 이 작품은 아버지가 아들 치우수드라에게 주는 경구들로 이루

어져 있다.

　대홍수 때 살아남은 인물의 이름이 성서에서는 노아라 불리고, 수메르에서는 치우수드라Ziusudra, 아카드에서는 아트라하시스Atra-ḥasis 또는 우트나피쉬팀Ut-napištim이라 불린다(BWL, 92-93).

　성서의 잠언이나 이집트의 가르침에서처럼, 슈르팍의 가르침에서도 "내 아들아!"라는 호칭을 사용하여 아버지와 아들의 관계를 교사와 학생의 관계에 적용하는 특징도 가지고 있다.

　　내 아들아, 내가 너에게 가르침을 베풀려 하니,
　　주의를 기울여라.
　　치우수드라, 내가 너에게 한마디 하려고 하니,
　　내 말에 귀를 기울여라.
　　나의 가르침을 소홀히 하지 마라.
　　내가 하는 말을 어기지 마라.

② 지혜의 조언

〈지혜의 조언〉은 160여 개의 행으로 이루어진 아카드 작품으로서 한때 〈슈르팍의 가르침〉의 일부로 여겨지기도 하였다(Zimmern. 참조 BWL, 94). 성서와 이집트 문학에서처럼 청중을 "내 아들아!"(81행)라는 호격으로 부르며(이 조언이 권면 형태임을 말해준다), 나쁜 친구들을 사귀지 말 것, 말을 조심할 것, 하녀와 결혼하지 말고 창녀를 아내로 삼지 말 것, 종교 의무를 다할 것 등의 주제를 다룬다(BWL, 96-106). 나쁜 여자를 멀리하라는 가르침(72.75.79행)과 혀를 절제하라는 경고(131-134행)는 성서에 나오는 잠언의 가르침과 유사하다.

> 창녀와 결혼하지 마라. 그녀에게는 무수한 남편이 있다. …
> 네가 어려움을 겪을 때 그녀는 너를 도와주지 않을 것이다. …
> 그녀의 관심은 딴 데 있다. …
> 부주의한 말을 조심하고 네 입술을 잘 지켜라.
> 혼자 있을 때 장엄한 맹세를 하지 마라.
> 네가 한순간에 한 말은 나중에도 너를 따라다닐 것이기 때문이다.
> 너는 말을 억제하도록 힘써라(*BWL*, 103).

2) 잠언

메소포타미아의 잠언은 대단히 많이 수집되어 있다. 이들은 대부분 수메르어로 기록되었거나, 수메르어와 아카드어 두 언어로 기록되었다. 그러나 바빌론의 잠언은 거의 남아 있지 않다. 몇 가지 잠언의 예를 제시하면 다음과 같다.

> 너를 돕는 것은 재산이 아니라 (너의) 신이다.
> 네가 작든 크든, 너를 지원하는 것은 (너의) 신이다.
> 임금이 없는 백성은 목자 없는 양(과 같고)

주인 없는 집은 남편 없는 여인(과 같다)(*BWL*, 232).

작년에 마늘을 먹었는데, 올해 속에서 불이 난다.
간밤의 삶은 매일의 (삶과 다를 바 없다)(*BWL*, 249).

신의 뜻을 이해할 수 없고,
신의 길은 알 수 없다.
신에게 속한 것은 찾아내기가 (어렵다)(*BWL*, 266).

3) 고유명사록

고유명사록Onomastica은 언어와 어휘를 배우는 데 도움을 주기 위하여 동식물과 돌 등 다양한 대상의 이름을 기록해놓은 사전과 같은 것이다. 고유명사록 가운데는 주제별로 배열되어 있는 것들도 있다. 이름과 장소 등의 항목을 분류하여 목록을 만든 것은 자연적 발전이라고 볼 수 있다. 이와 같은 고유명사록은 이집트에서도 볼 수 있다. 여기에는 다양한 분야, 예를 들어 직무와 부족들, 도시와 동식물 등에 대한 개별 항목들의 계통을 세운 명단이 들어 있다.

아카드의 카라-쿠불루*Charra-Chubullu* 고유명사록은 수백 개의 어휘를 포함하고 있는 약 스물네 개의 쐐기문자 판으로 이루어져 있다.

4) 그 밖의 메소포타미아 문학

메소포타미아의 문헌에는 위에서 언급한 문학 유형 외에 지혜문학작품도 많이 있다. 이들은 성서의 지혜문학 연구에도 큰 도움을 준다. 여기에서 우리가 생각해볼 만한 것들은 다음과 같다. 곧, 〈나는 지혜의 주를 찬양하리라 *I will praise the Lord of Wisdom = Ludlul bēl nēmeqi*〉, 〈비관주의자의 대화 *The Dialogue of Pessimism or A Pessimistic dialogue between master and servant*〉, 〈바빌론의 신정론 *The babylonian Theodicy*〉, 〈길가메시 서사시 *The Epic of Gilgamesh*〉.

① 나는 지혜의 주를 찬양하리라

이 시는 본질적으로 마르둑*Marduk*이 그의 종을 구했기 때문에 '지혜의 주'인 마르둑을 찬양하는 일종의 감사시다.

의롭다고 주장하는 한 고통받는 사람에 대한 생생한 묘사와 탄원이 들어 있기 때문에 이 시는 오랫동안 욥기와 비교되어 왔다.

이야기의 줄거리는 다음과 같다. 곧, 한 귀족이 갑작스럽게 뒤바뀐 운명으로 인해 사회적으로 버림받은 자가 된다. 마치 그러한 사회적 지위의 상실이 재난으로서는 불충분한 것이기라도 하듯이 그는 중병에 걸린다. 그는 신이 왜 이처럼 갑작스럽게 자신을 대적하는지를 이해하려고 애쓰는 중에 다음과 같은 깨우침을 얻게 된다.

인간에게 좋은 것으로 보이는 것이 신에게는 불쾌한 것일 수 있다.
인간의 마음에 비열한 것이 신에게는 좋은 것이다.
하늘에 있는 신들의 뜻을 누가 아는가?
지하 세계의 신들이 계획하는 바를 누가 알아들을 수 있는가?
죽어야 할 인간이 어디에서 신의 길을 배웠는가?
어제 살아 있던 자가 오늘 죽어 있다.
한순간 그는 풀이 죽어 있으나, 갑자기 활기가 넘친다(*BWL*, 41).

신들이 관계하는 곳에서는 가치 체계가 뒤바뀔 수도 있다는 확신을 갖게 되자 고통받는 자는 좌절하고 만다. 그러나 그는 "인간은 결코 신의 길을 알 수 없다"고 판단함으로써 문제를 해결하려고 한다. 그는 액막이를 통해 자신의 병을 치유하려고 시도한다. 이 과정에서 그는 생각할 수 있는 모든 질병의 이름을 부르면서 악귀의 세력을 몰아내려고 애쓴다. 그는 끝으로 마르둑을 찬미하며 자신이 회복될 것이라는 확신을 고백한다.

누가 그[마르둑]의 태양을 보았다고 생각하는가?
누가 그의 거리를 걸었다고 상상하는가?
마르둑이 아니면 어느 누가 죽은 자를 살리겠는가? …
아루루의 손가락에 들려진 흙(으로 만들어진) 피조물들과
생명을 타고나 활보하는 자늘,
죽어야 할 모든 인간이여,

마르둑을 찬양하라!(*BWL*, 59-60).

② 비관주의자의 대화

기원전 1300년경에 쓰인 이 작품은 한 주인과 그의 종 사이에 이루어지는 매우 기이한 대화를 들려주고 있다. 지위가 높은 주인이 집을 짓겠다, 혁명을 일으키겠다, 사랑을 하겠다 등, 어떤 행위를 시작하고 싶다고 말하자, 종은 잠언 같은 경구들을 이용하여 즉시 그런 활동을 함으로써 얻을 수 있는 이점에 대해 긍정적으로 대답한다. 그러나 하려고 했던 일에 싫증을 느낀 주인이 갑자기 마음을 바꾸어 더 이상 그런 생각을 실천에 옮기고 싶지 않다고 다시 종에게 말하면, 종은 주인이 계획대로 일을 수행할 때 따라올 수 있는 나쁜 결과에 대해 말한다. 즉, 종은 주인의 모든 말에 무조건 긍정하는 것으로 이야기가 전개된다. 이야기의 시작은 다음과 같다.

- [종아, 내 말을 들어라.]
- 여기 있습니다, 주인님. 제가 여기 있습니다.
- 마차를 [곧 준비해라.] 마차를 타고 궁전에 가야겠다.
- [타고 가시지요,] 주인님. 타고 가시지요. …
  주인님께 … 할 것입니다.
- 미안하지만 … [아니다, 종아. 나는] 궁전으로 타고 가지 않겠다.
- [타고 가지 마십시오,] 주인님. 타고 가지 마십시오.

이렇게 시작된 대화가 계속되면서 다음과 같은 재미있는 결론으로 나아간다.

　　– 종아, 내 말을 들어라.
　　– 여기 있습니다, 주인님. 제가 여기 있습니다.
　　– 나 자신을 위하여 자선 사업을 해야겠다.
　　– 그렇게 하십시오, 주인님. 그렇게 하십시오.
　　– 자기 조국을 위하여 자선 사업을 하는 사람은
　　　그의 업적이 마르둑의 고리에 안치될 것입니다.
　　– 아니, 종아. 나는 내 나라를 위하여
　　　어떤 자선 사업도 하지 않겠다.
　　– 하지 마십시오, 주인님. 하지 마십시오.
　　　폐허가 된 옛 언덕에 올라가 거닐어보십시오.
　　　높고 낮은 사람들의 해골들을 보십시오.
　　　어떤 것이 나쁜 일을 하는 것이며
　　　어떤 것이 좋은 일을 하는 것입니까?
　　– 종아, 내 말을 들어라.
　　– 여기 있습니다, 주인님. 제가 여기 있습니다.
　　– 그렇다면 좋은 것이 무엇이냐?
　　– 제 목과 주인님의 목을 부러뜨려
　　　강에 던져버리는 것이 좋은 일입니다.
　　　하늘에 오를 만큼 키가 크고

지하 세계를 끌어안을 만큼 폭이 큰 사람이 누가 있겠습니까?
- 아니다, 종아. 내가 너를 죽여 먼저 너를 보내겠다.
- 저 없이 제 주인님께서는 불과 사흘조차도 더 살지 못할 것입니다(BWL, 149).

이와 같은 마무리는 인간의 한계를 지적하며 자살에 대한 제안을 어느 정도 스토아철학적으로 받아들이고 있는 듯하지만, 대답이 모호해서 독자에게는 궁금증만 남는다. 참으로 자살을 원하는 것인지, 아니면 자살이 그 대답이냐고 종이 질문을 하고 있는 것인지 분명하지 않다(머피, 《생명의 나무》, 309-310). 그래서 이 작품에 대한 해석은 매우 상반되어 대화의 본질을 심각하게 이해해야 할 것인지, 아니면 하나의 풍자로 생각해야 할 것인지에 대해 학자들 사이에 논란이 있었다. 1954년 이전에는 대부분의 학자들이 이 작품을 진지한 철학적 소묘로 생각했으나, 스파이저 이후에는 하나의 풍자시로 이해하였다.

③ 바빌론의 신정론

〈인간의 불행에 대한 문답〉으로도 알려져 있는 이 작품은 고통받는 자와 그의 친구 사이의 다정다감한 대화 형태로 이루어져 있다. 이 문헌은 각기 11행으로 이루어진 27개의 연으로 구성된 아크로스틱 acrostic시詩다. 아크로스틱시라고 하는 까닭은 연의 각 행이 동일한 문자나 부호로 시작하기 때문이다(시편 24편; 잠언 31,10-31; 시라 51,13 이하 참조).

메소포타미아의 염세주의가 두드러지게 나타나고 있는 이 작품의 대화는 욥과 그의 친구들의 대화에 비해 대체로 평온하게 교환되는 대화다. 고통받는 자는 현존하는 사회의 불의를 고발하고, 그의 친구는 신들이 우주 질서를 유지하듯이 정의를 유지한다는 관점에서 친구를 설득하려고 한다. 두 친구의 대화에서 볼 수 있는 특기할 점은 그들이 한결같이 상대를 대단히 존중한다는 것이다(BWL, 63-64).

이야기는 고통받는 자가 자신의 상황을 설명하는 것으로 시작한다. 즉, 그는 막내로 태어났으며, 곧바로 아버지를 잃었으므로 그를 보호해줄 사람이 없었다. 주위의 현실을 볼 때, 장자처럼 특권을 받은 자나 부자가 정직한 사람보다 유력하다는 것이 고통받는 자의 주장이다. 그의 친구의 부드러운 말은 모든 인간이 결국 죽어야 한다는 것과 개인은 신과의 관계를 통해 성공하게 된다는 것을 상기시킨다. 친구가 항구하게 되풀이하는 주제는 나쁜 짓을 하면 성공하지 못할 것이며 신을 숭배하면 성공하리라는 전통적 주제다. 친구는 여기에 덧붙여 인간의 기원과 본성에 관해 놀랄 만한 말을 하면서 인간의 악한 성향에 대한 책임을 신들에게 돌린다.

신들의 마음은 하늘의 중심과도 같이 멀리 떨어져 있다네.
그들의 마음을 알기 어렵고
사람이 그것을 알 수 없다네…(BWL, 87).

인류를 창조한 신들의 왕 나루와

> 그들의 흙을 파낸 공경하올 쭐룸마르와
> 그들의 형태를 만든 여왕 마미가
> 인간 종족에게 사악한 말을 하였고,
> 진리가 아닌 거짓을 영구히 인간에게 쏟아부었다네.
> 그들은 부유한 사람을 편들며 장엄하게 말한다네.
> "그가 임금이다. 그에게 부가 따를 것이다"(*BWL*, 89).

램버트는 "이 결론은 두 사람이 논쟁하였던 전제들을 파헤치고 있다. 고통받는 자와 친구 모두가 인간들 사이의 정의를 보존할 책임은 신들에게 있다고 생각하기 시작하였다. 그들은 바로 이 신들이 불의를 저지르기 쉽도록 인간을 창조하였다는 것을 인정하는 것으로 대화를 마친다. 어떤 의미에서 참된 문제는 한쪽에 처박혀 있었다"라고 설명한다.

이와 비슷한 사고를 코헬렛에서도 볼 수 있다. 그러나 코헬렛에서는 인간들이 서로 악을 일삼는다는 것을 잘 알고 있으면서도(코헬 8,9) 그 책임을 하느님께 돌리지 않는다.

④ 길가메시 서사시

길가메시 서사시는 고대 근동의 문학작품들 가운데 오늘날 우리에게 남아 있는 것으로는 최고의 걸작품으로 꼽힐 수 있다. 많은 사본으로 남아 있는 이 서사시는 엄밀한 의미에서 지혜문학에 속한다고 할 수는 없으나, 근간을 흐르는 모티프는 지혜의 관심에 흡사하다(머피, 《생명의 나무》, 305).

근동 지방의 여러 곳에서 발견된 길가메시 서사시는 기원전 1800년부터 기원전 600년에 이르는 긴 기간 동안에 필사된 사본들이다. 이들 가운데 가장 완전하게 남아 있는 사본은 기원전 12세기에 쓰인 것이다. 이 사본은 니네베에 있는 아수르바니팔Assurbanipal 왕의 도서관에서 발견되었다. 12개의 판으로 구성되어 있는 이 서사시를 일반적으로 표준판 길가메시라 부른다.

표준판의 이야기 줄거리는 다음과 같다(박요한 영식, 《코헬렛의 지혜와 즐거운 인생》, 217-218). 곧, 이 서사시는 이야기꾼이 주인공 길가메시를 우루크의 왕이자 현인이었다고 제시하는 것으로 시작된다. 길가메시는 그가 경험한 모든 노고를 돌비석에 새겼다고 소개한다. 이 장면은 이 서사시의 마지막 부분에서 동일하게 반복된다. 그러므로 첫머리에 나오는 위의 말은 길가메시가 모든 여정을 마친 후에 과거를 회상하는 내용이다.

왕으로서의 길가메시는 삼분의 이는 신이고, 삼분의 일은 인간이다. 그는 자기 백성을 폭정으로 다스린다. 견디다 못해 부르짖는 백성들의 피맺힌 외침은 신들의 귀에까지 다다르게 된다. 신들은 길가메시를 통제할 수 있는 대응 인물로 엔키두를 창조한다. 광야에서 태어난 엔키두는 길가메시와 달리 삼분의 이가 동물에 속하고 삼분의 일이 인간에 속한다. 엔키두는 우루크의 유명한 한 기생과 일곱 낮 일곱 밤을 함께 지냄으로써 문명인이 되어 우루크시市로 인도된다.

처음 얼마 동안 길가메시는 엔키두와 심한 갈등을 빚는다. 그러나

머지 않아 길가메시는 엔키두와 깊은 우정을 나누게 된다. 이제 어느 누구도 두 사람의 관계를 떼려야 뗄 수 없을 만큼 그들의 우정은 깊어진다. 영원한 이름을 남기고자 하는 두 친구는 힘을 모아 시트론 나무 숲을 지키는 쿠바바를 죽인다.

그다음 이야기는 하늘의 소를 죽이는 것으로 계속되며 이어서 엔키두는 벌을 받아 죽는다. 엔키두가 죽자 길가메시는 언젠가는 자신도 죽게 되리라는 것을 뼛속 깊이 느낀다. 마지막 운명에 대한 생각에 사로잡힌 길가메시는 거의 공포의 늪에 빠진다. 그래서 그는 전 인류를 멸망시킨 대홍수 때 살아남은 우트나피시팀(이 명사는 '생명을 찾은 사람'을 뜻할 가능성이 많다)이 신들로부터 부여받은 불멸성의 비밀을 찾아 여행길에 오른다. 길고도 험한 여행 도중에 그는 술집 여인 시두리를 만난다. 없어지지 않을 이름을 남기고 싶었던 길가메시가 생명의 비밀을 얻어내고자 하는 것이 길가메시 서사시 제2부의 중심 내용이다.

길가메시는 우트나피시팀의 도움을 받아 식물 šammu을 손에 넣는 행운을 얻는다. 이 식물을 먹으면 "인간이 자기의 생명을 얻게 되고 젊어지게 될 것"이다. 그러나 길가메시는 불행하게도 이 식물을 끝내 먹지 못한다. 왜냐하면 우루크시로 가지고 가서 다른 사람들과 함께 나누어 먹으려고 했으나, 귀향 도중에 잠시 목욕을 하는 사이에 뱀이 그 식물을 훔쳐 먹었기 때문이다.

생명의 식물을 잃고 나서 길가메시는 자리에 주저앉아 지금까지의 모든 노고에 대해 도대체 무슨 이득이 있었는가를 심각하게 성찰하기 시작한다. 결국 그는 그토록 갈망하던 생명을 갖지 못한 채 자기의 도시국가 왕국인 우루크로 돌아온다. 그 자리에서 그는 우르샤나비에게 도시의 성벽을 가리키며 그 주춧돌은 "일곱 현인"이 놓은 것이라고 설명한다. 이야기꾼은 이 건출물로 인해 길가메시가 영원히 기억될 것이라고 말한다. 이렇게 함으로써 이야기는 시작 때의 내용과 정확히 반복되는 것으로 끝을 맺는다.

옛 바빌론본의 길가메시 서사시는 코헬 8,16-9,10과 대단히 유사하다. 실상 그 내용은 물론 문학 구조와 전개가 거의 같은 것으로 판단된다(박요한 영식,《코헬렛의 지혜와 즐거운 인생》, 제4장). 시두리는 길가메시에게 다음과 같이 조언한다.

> 길가메시여, 어디로 달려가고 계세요?
> 당신이 찾으시는 생명을 결코 찾지 못할 것입니다.
> 신들이 인간을 창조할 때
> 인간에게 죽음을 설정하였고
> 자기들의 손에 생명을 쥐었지요.
> 자, 길가메시여, 당신의 배를 가득 채우세요.
> 낮과 밤에 당신은 계속해서 기뻐하세요.
> 매일 축제를 벌이세요.
> 낮과 밤에 춤을 추며 노세요.
> 당신의 옷을 말끔히 하고
> 당신의 머리를 감으세요. 물로 목욕을 하세요!
> 당신의 손을 잡고 있는 어린 것을 바라보세요!

아내가 당신의 가슴에서 계속해서 기뻐하기를!
이렇게 하는 것이 [인간의] 일이지요.

⑤ 아키카르의 잠언

〈아키카르의 잠언The Words of Ahiqar〉은 기원전 6세기경에 아람어로 쓰인 것으로 생각된다(ANET, 427). 이 본문은 20세기 초에 나일 강변에 위치한 엘레판틴 섬에서 발견된 기원전 5세기의 파피루스 가운데 들어 있었다. 이 잠언은 아르메니아어와 아랍어 등 여러 언어로 다시 쓰였고, 성서에서도 언급된다(토빗 1,22; 2,10; 11,17; 14,10).

아키카르의 잠언이 쓰여 있는 첫 네 개의 파피루스는 일인칭으로 아키카르의 이야기를 담고 있으며, 나머지 일곱 개의 파피루스는 아키카르의 잠언들을 담고 있다.

이야기는 아시리아의 산헤립 왕(기원전 704-681년)과 에사르 하똔 왕(680-669)의 궁정을 배경으로 하고 있으며, 아키카르가 양자로 삼아 양육한 누이의 아들이며 그를 반역죄로 몬 나딘의 배신을 다룬다. 산헤립 왕은 아키카르를 사형에 처하라는 판결을 내리지만, 언젠가 아키카르의 도움으로 목숨을 건질 수 있었던 사형 집행인이 아키카르를 살려주고, 그 대신 다른 사람을 사형에 처한다. 그 후 왕이 심각하게 어려운 상황을 만나 현명한 아키카르를 그리워하자, 사형 집행인은 산헤립 왕에게 나아가 그가 살아 있다고 말해준다. 왕은 아키카르에게 불가능한 과제를 해결하라는 사명을 내렸고, 아키카르는 이를 성공적으로 완수한다. 사명을 완수하고 돌아온 아키카르는 모든 영예를 거부하고 다만 조카 나딘을 교육시키기만을 원한다. 그는 이를 엄중하게 그리고 '잠언들'을 통해 실행에 옮기며, 나딘은 죽는다.

잠언의 종류는 다양하다. 여기에는 경구와 권면, 기도와 민담이 섞여 있다. 왕에 대한 경구, 혀를 억제함, 젊은이들의 훈육, 근면함과 좋고 나쁜 행위에 대한 보상, 재산과 정직함 등이 크게 눈에 띈다. 몇 가지 예를 들면 다음과 같다.

> 샤마쉬를 즐겁게 하는 것에는 두 가지, 아니 세 가지가 있다. 첫째는 포도주를 마시고 그것을 다른 사람에게 마시라고 주는 것이요, 둘째는 지혜를 돌보는 것이며, 셋째는 어떤 말을 듣고 그것을 남에게 전하지 않는 것이다(*ANET*, 428).

> 내 아들아, 말을 너무 많이 하지 마라.
> 단지 네 마음으로부터 나오는 말만 하여라. …
> 말이라는 것은 새와도 같은 것이어서 일단 입 밖으로 나오면 누구도 [그것을 붙잡]지 못한다. 무엇보다도 네 입의 비밀을 소중히 여기고, 네 입의 말을 세어가며 해라. 입의 가르침은 전쟁의 가르침보다 더욱 강하기 때문이다(*ANET*, 428).

> 네 친구들 앞에서 그대의 [비밀들]을 털어놓지 마라. 그렇지 않으면 그들 사이에 네 이름이 퍼져 나갈 것이다(*ANET*, 429).

[임금]의 혀는 부드러우나 용의 입술도 쳐부순다(*ANET*, 429).

허기는 쓴 것도 달게 만든다(*ANET*, 430).

또한 권고나 찬가, 기도에 대해서도 언급하지 않을 수 없다. 이 작품들은 메소포타미아의 예술과 종교성을 특징짓는 것들이다. 그 가운데 특히 〈샤마쉬 찬가*The Šamaš Hymn*〉가 돋보인다. 정확하게 200행으로 이루어진 이 찬가는 쐐기문자로 쓰인 찬가들 가운데서 가장 아름답고 가장 폭넓은 시가다. 비슷한 종류의 다른 작품들의 경우처럼 이 작품의 첫머리에도 '주술'이라는 단어는 없지만, 전체 이야기는 종교적이고 도덕적인 색채를 강하게 띠고 있다.

이상과 같은 메소포타미아의 다양한 작품에 대해서는 W.G. Lambert, *Babylonian Wisdom Literature* (Oxford 1960)와 J.B. Pritchard (ed.), *Ancient Near Eastern Texts relating to the Old Testament* (Princeton 1969)를 참조할 수 있을 것이다.

끝으로, 메소포타미아의 지혜 문헌들은 고대 우가리트의 라스 샴라 *Ras Shamra*와 에블라*Ebla* 지역에서도 발굴되었다. 이들은 가나안의 지혜를 연구하는 데 새로운 자료를 제공하고 있다.

참고 문헌

Aitken, K.T., *Proverbs* (Edinburgh 1986).

Aletti, J.N., "Séduction et parole en Proverbes I-IX", *VT* 27 (1977) 129-143.

Archer, G.L., *A Survey of Old Testament. Introduction* (Chicago 1985).

Barucq, A., *Le Livre des Proverbes* (Paris 1964).

Beauchamp, P., "Épouser la Sagesse - ou n'épouser qu'lle? Une énigme du Livre de la Sagesse", in M. Gilbert (ed.), *La Sagesse de l'Ancien Testament* (BETL 51; Leuven 1990) 347-369.

Bentzen, A., *Introduction to the Old Testament*, vols. 1-2 (Copenhagen ⁵1959).

Bigger, S.(ed.), *Creating the Old Testament. The Emergence of the Hebrew Bible* (Oxford 1989).

Blenkinsopp, J., *Wisdom and Law in the Old Testament. The Ordering of Life in Israel and Early Judaism* (The Oxford Bible Series; Oxford 1995).

Bonnard, P.E., , "De la Sagesse personnifiée dans l'Ancien Testament à la Sagesse en personne dans le Nouveau", in M. Gilbert (ed.), *La Sagesse de l'Ancien Testament* (BETL 51; Leuven 1990) 135-149.

Bonora, A., *Proverbi, Sapienziali, apocalittici e altri scritti. Una giuda alla lettura* (ed. A. Bonora-R. Cavedo) (Roma 1989) 56-69.

Bryce, G., "'Better' - Proverbs. An Historical and Structural Study: Society of Biblical Literature", *Seminar Papers* 108 (1972) 343-354.

―――――, *A Legacy of Wisdom. An Egyptian Contribution of the Wisdom of Israel* (Lewisburg 1979).

Bubbard, D., *Proverbs* (Mastering the Old Testament 15A; Dallas 1989).

Campell, C.V., *Wisdom and the Feminine in the Book of Proverbs* (Sheffield 1985).

Cate, R.L., *An Introduction to the Old Testament and its Study* (Nashville 1987).

Cazelles, H., "A propos d'une phrase de H.H. Rowley", *Wisdom in Israel and in the Ancient Near East* (ed. H.H. Rowley) (VTS 3; Leiden 1955) 26-32.

Childs, B.S., *An Introduction to the Old Testament as Scripture* (Philadelphia 1979).

Clements, R.E., "The Good Neighbour in the Book of Proverbs", *Of Prophets' Visions and the Wisdom of Sages. Essays in Honour of R. Norman Whybray on his Seventieth Birthday* (ed., H.A. McKay and D.J.A. Clines) (JSOT Supplement Series 162; Sheffield 1993) 209-228.

Clyde, T.F., *Introducing the Old Testament* (Nashville 1977).

Colella, P., *Introduzione alla Bibbia* (Torino 1971).

Crenshaw, J.L., *Old Testament Story and Faith. A Literary and Theological Introduction* (Peabody, Massachusetts 1992).

_____, "The Sage in Proverbs", *The Sage in Israel and the Ancient Near East* (ed. J.G. Gammie-L.G. Perdue) (Winona Lake 1990) 205-216.

_____, *Urgent Advice and Probing Questions. Collected Writings on Old Testament Wisdom* (Mercer 1995).

Davies, G.I., "Were there schools in ancient Israel?", *Wisdom in Ancient Israel. Essays in honour of J.A. Emerton* (ed. J.Day et al.) (Cambridge 1995) 199-211.

Davidson, R., *Wisdom and Worship* (London 1990).

Delitzsch, F., *Proverbs, Ecclesiastes, Song of Solomon* (Commentary on the Old Testament in Ten Volumes, vo. 6; Michigan 1984) 1-350.

Lillard, R.B., - Longman III. T., *An Introduction to the Old Testament* (Michigan 1993).

De Boer, "The Counsellor", *VTSup* 3 (1969) 41-71.

De Vaux, R., *Ancient Israel. Its Life and Institutions* (London ²1965).

Eissfeldt, O., *Der Maschal im Alten Testament* (BZAW 24; Giessen 1913).

Erman, A., "Das Weisheitsbuch des Amen-em-ope", *OLZ* 27 (1924) 241-252.

Farmer, K.A., *Who Knows What is Good? A Commentary on the Books of Proverbs and Ecclesiastes* (International Theological Commentary; Edinburgh 1991) 13-135.

Fohrer, G., *Das Buch Hiob* (KAT; Stuttgart 1963).

Fohrer, G., *Introduction to the Old Testament* (Nashville 1968).

Fontaine, C.R., *Traditional Saying in the Old Testament. A Contextual Study* (Bible and

Literature Ser. 5; Sheffield 1982).

Garrett, D.A., *Proverbs, Ecclesiastes, Song of Songs* (The New American Commentary, vol. 14; Nashville 1993).

Gemser, B., *Sprüche Salomos* (HAT 16; Tübingen ²1963).

Gese, H., *Lehre und Wirklichkeit in der alten Weisheit* (Tübingen 1958).

Gilbert, M., "Le discours de la Sagesse en Proverbs 8", *La sagesse de l'Ancien Testament* (ed. M.Gilbert) (BETL 51; Leuven ²1990) 202-218.

Gordis, R., *The Book of God and Man. A Study of Job* (Chicago ¶ London 1965).

Gordon, E.J. (ed.), *Sumerian Proverbs. Glimpses of everyday life in ancient Mesopotamia* (Philadelphia 1959).

Gressmann, H. (ed.), *Altorientalische Texte zum Alten Testament* (Berlin ²1926) 38-64.

Hanson, P.D., *The Dawn of Apocalyptic. The Historical and Sociological Roots of Jewish Apocalyptic Eschatology* (Philadelphia ²1983).

Hermisson, H.J., *Studien zur israelitischen Spruch-weisheit* (WMANT 28; Neukirchen-Vluyn 1968).

Hill, R.Ch., *Wisdom's Many Faces*, The Liturgical Press, 1996.

Høgenhaven, J., *Problems and Prospects of Old Testament Theology* (The Biblical Seminar; Sheffield 1987).

Hubbard, D., *Proverbs* (Mastering the Old Testament, vol 15A; Dallas 1989).

Johnson, A.R., "משל", *Wisdom in Israel and in the Ancient Near East* (ed. H.H. Rowley) (VTSup 3; Leiden 1969) 162-169.

Johnson, L.D., *Proverbs, Ecclesiastes, Song of Solomon, vol. 9* (Layman's Bible Book Commentary; Nashville, Tennessee 1982).

Kayatz, C., *Studien zu Proverbien 1-9. Eine Form- und motivgeschichtliche Untersuchung unter Einbeziehung ägyptischen Vergleichsmaterials* (WMANT 22; Neukirchen-Vluyn 1966).

Kidner, D., *Proverbs* (Tyndale Old Testament Commentaries; Downers Grove, Illinois 1964).

Kittel, G.-Ringgren, H., *Theologisches Wörterbuch zum Alten Testament* (Stuttgart

1970-1983).

Lambert, W.G., *Babylonian Wisdom Literature* (Oxford ²1975).

Lang, B., *Frau Weisheit. Deutung einer biblischen Gestalt* (Düsseldorf 1975).

Lang, B., "Schule und Unterricht im alten Israel", in M. Gilbert (ed.), *La Sagesse de l'Ancien Testament* (BETL 51; Leuven 1990) 186-201.

Lichtheim, M., *Ancient Egyptian Literature. A Book of Readings, vol. I-III* (Berkeley/Los Angeles/London 1975-1980).

Marböck, J., *Gottes Weisheit unter uns. Zur Theologie des Buches Sirach* (Freiburg im Breisgau 1995).

McKane, W., *Proverbs. A New Approach* (Old Testament Library; London 1970).

Meinhold, A., *Die Sprüche, Teil 1: Sprüche Kapitel 1-15* (Zürcher Bibelkommentare AT 16.1; Zürich 1991).

_____, *Die Sprüche, Teil 2: Sprüche Kapitel 16-31* (Zürcher Bibelkommentare AT 16.2; Zürich 1991).

Mouser, W.E., *Getting the Most out of Proverbs* (Michigan 1991).

Murphy, R.E., *Wisdom Literature. Job, Proverbs, Ruth, Canticles, Ecclesiastes, and Esther* (The Forms of the Old Testament Literature 13; Michigan 1981).

_____, *The Tree of Life. An Exploration of Biblical Wisdom Literature* (ABRL; New York 1990).

_____, "The Personification of Wisdom", in J. Day et al. (eds.), *Wisdom in Ancient Israel* (Cambridge 1995) 222-233.

Niccacci, A., "Ma la sapienza, da dove giunge? (Gb 28)", *Libri sapienziali e altri scritti* (Torino 1997) 282-283.

Ogden, G.S., "The 'Better'-Proverb (Tôb-Spruch), Rhetorical Criticism, and Qoheleth", *JBL* 96 (1977) 489-505.

Ohler, A.M., *Studying the Old Testament. From Tradition to Canon* (Edinburgh 1985).

Pahk, J.Y.S., *Il canto della gioia in Dio. L'itinerario sapienziale espresso dall'unità letteraria in Qohelet 8,16-9,10 e il parallelo di Gilgameš Me. iii* (SMDSA 52;

Napoli 1996).

―――, "The Significance of *asher* in Qoh 7, 26: 'More Bitter than Death is the Woman, *If* She is a Snare'", in A. Schoors (ed.), *Qohelet in the Context of Wisdom* (Leuven 1998) 379-380.

―――, "Women as Snares: A Metaphor of Warning in Qoh 7,26 and Sir 9,3", in N. Calcuch-Benages - J. Vermeylen (eds.), *Treasures of Wisdom. Studies in Ben Sira and the Book of Wisdom. Fs. M. Gilbert* (BETL 143; Leuven 1999) 397-404.

―――, "Eine vergleichende Untersuchung über Koh 8,16-9,10 and Gilg. Me. iii", in *Biblica e Semitica. Studi in memoria di Francesco Vattioni a cura di L. Cagni* (Istituto Universitario Orientale) (Napoli 2000) 417-456.

―――, "Qohelet e le tradizioni sapienziali del Vicino Oriente antico", G. Bellia - A. Passaro (edd.), *Il libro del Qohelet* (Cammini nello Spirito, Biblica 44; Paoline 2001) 117-143.

―――, "A Syntactical and Contextual Consideration of *'sh* in Qoh. IX 9", *VT* 51 (2001) 370-380.

―――, "The Role and Significance of *dbry hps* (Qoh. 12:10a) for Understanding Qohelet'", A. Lemaire (ed.), *Congress Volume Leiden 2004* (VTSup. 109; Leiden/Boston 2006) 325-353.

Perdue, L.G., *Wisdom and Creation. The Theology of Wisdom Literature* (Nashville 1994).

Preuss, H.D., *Einführung in die alttestamentliche Weisheitsliteratur* (Urban-Taschenbücher, Bd. 383; Stuttgart 1987).

Prichard, J.B. (ed.), *Ancient Near Eastern Texts Relating to the Old Testament* (Princeton, New Jersey 1955).

Ray, J.D., "Egyptian Wisdom Literature", in J. Day et al. (eds.), *Wisdom in Ancient Israel* (Cambridge 1995) 17-29.

Rendtorff, R., *Introduction a l'Ancien Testament* (Paris 1989).

Richter, W., *Recht und Ethos. Versuch einer Ortung des weisheitlichen Mahnspruches* (München 1966).

Ringgren, H., *Word and Wisdom: Studies in the Hypostatization of Divine Qualities and Functions in the Ancient Near East* (Lund 1947).

Schwienhorst-Schönberger, L., "Das Buch der Sprichwörter", *Einleitung in das Alte Testament* (Stuttgart-Berlin-Köln 1995) 255-263.

Schreiner, J., *Baruch* (NEB; Würzburg 1986).

Sellin, E., *Introduction to the Old Tesament* (London 1986).

Scott, R.B.Y., "Wisdom in Creation: The *'āmôn* of Proverbs viii 30", *VT* 10 (1960) 213-223.

―――, *The Way of Wisdom in the Old Testament* (New York 1970).

―――, *Proverbs. Ecclesiastes. A New Translation with Introduction and Commentary* (The Anchor Bible 18; New York-London-Toronto-Sydney-Auckland ²1985).

Skehan, P.W., *Studies in Israelite Poetry and Wisdom* (CBQMS 1; Washington 1971).

Skladny, U., *Die ältesten Spruchsammlungen in Israel* (Göttingen 1962).

Soggin, J.A., *Introduzione all' Antico Testamento* (Brescia ⁴1987).

Terrien, S., *Job* (CAT 13; Paris 1963).

Toy, C.H., *A Critical and Exegetical Commentary on the Book of Proverbs* (ICC; Edinburgh 1959).

Tournay, R.J.-Shaffer, A., *L'épopée de Gilgamesh* (LAPO 15; Paris 1994).

Vílchez Líndez, A., "Panorama des recherches actuelles sur la sagesse dans l'Ancien Testament", in *La sagesse biblique de l'Ancien au Nouveau Testament* (Lectio Divina 160; Paris 1995) 129-137.

Vogels, W., *Job. L'homme qui a bien parlé de Dieu* (Paris 1995).

Wehrle, J., *Sprichwort und Weisheit. Studien zur Syntax und Semantik der tôb...min-Sprüche in Buch der Sprichwörter* (Arbeiten zu Text und Sprache im Alten Testament 38; St. Ottilien 1993).

Westermann, C., *Der Aufbau des Buches Hiob* (Stuttgart 1977).

Whybray, R.N., *Wisdom in Proverbs. The Concept of Wisdom in Proverbs 1-9* (SBT 45; London ²1967).

_____, *The Intellectual Tradition in the Old Testament* (Berlin-New York 1974).

_____, "Yahweh-sayings and their Contexts in Proverbs, 10,1-22,16", *La sagesse de l'Ancien Testament* (ed. M. Gilbet) (BETL 51; Leuven ²1990) 153-165.

Zenger, E., "Eigenart und Bedeutung der Weisheit Israels", in *Einleitung in das Alte Testament* (Stuttgart-Berlin-Köln 1995) 224-230.

링그렌, H., 《잠언·전도서》, 국제성서주석 17; 한국 신학연구소, 1992.

박요한 영식, 《코헬렛의 지혜와 즐거운 인생》, 성서와함께 1997. 2022.

_____, 《잠언. 이스라엘의 지혜와 교훈》, 성바오로출판사 1998.

_____, 《간추린 성문서 입문》, 지혜문학총서 1, 총론 1, 성바오로출판사 1998.

_____, 《욥의 외로운 기도》, 성서와함께 2020.

보노라, A., 《구약성서 중급 4》, 성염 옮김, 성바오로출판사, 1986.

_____, 《코헬렛》, 성서와함께 총서 구약 1, 이선영 옮김, 성서와함께 1999.

스나이더, N.H., 《욥기의 형성사. 기원과 목적》, 200주년 성서 별책 4, 김성애 옮김, 성바오로, 1989.

스쁘레아피꼬, 암브로지오, 《욥기의 희망 수업》, 박요한 영식 옮김, 생활성서, 2020.

이용결, 《성서연대표》, 성서와함께 2001.

정태현(편역), 《성서비평 사전》, 성서와함께 1996.

질베, 모리스, 《솔로몬의 지혜 1》, 지혜문학총서 2, 지혜서 1, 박요한 영식 옮김, 성바오로출판사 1998.

_____, 《솔로몬의 지혜 2》, 지혜문학총서 3, 지혜서 2, 박요한 영식 옮김, 성바오로출판사 1998.

_____, 《하늘의 지혜》, 성서와함께 총서 연구 9, 안소근 옮김, 성서와함께 2016.

크렌쇼, J., 《구약 지혜문학의 이해》, 강성렬 옮김, 한국장로교출판사 1993.

성서 색인

구약성서

창세기
1장:	101, 140	19,5-6:	157
1,1-2,4ㄱ:	110	22,22:	222
1,1-3:	135	23,8:	188
1,31:	129	24,7:	140
2,10-14:	141	28,3:	24
3,16-19:	117	31,3:	23, 148, 159
6,5-7:	117	31,6:	24, 175
9,4-7:	316	33,9:	136
41,8:	23	35,31:	148
43,33:	110	36,2:	24, 176
44,5:	23	36,8:	23, 159
		40,34:	136

탈출기
13,21:	136
14,19:	136
18,13-27:	187

레위기
2,12:	111
23,10:	111

신명기		5,31:	181
1-4장:	203	6,1:	180, 181
1,5:	181, 182	6,4:	143
1,9-10:	188	11,26-31:	113
1,9-18:	187, 188	12,1:	180, 181
4,2:	186	13,1:	186
4,5-8:	203	16,19:	188
4,6:	187	17,18-19:	183
4,6ㄴ:	187	19,14:	186
4,6-9:	140, 184	21,17:	110
4,22:	179	23,16:	187
4,44:	181, 182, 183	23,22-26:	187
4,44-49:	183	25,13-16:	186
5장:	17, 180, 183	25,16:	96
5,1:	183	26,16-17:	181
5,1-22:	180	27,15:	96
5,2:	179	27,17:	186, 222
5,4:	179	28,61:	176
5,23.24:	179	29,20:	176
5,27:	180	30,10:	176
5,28:	180	30,15-16:	55, 113
5,30:	180	30,15-19:	117

30,15-20:	51, 145	13,3:	23
30,16:	146, 188, 189	14,1-23:	197
30,16.19:	188	15,2:	106
30,19-20:	146	16,23:	31
31,9.11:	181, 182, 183	17,1-14:	30
31,9-13:	183	18,24:	106
31,26:	176	19,1:	106
32,9:	137	20,15-22:	197
33,4:	140	24,10-13:	196
34,9:	148	24,11:	196

룻기

3,11:	242

사무엘기 상권

15,22:	295
22,5:	196
24,14:	73

사무엘기 하권

8,16:	197
12,1-14:	196

열왕기 상권

1장:	197
3장:	148
3-10장:	34
3,3-14:	46
3,4-15:	188
3,8-9:	188
3,8-12:	159
3,9:	46, 148
3,11-14:	47
3,12:	24, 176

5,9-14:	30, 34	**느헤미야기**	
5,10:	284	3,20:	142
5,12:	237	10,7:	142
7,14:	23, 159	11,5:	147
8,10:	136		
10,1:	93	**토빗기**	
10,1-13:	35	1,22:	303, 330
10,1-13.24:	285	2,10:	303, 330
10,3:	93	11,17:	330
10,24-25:	35	14,10:	303, 330
11,29-31:	198		
20,11:	73	**에스테르기**	
		4,39:	154
열왕기 하권			
6,1:	33	**욥기**	
22,8-23,3:	200	1장:	58
		1-2장:	116, 133, 248
역대기 하권		1,1:	115
1,10:	148	1,1-5:	248
1,12:	148	1,1.8:	127
		1,1-2,13:	245
		1,3:	35, 231, 284

1,5:	115	4-27장:	118
1,5-6:	253	4,7-9:	118
1,6-12:	249	4,17-19:	251
1,8:	115, 249	5,8:	251, 259
1,9:	116	5,13:	23, 285
1,9-10:	188	5,17:	251
1,9-18:	187, 188	6-7장:	251
1,13-22:	249	6,1-13:	251
1,20-21:	249	6,5-6:	84
1,21:	42, 66, 116, 245, 249	6,14-23:	251
		6,24-30:	251
2,1-6:	249	7,10:	121
2,3:	58, 115, 127	8장:	251
2,7-10:	249	8,3-5:	251
2,9:	117	8,18:	121
2,10:	245, 249	8,20:	118
3장:	116, 245, 250, 252	9-10장:	252
		9,1-10:	252
3,1-37,24:	245	9,4:	24, 175, 237
3,1-42,6:	245, 250	9,6:	121
3,6:	121	9,11-20:	252
4-5장:	250	9,14-16:	252

9,20:	252	16,11-17:	253
9,20-22:	252	16,18-21:	253
9,32-33:	252	16,18-22:	50
9,32-35:	50	17,1-5:	253
10장:	252	18장:	253
10,21-22:	121	18,4.21:	121
11,2:	252	18,5:	253
11,13:	258	18,18:	253
12-13장:	127	19장:	253
12-14장:	252	19,25:	50
12,13:	37, 163, 237	19,25-27:	253
13장:	127	20장:	254
13,6:	226	20,5:	254
14,18:	121	20,9:	121
15장:	252	21장:	254
15,2:	259	21,7-16:	254
15,2-16:	252	21,17-34:	254
15,4:	252, 272	22-28장:	254
15,7-8:	165	22,4:	254
15,17-35:	253	22,4-5:	118, 255
16,1-10:	253	22,6-9:	259
16,11:	246	22,14:	136

22,27:	259	28,13ㄴ:	165
23-24장:	255	28,13-15:	144
23,3:	123	28,14ㄱ:	165
23,8-9:	123, 255	28,14ㄴ:	165
23,10-12:	255	28,14.22:	36
23,13-17:	255	28,17-18:	166
23,17:	121	28,20-27:	124
24,2-4:	222	28,20-28:	64
25장:	255	28,21:	37, 166
26-27장:	255	28,22:	166
26,6:	36, 125	28,22-27:	37
27,4-5:	256	28,23-27:	147, 163
27,11-23:	255	28,24-27:	227
28장:	104, 115, 118-119, 127-129, 164, 167, 256	28,25-27:	162
		28,26:	166
		28,28:	38, 126, 127, 168, 186
28,1-11:	121		
28,12-19:	123	29-31장:	118, 127, 128, 245, 256
28,12.20:	37, 145, 166, 189		
		29,7:	106
28,13:	37	30,20-23:	118
28,13ㄱ:	165	31,1-34:	256

31,12:	36	**시편**	
31,35-37:	50	1편:	98, 160, 300
32-37장:	245, 250, 256	8편:	170
32,2-5:	256	8,4:	129
33-34장:	257	9편:	84
34,2:	226	9-10편:	242
38장:	118, 119	10편:	84
38,1-40,2:	257	19편:	139, 184
38,1-42,6:	245, 250	19,11:	137
38,4:	232	24편:	324
38,4,21:	257	25편:	84
40,3-5:	257	33,1:	277
40,6-41,26:	258	34편:	84
40,8:	59	37편:	84, 242
40,19:	110	37,25.35-36:	94
42,1-6:	258	49,5:	93
42,7-9:	245, 258	51,18-19:	224
42,7-17:	245, 258	73편:	56
42,10-17:	59	78,51:	110
42,17:	259	80,9:	137
		85,11-14:	103
		89편:	103

89,15:	103	1,2-7:	240
104,24:	38, 162	1,3:	231
105,36:	110	1,5-6:	93
111편:	84	1,7:	114, 130, 237, 243
111-112편:	242		
112편:	84	1,8:	183
119편:	84	1,8.15:	26
119,103:	137	1,8-19:	182
132편:	141	1,20-23:	106
132,5.7:	136	1,20-33:	241
145편:	84	1,20-21.33:	54
147,4-5:	129	1,21:	107
		1,22-24:	67
잠언		1,23:	148
1장:	188	1,24:	107
1-9장:	84, 113, 114, 182, 183, 204, 221, 238, 239, 240	1,28:	107
		2,1:	26
		2,6:	133
		2,10:	149
1,1:	30, 237, 240	2,10-15:	16
1,2:	123	2,17:	36, 174
1,2-6:	301	3,1:	183

3,1.11:	26	4,1-27:	182
3,1-2:	14, 25	4,2-4:	28
3,1-3:	160	4,4:	229
3,1-4:	45	4,5.7:	123
3,1-35:	182	4,10:	226
3,3:	82	4,13:	189
3,3-4:	81	4,13.22.23:	146, 189
3,4:	47	4,24:	88
3,5:	82	5,3-6:	44
3,13-18:	48	5,4-5:	242
3,14:	97	6,6:	81
3,14-15:	123	6,6-11:	75
3,18:	14, 51, 146, 162, 188, 189	6,20:	25, 183
		6,20-21:	28
3,19:	38, 84, 115, 125	6,20-23:	159
		6,20-35:	182
3,19-20:	162	6,22-23:	29
3,27-28:	82	7,1:	183
3,27-29:	28	7,1-27:	182
3,33-34:	54	7,2:	229
4,1:	183, 225	7,6-8:	70
4,1-6:	26, 27	7,6-27:	68

성서 색인 • *349*

7,11:	70	8,20:	118
7,13:	70	8,22:	115, 128, 136
7,18-19:	70	8,22-24:	104
7,22-23:	70, 242	8,22-26:	162
8장:	104, 105, 112, 113, 114, 115, 131, 152, 166, 212, 241	8,22-31:	110, 227
		8,27-29:	111, 162
		8,29-30:	104, 131
		8,30:	114
8,1:	104	8,30-31:	111
8,1-3:	105	8,31:	145, 152
8,3:	106	8,32-36:	112, 129
8,4-21:	108	8,33:	82
8,4.31:	168	8,35:	14, 44, 82, 162
8,6-7:	109	9,1:	104
8,7-8:	114	9,1-6:	137
8,8:	108	9,4.16:	24
8,9:	228	9,6:	229
8,10:	231	9,10:	114, 243
8,10-11:	123	9,13-18:	28
8,11:	97, 109	10장:	114, 210
8,15-16:	188	10-24장:	238
8,17-18:	109	10-31장:	113, 238, 240

10,1: 25,	30, 80	13,20:	71
10,1-22,16:	239	14,27:	58
10,4:	55, 75	14,31:	78
10,5:	88	15,11:	36
10,7:	79	15,16-17:	97, 221
10,8:	24, 175	15,17:	295
10,9:	88	15,19:	75
10,17:	79	15,23:	71
10,22:	75	15,33:	78, 126, 243
11,1:	96, 186	16,3:	24, 80, 176
11,2:	71	16,6:	224
11,18:	86	16,8:	230
11,19:	229	16,9:	40
11,24:	76	16,16:	123
11,26:	74	16,18.22:	88
11,29:	24, 175	16,20:	80
12,9:	75	16,21:	24, 70, 175
12,24:	44, 55	16,22:	146, 189
12,28:	229	16,24:	70
13,12:	86, 87	16,26:	71
13,14:	14, 146, 159, 189	16,30:	231
		16,31:	89

16,32:	97	21,23:	86
17,7:	95	21,25:	44
17,9:	28	22,1ㄱ:	96
17,17:	89	22,4:	126
17,26:	95	22,17:	300
17,27-28:	74, 76	22,17-23,14:	285
18,5:	229, 253	22,17-24,22:	239, 300
18,12:	126	22,22-23:	78, 83
18,16:	76	22,24:	302
18,19:	28	22,24-25:	82, 83
19,2:	95	22,28:	186, 222
19,10:	95	22,29:	302
19,15:	44	23,1:	302
19,16:	71	23,4:	302
19,20:	231	23,10:	186, 222, 303
19,21:	24, 40, 176	23,22:	25, 80
19,23:	58	23,29-30:	93
20,1:	68, 103	23,29-35:	68, 103
20,10.23:	186	24,6:	31
20,18:	31	24,13:	26
21,3:	224	24,23-34:	239
21,9:	98	24,30-34:	95, 226

24,32:	231	30,33:	68
25장:	36	31,1:	30
25-29장:	182, 238, 239	31,1-9:	238, 239
25,1:	30, 35, 199, 201	31,10:	84
		31,10-14:	85
25,11:	71	31,10-31:	84, 238, 239, 240, 241, 324
25,25:	90		
26,1:	90, 95	31,30-31:	85
26,11:	90		
26,14-15:	44	**코헬렛**	
26,20:	68, 69	1장:	211
26,27:	68, 69	1,1:	259, 260
27,20:	36	1,2:	261, 262
28,14:	98	1,3-11:	262
28,19:	75	1,3-12,7:	261
30,1-14:	239	1,4-7.9:	211
30,5-6:	186	1,5-6:	51
30,10:	187	1,12-18:	262
30,15-33:	239	1,15:	262
30,17:	43	1,18:	60
30,18-19:	92	2,1-8:	51
30,29-31:	92	2,1-11:	262

2,12-26:	263	7,15:	61, 266
2,13-15:	60	7,16-17:	264
2,26:	37	7,23:	36
3,1-4:	65	7,23-24:	51, 131, 145,
3,1-8:	51, 263		165, 189
3,11:	57, 63, 266	7,27:	259
3,12-13:	263	8,2:	264
3,16-21:	62	8,2-4:	28
3,22:	263	8,5-11:	266
4,1-3:	266	8,9:	326
4,2-3:	263	8,10-14:	264
4,9:	96	8,11:	61, 264
4,17-5,6:	263	8,11-14:	264
5,1:	170, 260, 274	8,12:	61
5,1-5:	187	8,12-13:	35, 61
5,13-14:	42	8,15:	264
5,17:	14	8,16:	130
5,17-19:	264	8,16-17:	130
6,3:	41	8,16-9,10:	265, 285, 329
6,10:	63	8,17:	63
7,11-12:	168	9,1:	62, 267
7,13:	62, 130, 266	9,10:	52

9,11:	60	1,4-6:	149
9,12:	47	1,6:	152, 279
9,16-17:	60	1,12:	67
10,4:	43	2,1-2:	52
10,16-19:	68	3,1.3.9:	53
11,5:	63, 130, 266	4,1:	279
11,9:	27	4,7:	279
11,10:	265	4,7-14:	279
12,1:	62	5,1-12:	279
12,1-8:	265	6,1-11:	277
12,7:	14	6,1-21:	279
12,8:	259, 261	6,17-20:	36, 175
12,9:	15, 259	6,22:	145, 148, 189
12,9-11:	266	6,22-25:	280
12,9-14:	261, 265	6,22-9,18:	278, 279
12,10:	259	7-9장:	104, 147
		7,1:	277, 280
지혜서		7,1-11:	277
1,1:	67, 271, 277, 279	7,1-21:	148
		7,7:	148
1,1-6,21:	278, 279	7,7-21:	280
1,4-5.6-7:	148	7,8-9:	109

7,12:	151, 280	8,17-21:	280
7,22:	150, 151	8,18:	50
7,22-23:	149, 280	9장:	167, 280
7,22-8,1:	148, 280	9,1-2:	168
7,24:	149	9,1-6:	40, 169
7,25:	162	9,1-18:	148
7,25-26:	149-150	9,7-8:	277
7,26:	171	9,9:	131, 162
8,2:	104, 150	9,10:	145, 152, 170
8,2-8:	280	9,17:	148
8,2-21:	148	9,18:	171
8,2.5-6:	49	10,1-4:	168
8,3:	147	10,1-19,22:	278, 280
8,4:	111	10,5-11,3:	167
8,4-6:	150	11,1:	281
8,6:	150, 151	11,4-14:	281
8,7:	162	11,15-12,2:	281
8,8:	93	11,20ㄹ:	167
8,9:	104, 159	11-19장:	17, 158
8,9-16:	138, 151, 280	12,19-22:	281
8,10-15:	109, 277	13,1:	150
8,17:	49	14,5:	162

시라(집회서)

1장:	167	1,18ㄱ:	63
1,1:	136, 143, 272	2,2:	48
1,1.6:	136	2,6ㄱ:	56
1,1-8:	165	2,7:	48
1,1-9:	162	2,10:	56
1,1-10:	273	4,12:	44, 272
1,11-21:	273	4,14:	272
1,4:	129, 162	4,17:	272
1,6:	137	5,1-2:	67
1,8:	272	6,5-8.14:	44
1,9:	131	6,31:	272
1,9ㄴ:	162	6,37:	24, 176
1,9-10:	118, 129	7,1-3:	54
1,9-18:	273	7,14:	274
1,10:	46	15,1-10:	277
1,10ㄴ:	167	15,2-3:	104, 272
1,10.24-25:	168	15,3:	137
1,11-13:	49	15,4:	272
1,11-20:	131	15,6:	272
1,14ㄱ:	63	15,10:	277
1,16ㄱ:	63	17,8:	277
		17,9-12:	272

17,17:	137	24,6:	136, 272
17,25:	275	24,6-7:	168
22,14:	93	24,7:	135
22,27-23,6:	270, 276	24,7ㄴ:	135
23,12-15:	276	24,8:	135, 136, 145
23,9-11:	187	24,8-17:	139, 184
23,27:	137	24,9:	140, 162
24장:	130, 131, 141, 269	24,9ㄱ:	136
		24,9ㄴ:	137
24,1-2:	167	24,9-12:	132, 136
24,1-12:	203	24,10:	135
24,1-32:	271	24,11-14:	272
24,3:	135, 140	24,12:	135
24,3ㄱ:	135	24,12ㄱ:	137
24,3ㄴ:	135	24,12ㄴ:	137
24,3-5:	147	24,13-17:	132, 137
24,3-8:	132	24,16-17:	137
24,3-9:	131	24,19-22:	137
24,3-22:	132, 133	24,20ㄱ:	137
24,4:	135, 144	24,21:	155
24,5:	136	24,23:	36, 51, 129, 131, 138, 140,
24,5-7:	139, 184		

	145, 174, 184, 187	39,12-16:	277
		42,21:	162
24,23-29:	132, 203	44,1-50,12:	17
24,23-34:	139	44,8-9:	137
24,25-27:	140	44-50장:	223, 269
24,25-29:	138, 141	45,1:	137
24,30-33:	141	46,11:	137
24,30-34:	138	50,27-29:	14, 160
24,31:	141	51,1-12:	270, 275
24,33:	141	51,7:	276
24,33-34:	141	51,7-11:	276
28,2-4:	275	51,13:	126, 324
29,10:	268	51,23:	33, 51
33,16-19:	94	51,27:	14
36,1-17:	270, 275, 276		
37,15:	276	**이사야서**	
38,24.34:	32	1,2:	225
38,24-39,11:	307	5,1-7:	67, 137, 226
39,1:	16, 211, 270	5,19:	209
39,5:	275	5,21:	193
39,5-6:	52	6,1-8:	206
39,9:	137	6,9:	225

6,10:	225	43,16-21:	202
6,13:	137	44,25:	194, 203, 232
9,7:	215	44,25-26:	159
10,2:	222	45,21:	232
10,13:	23, 24, 159, 161	46,10:	232
		47,9-13:	203
11,2:	148	47,10:	284
14,4-20:	73	47,12-13:	285
19,11-12:	200	55,11:	215
19,12:	24, 161	58,8:	103
28,9:	200		
28,23-29:	67	**예레미야서**	
29,14:	193, 209	1,4-5:	206
30,1-2:	200	2,30:	231
30,10:	228	5,3:	231
31,1-2:	200	5,21:	24
40,3.9:	108	7,28:	231
40,12-14:	164, 228	8,8:	187
40,12-15:	38	8,8-9:	194, 200
40,12-17.21-26:	232	17,5-8:	300
40,22-23:	202	18,18:	196
41,20:	232	23,28:	73

26,16:	201	3,9-4,4:	51, 104, 142
31,37:	129	3,12:	142, 143, 162
32장:	142	3,14:	145, 189
36장:	142	3,15-31:	144
36,4-26:	201	3,16:	144
37,11-15:	201	3,18:	144
38,1-6:	201	3,23:	144
43장:	142	3,26:	144
45장:	142	3,29:	144
49,7:	284	3,29-31:	51
50,35:	24, 161	3,30:	144
		3,32:	144
애가		3,37:	144
1-4장:	242	3,37-38:	168
		3,38:	144, 145, 152
바룩서		4,1:	51, 145, 147, 185
1,1:	142		
1,1-14:	142	4,1-4:	142
1,15-20:	142	4,2-4:	146
1,15-3,8:	142	4,5-9:	142
2,11-3,8:	142	4,5-5,9:	142
3장:	164	4,10-29:	142

4,30-5,9:	142	4,9:	89
		5,10:	222
에제키엘서		6,5:	215
15,1-8:	137	7,12-13:	117
16,44:	89	8,7:	117, 230
18,4:	117	10,13:	231
28,2-5:	159	13,13:	160
28,2-6:	203	14,5-6:	231
28,3:	284	14,6-8:	137
28,3-4:	23		
28,3-5:	24, 161	**아모스서**	
28,12:	203	1,3.6.9.11.13:	229
28,17:	203	2,6:	229
47장:	141	3,3-8:	230
47,1-9:	141	3,10:	228
		4,4-5:	230
다니엘서		5,4.6.14:	229
1,4.20:	284	5,5:	230
1-6장:	204	5,7.24:	230
		5,12.15:	106
호세아서		5,13:	230
2,21-25:	231	5,15:	229

5,21-24:	223		스바니야서	
6,2:	230		3,19-20:	217
6,12:	230			
7,14-15:	206		즈카르야서	
8,1:	230		1,4:	204
9,11-15:	217		7,7:	204
			9,2:	24, 161, 284

오바드야서

1,8:	24, 284

신약성서

미카서

2,1:	231		마태오복음서	
3,2:	231		5장:	98
3,9-12:	216		5,23-24:	275
4,1-4:	217		6,7:	274
6,8:	231		6,12:	275
			6,29:	45
나훔서			11,2:	154
1,2-8:	242		12,42:	153
			13,54:	153
하바쿡서			18,33-35:	275
1,8:	161		23,34-36:	155

성서 색인 · *363*

마르코복음서

6,2:　　　　　　153

루카복음서

7,29:　　　　　　154
7,34-35:　　　　 100
7,35:　　　　　　154
11,31:　　　　　 153
11,49-51:　　　　154

요한복음서

1장:　　　　　　 18, 177
1,1-17:　　　　　171
1,14:　　　　　　152, 153
4,13-14:　　　　 137
5,36:　　　　　　154
6,35:　　　　　　155
14,6:　　　　　　172
14,21:　　　　　 156

사도행전

7,22:　　　　　　284

코린토 신자들에게 보낸 첫째 서간

1,21:　　　　　　156
1,21-24:　　　　 100
1,23-24:　　　　 156
1,24:　　　　　　152
1,30:　　　　　　156

콜로새 신자들에게 보낸 서간

1,15-16:　　　　 102

히브리인들에게 보낸 서간

1,1:　　　　　　 141
1,2:　　　　　　 102

야고보 서간

1,27:　　　　　　222

요한의 첫째 서간

3,23:　　　　　　172

주요 개념 색인

가르침 14, 23, 25, 26, 27, 28, 29, 30, 31, 33, 36, 42, 45, 47, 53, 55, 57, 60, 61, 67, 68, 79, 84, 85, 89, 109, 139, 141, 146, 158, 159, 160, 164, 171, 175, 176, 182, 185, 186, 188, 189, 193, 195, 200, 201, 205, 207, 208, 214, 221, 223, 236, 237, 239, 240, 256, 260, 263, 264, 273, 274, 285, 286, 287, 288, 289, 290, 291, 292, 293, 294, 295, 296, 297, 298, 299, 300, 301, 303, 304, 305, 306, 307, 308, 315, 316, 317, 318, 331

감사기도 18, 275, 276

경구 5, 33, 68, 69, 71, 72, 73, 74, 75, 76, 77, 78, 79, 80, 84, 85, 86, 87, 90, 91, 96, 97, 98, 114, 217, 224, 236, 237, 238, 239, 261, 263, 290, 298, 304, 305, 314, 316, 322, 331

경구(경험적) 75, 76, 77

경구(교훈적) 77, 78, 79

경신례 314

격언 36, 70, 73, 286, 287, 304

겸손 78, 126, 159, 169, 267, 270, 315

계명 14, 25, 27, 28, 29, 45, 47, 51, 55, 113, 143, 146, 159, 172, 179, 180, 181, 182, 183, 188, 189, 223, 268, 316

계승 역사 197, 198

계약 17, 35, 117, 138, 139, 140, 157, 158, 167, 174, 179, 184, 185, 187, 203, 213, 228, 235, 236, 279

계약 신학 201, 203, 235

계약 윤리 213

계약 전승 228

계약의 법 203, 228

계획(에차) 24, 31, 33, 40, 80, 125, 141, 150, 202, 203, 224, 232, 258, 321, 322

고대 근동 31, 34, 37, 91, 106, 109, 161, 192, 221, 236, 283, 284, 285,

299, 326

고엘 50

고유명사록 316, 319

고통 42, 50, 53, 55, 56, 57, 59, 64, 117,
118, 127, 128, 130, 164, 212, 242,
243, 244, 246, 247, 248, 250, 251,
265, 266, 305, 310, 315, 320, 321,
324, 325, 326

공관복음 153

공리주의 289

교차대구법 71

교훈(무싸르) 26, 29, 67, 68, 71, 72, 77,
78, 79, 81, 82, 85, 88, 89, 94, 107,
112, 113, 138, 139, 182, 225, 231,
232, 250, 287, 288, 300, 301

그리스 철학 269, 280

금언 30, 36, 71, 73, 80, 237, 238, 239,
240, 314

긍정적 권면 72, 80, 81, 82

기도 18, 39, 40, 52, 126, 142, 147, 148,
151, 168, 169, 242, 245, 252, 257,
258, 259, 266, 270, 271, 273, 274,

275, 276, 279, 280, 309, 331, 332

기브온 45, 49, 148

길가메시(서사시) 124, 285, 320, 326,
327, 328, 329

나는 지혜의 주를 찬미하리라 320

나비(예언자) 196

내세 52

너비임(예언서) 174

노모스(법) 184, 189, 190

논쟁 형식 236

단어 유희 227, 230

대구법 71, 73, 85, 87, 88, 89, 91, 97

대구법(교차) 71

대구법(동의적) 87

대구법(반의적) 87, 88, 89, 97, 227

대구법(종합적) 87, 89

도입 문구 248

디아스포라 141, 142

뜻(헤페츠) 15, 22, 23, 36, 38, 40, 44, 52,
54, 57, 67, 69, 71, 72, 73, 74, 79, 80,
86, 87, 92, 96, 110, 111, 115, 117,
129, 137, 141, 142, 150, 152, 157,

158, 166, 171, 175, 176, 177, 180,
182, 183, 185, 192, 193, 195, 198,
205, 209, 215, 223, 229, 232, 236,
238, 262, 272, 273, 289, 299, 303,
314, 319, 321, 328
레쉬트(만물) 110
마르둑 320, 321, 322, 323
마샬(잠언) 73
마아트 54, 55, 114, 236, 288, 289, 305
만물(레쉬트) 110, 111
메리카레 왕을 위한 가르침 294
메소포타미아 33, 129, 237, 284, 285, 313, 314, 315, 316, 318, 320, 325, 332
메시아 152, 243
모세법 183
모음압운 71
무싸르(교훈) 182
묵시문학적 신학 193
문학 구조 119, 132, 245, 261, 270, 278, 329
문학 양식 23, 27, 66, 68, 72, 131, 175, 206, 214, 217, 224, 226, 228, 229,
236, 278, 281
문학 유형 67, 68, 72, 232, 237, 287, 309, 314, 320
미드라쉬 204
미쉬나 204
미츠와(계명) 182
바빌론 33, 102, 103, 114, 140, 177, 185, 201, 202, 203, 204, 219, 232, 240, 284, 313, 314, 315, 318, 320, 324, 329
바빌론 유배 102, 140, 177, 185, 219, 240
바빌론의 신정론 320, 324
박식한 서기관을 찬미하며 308
범신론 150
법(노모스) 15, 24, 36, 39, 51, 53, 54, 55, 63, 67, 74, 106, 113, 140, 146, 169, 175, 176, 177, 178, 179, 180, 181, 182, 183, 186, 187, 188, 189, 200, 201, 203, 215, 228, 254, 270, 273, 313, 315
법정 254

벤 시라 16, 32, 33, 36, 48, 50, 51, 52, 105, 131, 132, 138, 140, 141, 145, 147, 152, 174, 184, 185, 195, 204, 211, 223, 267, 268, 269, 271, 272, 273, 274, 275, 276, 307

보상 원칙 35, 57, 201, 251, 252, 265

부정적 권면 72, 81, 82

불가타 238, 268

불멸성 170, 328

비관주의자 260

비관주의자의 대화 322

비교 잠언 89

사탄 116, 243, 249

사회 정의 271

삶의 자리 29

삽입 문장 85

상선벌악 35, 56, 60, 117, 174, 208

생명 14, 18, 19, 29, 35, 39, 44, 48, 50, 51, 52, 55, 58, 59, 73, 74, 75, 79, 86, 87, 88, 96, 100, 101, 106, 112, 113, 114, 115, 116, 118, 124, 129, 137, 140, 141, 142, 143, 146, 147, 151, 152, 156, 159, 162, 172, 174, 178, 184, 188, 189, 241, 272, 288, 289, 300, 301, 309, 314, 321, 324, 326, 328, 329

생명의 나무 14, 48, 50, 51, 58, 59, 74, 75, 86, 87, 96, 118, 129, 140, 141, 143, 151, 152, 184, 289, 314, 324

생명의 샘 14, 18, 19, 58, 88, 142, 159

싸림 200

샤마쉬 331, 332

샤마쉬 찬가 332

선조 칭송 271

성문서 16, 118, 174, 234

sb3yt(sebayit) 287

세속 지혜 160, 177

셔마(들어라) 143

셔키나 140, 185

솔로몬의 비유 238

쐐기문자 319, 332

수금 타는 자의 노래 286, 309, 312

수메르 33, 91, 313, 314, 316, 318

숙녀 지혜 22, 102, 105, 109, 111, 113,

114, 115, 131
쉰크리시스 281
슈르팍의 가르침 316, 317
스토아 철학 148, 150, 324
슬기 16, 23, 24, 37, 38, 40, 42, 48, 60, 64, 76, 105, 119, 122, 123, 126, 127, 144, 145, 146, 159, 163, 164, 166, 167, 168, 175, 176, 185, 186, 187, 193, 195, 200, 208, 209, 220, 228, 301
시나이 계약 157
시두리 328, 329
시온 전승 141
신명기 신학 35, 55, 174, 188
신정론 299, 320, 324
신탁 106, 181, 199, 202, 207, 214, 215, 216, 217, 218, 229, 242
심연 109, 110, 129, 133, 136, 139, 147, 165
십계명 179, 180, 183
아구르의 말 239
아니의 가르침 297
아멘엠오페의 가르침 285, 299, 300, 303
아멘엠헤트 왕의 가르침 295
아몬 111, 114
아바돈(파괴) 36, 129, 166
아쉬레 잠언 85
아키카르의 잠언 330
아크로스틱시(알파벳시) 324
아트라하시스 317
악을 멀리함 126
악인 52, 54, 61, 62, 73, 86, 229, 246, 252, 253, 254, 255, 279
안크셰숀크의 가르침 303, 305
야훼계 문헌 198
약속의 땅 18, 117, 157, 179, 180
양식 비평 67
어리석은 자 23, 24, 32, 47, 53, 55, 66, 93, 105, 160, 218, 235, 236, 241, 265, 293, 305
어리석음 66, 74, 90, 99, 229, 262, 265
에둡바(점토판의 집) 314
에차(계획) 24, 31, 33, 40, 80, 125, 141, 150, 202, 203, 224, 232, 258, 321, 322

엔키두 327, 328
여자(아내, 딸) 271
연사군 250, 252, 254
예배 67, 141, 315
예언 16, 67, 139, 141, 142, 145, 173,
　181, 191, 192, 193, 195, 196, 197,
　198, 201, 203, 204, 205, 206, 208,
　209, 210, 211, 217, 218, 219, 220,
　221, 223, 224, 225, 228, 232, 242, 309
예언서 16, 17, 67, 157, 174, 181, 215,
　218, 235, 236, 274
예언자 33, 37, 67, 68, 89, 106, 142,
　154, 155, 157, 163, 181, 191, 192,
　193, 194, 195, 196, 197, 199, 200,
　201, 202, 203, 204, 205, 206, 207,
　208, 209, 212, 213, 214, 215, 216,
　218, 219, 220, 221, 223, 224, 228,
　230, 231, 236, 255
예찬(Encomium) 131, 141, 148, 278, 279
우가리트 129, 285, 332
우둔함 241, 262, 271
우정 43, 270, 271, 328

우트나피쉬팀 317
운명 66, 212, 217, 250, 252, 253, 254,
　255, 284, 299, 304, 305, 306, 320, 328
원의법 79
유다 경전 234
유일신 사상 242
율법(토라) 16, 22, 30, 32, 35, 39, 101,
　131, 138, 139, 140, 141, 145, 147,
　152, 171, 174, 175, 176, 177, 184,
　185, 186, 189, 205, 223, 267, 270,
　271
율법서 16, 17, 235
율법학자 29, 32, 155, 203, 204, 211,
　271, 275, 307
은총 18, 101, 171, 177, 251
의인 15, 52, 54, 57, 61, 95, 118, 229,
　243, 244, 247, 248, 279, 281
의인화 99, 102, 103, 118, 149
의인화된 지혜 102
이슈타르 114
이시스 131
이푸-베르 309

인간의 일 51, 260, 263

인격화 22, 103, 104, 105, 118, 128, 142, 150, 152, 153, 155, 156, 212, 280, 288

인과응보 24, 35, 55, 57, 61, 62, 174, 208, 230, 258, 306

인생길 15, 19, 28, 38, 39, 259, 307

인성人性 103, 129

인성 교육 28

자기 아들을 위한 아버지의 가르침 308

자살에 대한 논쟁 309, 310

자서전적 문제 94

자음운 71

작품들(성문서) 16, 174, 284

잠언 15, 16, 17, 25, 30, 33, 34, 35, 36, 57, 68, 71, 72, 73, 74, 75, 76, 78, 82, 85, 87, 88, 89, 91, 92, 93, 94, 95, 96, 97, 98, 103, 106, 110, 111, 113, 114, 126, 151, 152, 156, 158, 174, 182, 183, 186, 198, 199, 201, 204

잠언(비교) 89

잠언(숫자) 85, 91, 92, 229, 239, 285

잠언(아쉬레) 85, 98

잠언(톱–민) 95, 96

잠언 수행 74

점토판의 집 33, 314

정의 16, 23, 35, 39, 54, 59, 61, 66, 86, 89, 103, 106, 107, 108, 114, 152, 162, 174, 175, 191, 196, 213, 221, 223, 227, 229, 230, 231, 236, 246, 266, 270, 271, 277, 279, 288, 289, 294, 299, 301, 312, 315, 325, 326

종말론 243, 279, 295, 299

주님을 경외 19, 38, 39, 48, 49, 58, 64, 78, 85, 97, 104, 108, 114, 126, 131, 168, 186, 221, 224, 237, 240, 242, 314

지혜(세속) 160, 177

지혜(신적) 102, 131, 153, 160, 161, 167, 213

지혜(인간) 161, 196, 266

지혜 사고 24, 25, 29, 36, 37, 161, 194, 211

지혜시 68, 84, 118, 119, 125, 126, 128,

131, 142, 184, 240, 256

지혜의 기원 30, 109, 135, 147, 204, 238, 256, 280

지혜의 길 48, 53, 144, 147, 157, 164, 165, 166, 168, 171, 172

지혜의 법 36, 175

지혜의 조언 316, 317

지혜이신 예수 100, 155, 170

지혜 전승 22, 27, 82, 106, 290

지혜 추구 50, 51, 53, 125, 166

지혜 학교 32, 199, 212, 217

진실(에메트) 45, 81, 82, 103, 107, 109, 114, 160, 212, 224

질서 24, 54, 56, 57, 62, 68, 91, 106, 110, 112, 114, 120, 160, 167, 207, 210, 212, 214, 220, 227, 235, 236, 246, 260, 265, 266, 273, 288-290, 314, 325

찬미기도 275, 276

창조(주) 17, 52, 62, 78, 101, 102, 110, 111, 114, 115, 125, 128, 129, 131, 133-136, 139-141, 144, 150, 151,
153, 158, 161, 162, 166, 170, 177, 178, 184, 202, 207, 210, 212, 213, 227, 232, 235, 236, 251, 257, 258, 266, 271, 272, 277, 281, 289, 325-327, 329

청원기도 142, 275, 276

치우수드라 316, 317

칠십인역 154, 234, 238, 284

카케페레-손베 309

카겜니를 위한 가르침 291

커투빔(작품들) 174

케티의 가르침 307

쾌락주의자 250

탄원기도 252, 275, 276

토라(율법) 16, 22, 30, 32, 35, 39, 101, 131, 138, 139, 140, 141, 145, 147, 152, 171, 174, 175, 176, 177, 184, 185, 186, 189, 205, 223, 267, 270, 271

파로노마시아 71

파피루스 란싱 307

파피루스 셀리어 308

파피루스 아나스타시 309
파피루스 인싱어 303, 305, 306
팔레스티나 33, 267, 285, 286
풍자시 324
프네우마(지혜의 영) 148
프타호텝의 가르침 288, 293
하느님 숭배 157
하느님을 두려워함 63
하느님의 정의 57, 59
하느님의 행위 127, 263
하르데데프의 가르침 291
행복 선언 112
헤벨 60
헬레니즘 52, 105, 204, 267, 277, 278
현인(하캄) 14, 22-24, 30-33, 35-37, 39, 41, 42, 44, 45, 47, 50, 52, 57, 60, 63, 68, 70, 71, 74, 75, 78, 84, 93, 94, 103, 105, 106, 126, 132, 138, 145, 153, 155, 159-161, 164, 175, 181, 187, 189, 193-196, 198-200, 203-207, 209-211, 213-214, 219-221, 223, 224, 226, 232, 235, 236, 239, 241, 243, 246, 248, 260, 265, 266, 268, 269, 271, 272, 277, 279, 284-286, 290-292, 300, 301, 303, 305, 315, 327, 329
현존의 신학 140, 149, 185
호렙산 179, 180, 182
호크마(지혜) 152, 174, 189, 190, 314
화술이 뛰어난 농부의 항의 309, 311
환시가 192, 196
회개 275, 281
회의론자 260
후기 유다이즘 129
훌륭한 아내 84, 104, 240, 242
히브리어 성경 234
히즈키야의 사람들 30

성서 지혜문학 입문

서울대교구 인가: 2022년 3월 25일
초판 1쇄 펴낸날: 2022년 8월 15일
2쇄 펴낸날: 2023년 2월 6일
지은이: 박요한 영식
펴낸이: 백인실
펴낸곳: 성서와함께
06910 서울특별시 동작구 흑석로13길 7
Tel (02) 822-0125~7 / Fax (02)822-0128
http://www.withbible.com
e-mail: order@withbible.com
등록번호 14-44(1987년 11월 25일)

ⓒ 박요한 영식 2022
성경 ⓒ 한국천주교중앙협의회, 2022.

ISBN 978-89-7635-405-1 93230

* 이 책에 실린 내용은 펴낸이의 허가 없이 전재 및 복제할 수 없습니다.